부의 레벨을 바꾸는

미국주식
중국주식

부의 레벨을 바꾸는 미국주식 중국주식

지금 바로 G2주식을 시작해야 할 때

정주용(돈이되는투자) 지음

매일경제신문사

주식하는 마음

"당신은 무엇을 하는 사람입니까?"라고 묻는다면 나는 '기록하는 사람'이라고 답한다. 어려서부터 유난히 역사를 좋아했다. 내신과 수능성적에 그리 부담 느끼지 않고 읽고 싶은 책을 마음껏 읽으며 중고등학생 시절을 보냈다. 운 좋게 논술전형이 중요해진 1997년도에 대입시험을 치렀고, 논술시험에는 평소 좋아하던 역사, 철학 이야기를 모두 동원해서 즐겁게 글을 쓰고 원하는 대학교에 합격했다.

수학도, 과학도 잘 못하던 내가 원하던 학교에 입학할 수 있었던 비결은 좋아하는 것에 몰입했기 때문이라 생각한다. 이런 자유방임적 학습 태도가 형성된 데는 내가 원하는 책을 마음껏 읽도록 자유롭게 키운 어머니의 공이 크다. 중고등학교 때 공부에 시달려본 기억이 없다. 반에서 몇 등 한 것보다는 내가 책에서 발견한 새로운 사실을 가족에게 신나게 이야기하면서 상상력을 키웠다.

지금도 내 삶은 청소년기나 매한가지다. 대상이 미국·중국의 산업과 기업, 창업가로 다소 달라졌을 뿐이다. 언제나 청소년처럼 순전한 호기심으로 세상을 대하고 싶다. 그때, 사물과 현상을 깊이 바라볼 수 있다고 믿는다. 경쟁하기 위해 기록하지 않는다. 기록 그 자체가 미래 나에게 주는 선물이라 생각한다.

실제로 나는 과거 내 글을 읽으며 새로운 영감을 얻고, 반성하고, 칭찬한다. 그냥 기록하는 행위 자체가 행복이고 경험이고 인생이다. 남겨진 기록은 거짓말하지 않는다. 나와 다른 사람에게 시시각각 변화하는 내 생각을 공유하고 검증받고 그로 인해 내가 성장할 수 있다.

대학 때, 정치외교학을 전공하며 외교관을 꿈꾼 적이 있다. 시대를 기록하겠다며 언론사에서 첫 사회생활도 시작했다. 하지만 막상 언론사에 들어가니 변화하는 시대에는 언론사보다 SNS가 영향력을 지닐 수 있겠다는 생각이 들었다. 이후 해운사를 거쳐 증권사에 입사해 기업과 산업에 대한 분석 업무를 맡았다.

투자에 대한 나의 생각은 인문학적이었다. 역사란 것이 '사람'을 중심으로 쓰이기 때문에 기업도 산업도 시대적 주인공을 중심으로 호기심 어린 시선으로 바라보기 시작했다. 대학시절에 가졌던 자본가에 대한 감정적 반감은 사라지고, 전통을 기술로 혁신하는 창업가들의 모험과 도전에 관심이 생겼다. 투자를 돈 자체로 바라보기보다는 사람 중심의 역사로 치환해서 바라보면서 나의 적성에 딱 맞는 일을 찾게 되었다.

투자를 오직 수익 내는 일이라고 생각했으면 진작에 그만두었을지도 모른다. 결과적으로 남들보다 탁월한 무언가를 반발 앞서서 보지 못했을 가능성이 크다. 산업과 기업에 대한 사람 중심의 스토리를 10여 년 기록하다 보니 이제는 사람들의 패턴이 눈에 보이기 시작했다. 수만 시간 반복하다 보면 바보가 아닌 이상 깨닫게 되는 저마다의 패턴이 있다. 이 책에 기록한 내용은 엄청난 비밀이 아니다. 꼼꼼히 기록하고 많은 시간을 투입해서 정리한 내용을 공유한 것이다.

▌ 탐욕에 눈멀지 말고, 사람을 바라봐야 수익이 따라온다

세상의 많은 투자가는 기업과 산업의 스토리 그 자체보다 주가 그래프와 돈의 흐름에 집착하는 경우가 많다. 주가 그래프와 돈의 밀물, 썰물 현상은 사실 기업 본질과 큰 상관이 없는데도 말이다. 탐욕은 우리의 눈을 근시안적으로 만들고 정작 중요한 사람에 대한 이야기를 잊어버리게 만든다.

막내아들이 6살인데, 나는 6살 아이의 눈으로 세상을 바라보면 세상을 보다 명확하게 바라볼 수 있다고 믿는다. 아이에게 내가 투자한 기업과 산업에 대한 설명을 뚜렷하게 할 수 있어야 좋은 투자다. 막힘이 있다면 문제가 있는 것이다. 6살 아이에게 주가지수나 금리 이야기가 아니라 이 회사는 누가 설립했는데, 왜 이 회사를 설립했냐면 등 사람을 중심에 둔 스토리로 설명하게 된다. 그래야 아이가 졸지 않을 테니까. 어른도 마찬가지다.

하지만 나는 지금 여섯 살이야, 영리할 만큼 영리해.
그래서 지금 영원히 여섯 살로 살고 싶어.

– 앨런 밀른, 《Now We Are Six》 일부

6살 아이와 같은 끝없는 활기를 갖고 세상에 대한 경이감을 간직하고 살고자 한다. 그렇게 순수한 눈빛으로 기업과 산업을 바라볼 때, 탐욕을 가진 어른의 시선보다 정확하게 파악할 수 있다고 믿는다. 40대 중반인 나는 이런 맥락에서 절대 어른이 되고 싶지 않다. 현재의 기록에 충실하다 보면 투자 수익은 따라온다. 아는 척, 돈 많은 척, 척하는 것은 어른들의 몫이고 6세 아이의 눈으로 바라보면 부질없다. 새로운 것을 알아가는 것만으로도 가슴 벅차고 흥분되는 삶을 살아가는 것이다.

기업과 산업의 중심에 사람이 있다는 사실을 음미하다 보면 기업과 산업도 하나의 유기체란 사실이 느껴진다. 사람이 생명체니까 기업도 동물적 생명력을 가질 수밖에 없는 것 아닌가? 재무제표 너머에 사람이 있고, 사람이 만드는 기업은 각각 독특한 문화를 지향하는 속성을 지닌다.

멀리서 보면 미국과 중국은 너무도 다른 문화 차이를 보인다. 기업들의 면면을 자세히 들여다보면 미국과 중국 창업가들이 역경을 이겨내고, 혁신을 창조하는 스토리 가운데에는 상당한 공통점이 존재한다. 서로 간의 시차에서 본연적으로 투자 기회도 자연스레 보이게 된다. 세상에 억지로 해서 되는 것은 없다. 물처럼 순리에 따르는 것이 가장 위험이 적은 방법이다.

▌'상선약수上善若水'의 투자 철학

"최상의 선은 물과 같다." 노자의 《도덕경》에 나오는 말이다. 물은 형태도 없이 세상 흐름에 자연스레 몸을 맡기고, 아래로만 낮게 흐른다. 끊임없이 배우고 기록하는 것이 투자의 정석이라 믿는다. 배우기 위해선 비워야 한다. 과거 자신의 수익률에 도취하여 꼿꼿하게 새로운 것을 받아들이지 않는다면, 세상의 흐름과 역행하게 되는 것이 물리법칙이다. 위험은 밖에 있지 않고 내 안에 있다는 것을 바로 상선약수에서 느낄 수 있다.

내가 물처럼 순리에 따르고 있다면 순리에 어긋나는 현상에 민감하게 반응할 수 있다. 투자가는 세상의 변화에 촉각을 곤두세우고 적응할 준비가 되어 있어야 한다. 그렇기에 항상 겸손하게 낮은 자세로 배움을 즐겁게 여기며 최대한 많은 것을 기록하고, 가설을 세우고, 검증하는 작업을 지속해야 한다. 부단한 학습의 과정이 투자고, 수익은 그러한 노력에 대한 달콤한 대가일 뿐 목적이 되어서는 안 된다.

이러한 투자의 태도를 가지면 현재에 충실하게 된다. 나중에 돈 많이 벌어 빨리 은퇴해야겠다는 생각도 싹 사라진다. 지금 투자가로서 변화를 기록하고 검증하는 일이 행복한데 돈 좀 벌었다고 그만둬야 하는지, 좋아하는 일을 관두면 무엇을 할지 딱히 떠오르지 않는다. 나는 투자가로서 내 일을 사랑한다.

현재에 충실한 삶을 살기 위해서는 과정 그 자체, 오늘 주어신 나의 하루 24시간을 사랑해야 한다. 아마도 이 책을 읽고 있는 독자의 상당수는 미국, 중국 혁신 기업에 투자해서 남보다 빨리 많은 수익을 내고자 하는 조급한 마음을 가지고 있을 확률이 높다. 그래서 나의 삶에 대한 이야기를 솔직하게 털어놓으며 어떤 마음가짐으로 살고 있는지를 공유하고 싶었다.

이 책에는 과거 기록이 많이 등장한다. 두려움을 안은 채 공포속에서 희망을 이야기하고, 모두 물음표를 보이던 시기에 느낌표를 찾아서 확신할 수 있었던 비결은 단순하다. 결국에는 사람에 대한 스토리에 집중하고 솔직함을 무기로 과정에 충실했다.

서론에서 너무 추상적이고 개념적인 이야기를 해서 주식투자 서적에서 무슨 이런 복잡한 이야기로 혼란스럽게 하느냐는 불만이 있을 수 있다. 하지만 이 책을 끝까지 읽은 후에는 내 말에 공감할 수 있을 것이다. 투자는 숫자로 이뤄진 방정식이 아니라 수많은 창업가와 투자가인 '사람'이 피땀 흘려 써 내려가는 역사에 가깝다는 것을….

▌Special Thanks to

이 책이 나오기까지 가장 큰 힘이 되어준 한 사람을 꼽으라면 단연코 아내 이정예다. 9살, 6살인 두 아들의 육아를 담당하며 남편에 대한 응원과 지원을 아끼지 않았기에 사업, 유튜브, 집필을 모두 할 수 있었다. 유튜브도 아내의 권유에 의해 시작했고, 책 내용과 아이디어도 끊임없는 아내와의 대화를 통해서 구체화했다. 두 아들 구현이, 수현이도 이 책에 많은 기여를 했다. 이제 두 아들이 자신의 주장을 펼 수 있는 나이가 되었고, 나 또한 아이들에게 투자에 대한 이야기를 들려주면서 탐욕에서 멀어지는 연습을 할 수 있었다.

이 책에 등장하는 대부분의 기업에 대한 분석 인사이트는 비전크리에이터에서 업무를 하면서 얻은 내용이 대부분이다. 비전크리에이터라는 회사는 그동안 사업의 어려움도 겪었지만, 든든한 파트너인 김샛별 이사가 있었기에 어려운 시기를 기회로 역전시킬 수 있었다.

이제는 투자한 기업들이 연달아 상장이 예정되어 있고 투자 규모도 지속 증가하고 있지만, 여전히 회사의 핵심 가치는 치열하게 나눈 투자에 대한 토론에 있다. 어려운 시기도 함께 겪으며 투자가로서 성장해나가고 있는 김샛별 이사에게 특별한 감사의 말을 전한다. 마지막으로 호기심을 무한히 발산할 수 있도록 이끌어준 부모님께 감사의 말을 전한다.

▌CONTENTS ▌

1장

★★★

당신이 쉬는 사이에도
일하는 주식

★★★

왜 지금 투자를 해야 하는가

▮ 투자란 무엇일까?

희소한 자원을 배분하는 모든 의사결정은 일종의 투자다. '시간의 투자'란 말처럼 한정된 시간은 모두에게 공평하게 주어진 희소한 자원이고, 시간을 생산적인 일에 투입해서 경제적 가치를 창출한다면 '투자'라는 용어를 쓰는 게 맞다.

결국 투자는 희소한 자산의 분배인데, 사람마다 분배의 기준은 다 다르다. 투자를 안 하는 것도 결국 투자다. 만약 투자하기 싫어서 은행의 저축성 예금에 100% 비중으로 보유하고 있다면, 원화로 된 현금이란 자산에 속칭 '몰빵'을 한 셈이다.

"난 투자 같은 건 무서워서 안 해", "투자는 나와는 거리가 멀어"라고 생각하는 것은 모두 착각이다. 어떤 형태로든 투자를 하는 것이다. 요즘 같은 초저금리 상황에서 현금으로만 모든 자산을 가진 것은 거꾸로 돈을 은행에 빼앗기고 있는 것과 마찬가지다. 자산 인플레이션이 빠르게 진행되고 동시에 화폐가치가 하락하는 상황에서 현금을 보유하면 겉으로는 손해를 안 보는 것 같지만 실상 가만히 놔둬도 매년 몇 퍼센트씩 손해를 보고 있는 것이다. 그대로 놔두면 차곡차곡 월급을 모으면서 쌓아온 자산이 자신도 모르게 줄어든다. 즉, 내 모든 돈을 차곡차곡 적금통장에 모아놓고 있다면 높은 금리의 금융 투자 상품에 투자할 기회를 잃는 선택을 한 것이다.

투자는 합리적 의사결정이어야 한다. "투자는 감이야"라는 말은 투자 역량을 키우는 데 전혀 도움이 안 된다. 투자는 합리적 의사결정을 내리기 위한 과정이고 충분한 지식을 습득하는 것이 투자의 왕도다. 호기심과 의심 사이를 오고 가다 보면 어느 순간 수렴되는 지점이 선명하게 드러난다.

지금 이 시대의 변화를 주도하는 기업, 산업, 경제를 깊이 이해하다 보면 어느 순간 자연스럽게 산업의 방향성과 기업의 꿈틀거림 등이 생각뿐만 아니라 몸으로 느껴진다. '이 회사는 최소한 이 정도의 가치가 아닐까?'라는 생각이 들 때가 생긴다. 언젠가 내가 정해놓은 일정 수준의 가치로 회귀하거나 더 올라갈 것이고, 그때를 한번 진득하게 기다려 본다는 생각의 과정 말이다.

2014년 알리바바Alibaba가 미국 거래소에 상장했을 때, 텐센트Tencent를 보면서 그렇게 느꼈다. 텐센트는 중국 모바일혁명의 거대한 한 축을 담당하고 있는데, 왜 주가수익비율PER은 알리바바가 1.5배 이상 높을까? 당시 알리바바 마윈 회장은 미국 나스닥 사상 최대 규모의 상장 직후 전 세계인의 관심을 한 몸에 받고 있었다. 그런데 막

알리바바와 텐센트의 주가

●	Alibaba Group Holding Ltd - ADR	226.90 USD	150.83% ↑
●	Tencent Holdings Ltd	568.50 HKD	387.98% ↑

출처: 구글

상 중국인의 스마트폰을 가장 거대한 영향력으로 사로잡고 있던 것
은 텐센트였다. 13억 인구 중 8억 명의 유저를 보유하고 있는 텐센
트 생태계는 알리바바보다 과소평가되고 있다는 확신이 들었다.

동시에 나는 나름의 단순화를 통해 '친소'의 원리와 '의형제'의 전
통에서 온 중국사회를 움직이는 실제적인 시스템인 콴시关系의 텐센
트, 상인정신의 알리바바로 두 회사의 특성을 이해하고 있었는데, 8
억 명이 매일 쓰는 텐센트의 모바일 메신저 '위챗Wechat'은 중국인의
관계망을 모두 디지털화하는 데 성공하는 듯했다. 세상 누구보다 관
계에 집착하는 중국인, 그들에게 이제 위챗은 삶의 모든 것이 될 수
도 있겠다는 생각이 들었다. 그래서 8억 명의 사용자를 고정자산처
럼 가진 당시 텐센트의 가치가 알리바바보다 더 단단하게 느껴졌다.

▎투자에도 1만 시간의 법칙이 통한다

자, 나의 지난 과거 이야기 좀 해보겠다. 여의도 증권사, 벤처캐피
탈 회사에서 일할 때는 투자에 대해서 매우 피상적인 접근을 했다.
오히려 대기업에서 근무할 때, 투자의 정석에 대해 배웠다. 대기업에
서 해외 기업 지분투자 실무를 담당하고 있었는데, 하나의 주식을 3
년 가까이 매일 의무적으로 조사했다. 다른 주식도 아니고 딱 한 종
목 말이다.

3년째 매일 아침저녁으로 한 주식에 관한 뉴스와 공시자료를 읽
고 분석하다 보니까 3년 차에는 외국계 유명 투자은행 애널리스트
보다 해당 기업에 대해서 잘 알게 되었다. 말 그대로 밥 먹고 한 주
식만 생각하니 자연스럽게 절대적인 주가의 바닥도 느껴지고, 주가
가 앞으로 더 올라가거나 떨어질 이슈들에 대해서 알 수밖에 없었
다. 그렇다고 내일의 주가를 맞추는 것은 아니지만, 왜 주가가 오르
고 내리는지와 향후 관전 포인트는 명쾌하게 알 수 있었다.

우리는 온갖 다양한 정보에 노출되어 있다. 특히 인터넷과 스마
트폰은 우리의 집중력을 깨트린다. 하지만 나는 하나를 제대로 아는
것이 무엇보다 중요하다고 생각한다. 완전히 이해할 때까지 직접 투
자하지 않는 것을 추천한다. 일단 자신이 좋아하는 산업과 기업을
정하고 열심히 공부하는 것이 먼저다.

알아서 손해 볼 것이 없는데, 왜 알지도 못하는 대상에 피 같은
돈을 투자하는가? 옷이나 신발 하나 사는 데도 무한 검색을 하면서
하물며 나의 미래 자산을 증식시킬 투자 종목을 선택하면서 열심히

알아보지 않는다면 대책 없는 것이 아닐까?

투자하면서 가장 많이 범하는 실수가 바로 '잘 알지도 못하면서 따라 사는 것'이다. 혹은 "이건 너만 알려주는 건데…" 하면서 단기간에 높은 수익을 낼 수 있다는 비밀 정보에 넘어가는 것이다. 실상 내부자 정보를 알아도 주가를 맞춰서 수익 내기가 어렵다.

상장사 대표들을 만나보면 "우리 회사 주식이 왜 이렇게 올라?"라며 거꾸로 나에게 묻는다. 상장사 대표이사도 자기 회사의 주가를 모르는데, 하물며 두 번 세 번 걸쳐서 흘러나온 정보가 어떻게 무조건적인 수익을 안겨줄까? 설령 그렇게 카더라 소식에 투자해서 수익을 한두 번 낼 수 있다 하더라도 지속 가능한 투자의 실력이 아니다. 여러분이 피땀 흘려 모은 소중한 자산을 왜 요행에 맡기려 하는가? 정석대로 투자 근육을 키워나가는 게 마땅하다.

무언가를 기본기에 충실하게 한다는 것은 참 재미없다. 정석대로 열심히 읽고 정리하고 숫자를 엑셀에 넣고 반복적으로 계산해야 한다. 지난 수년간 부지런하게 분석해보니 이런 시간과 노력의 투입은 헛되지 않다. 투자는 불로소득이 아니라 지적 에너지를 필요로 하는 노동이다.

워런 버핏도 대부분의 시간을 읽는 행위에 사용한다고 한다. 끊임없이 자신이 정한 대상 산업과 기업에 대해 읽고, 기록을 남기는 것이 투자가의 숙명이다. 기록이 남아야 과거의 잘못을 미래에 두 번 다시 저지르지 않게 된다. 내가 생각하는 투자 가설과 리스크, 재무 추정, 적정 가치에 대해 기록해야 한다. 그래야 나름의 원칙이 생기고 감정의 소용돌이 속에서 좀 더 진정할 수 있게 된다.

▍당신의 직업은 사라진다

1950년대 전 세계 평균기대수명은 45세에서 2021년 72세까지 지속적으로 증가하는 추세다. 한국의 기대수명은 82.6세로 한국은 글로벌 장수국가 반열에 올라있다. 바이오 헬스케어 산업의 급속한 진보로 인류의 기대수명은 100세에 가까워질 것이다.

진시황은 오래 살기 위해 불로초를 찾았지만, 정작 100세 시대를 맞이하는 우리는 장수의 리스크에 대한 답을 찾아야 하는 상황이다. 기대수명은 빠르게 늘어나는데 직장인 퇴직연령은 오히려 낮아지고 있으니 말이다. 법적인 정년은 60세지만 실제 직장인이 체감하는 퇴직연령은 평균 49.7세다. 현실적으로 정년을 채우는 것 자체가 어렵다는 이야기다.

체감 정년에 대한 세대별 응답 결과

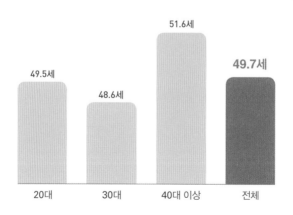

출처: 〈안전저널〉, 2020. 09. 18.

미래에 인간에게 남겨질 직업으로 창업가, 투자가, 그리고 크리에이터, 이렇게 세 부류의 직종을 꼽는다. 현재 대다수의 일자리를 채우고 있는 현장 근로자와 사무 관리직은 스마트한 로봇과 정확한 분석력을 가진 인공지능으로 대체될 가능성이 높다. 이러한 추세는 언젠가는 인류가 마주할 현실이다.

이미 일자리의 증발은 급속하게 산업 저변에서 이뤄지고 있다. 안타깝게도 레벨4 완전 자율주행이 자리 잡게 되면 트럭 운전기사, 택시 운전기사는 역사 속으로 사라질 것이다. 기술의 진보는 인성사정없어서 변화에 잘 준비해야 한다. 역사상 일자리의 불투명성이 가장 높은 시기를 살아가는 우리들이 투자가로서의 역량을 길러야 하는 절실한 이유이기도 하다.

인간보다 똑똑해지는 인공지능에 의해서 상당수의 일자리가 통째로 대체되는 엄청난 변화에 직면하고 있는 것이다. 현재 여러분의 일자리는 안전한가? 10년 후에도 직장생활을 계속할 수 있을 거라고 확신하나? 아마도 상당수의 일자리가 불안정한 환경에 놓일 것이다. 장수와 미래의 불확실한 일자리에 대한 대비를 위해서 자신의 투자 역량을 갖추는 것이 선택이 아니라 필수인 시대다. 자, 이제 투자 역량을 키우기 위한 전투력이 좀 샘솟는가?

▌데이터 시대의 직업은?

10년 후 우리가 살아갈 미래는 어떠한 모습일까? 구체적으로 상상하고 변화를 느끼려 노력하지 않는다면 미래는 두렵고 현재는 벅차고 과거는 후회되는 삶을 살 가능성이 크다.

산업혁명 시대는 전문화가 큰 흐름이었다. 각자의 전문 분야에서 전문성을 심화시키는 것이 답이었다. 다른 분야는 몰라도 되는 시대였다. 문과·이과를 나눠놓고 분야별로 심화 학습을 시킨 이유이기도 했다. 이제는 융합의 시대다. 인공지능이 비서 역할을 해주니 한 사람이 다양한 역할을 충분히 수행하고도 남는다. 깊은 전문성보다는 융합적 통찰이 필요하다. 이과·문과의 구분보다는 분야를 뛰어넘는 평생 학습, 문제 해결 능력에 초점을 맞춘 학습이 미래 역량을 개발하는 방법이다.

중간관리자는 급속히 숫자가 줄어들고 신흥기업들은 소수의 정예 인력으로 대기업이 할 수 있었던 일들을 해내려 한다. 고용이 격감하며 혁신과 성장이 이뤄질 수 있는 것이다. 좋냐, 나쁘냐의 문제가 아니라 그냥 그렇게 우리의 미래는 만들어지고 있다. 중력처럼 말이다. 분명 고용 측면에서 밝은 미래가 아니다.

사라질 직업들은 새로운 일자리로 대체될 것이다. 유튜버가 대표적 신흥 일자리다. 일상과 지식의 인스턴트한 공유를 통해 구글Google의 품속에서 수익을 창출하는 유튜버는 과거에는 상상할 수 없었던 방식의 새로운 일자리다. 과거에 하루 종일 게임하면서 친구들하고 노닥거리는 대학생은 부모님께 혼났다. 지금은 온종일 게임하면서 수십만 명의 친구들하고 유튜브에서 대화하는 대학생이 부모님께 1년에 외제 차 1대 이상 뽑아드릴 수 있는 경제력을 지니게 됐다.

구독자 244만 명(2021년 2월 기준)의 도티TV를 운영하는 도티가 설립한 샌드박스의 2019년 매출액은 600억이 넘는다. 전통 미디어의 영향력은 급감하고, 각종 전문가는 숨은 고수 유튜버들로 대체되고 있다. 미래에 유튜버와 같은 신흥 직업이 계속 등장할 것이다. 게임과 영화의 영역이 붕괴하고, 현실과 가상의 공간이 좁아지며 가상공간에서 경제활동을 누리는 인구가 급승할 가능성노 높다.

▌현금은 곧 쓰레기가 된다

지금은 초저금리 시대다. 2019년 하반기에는 유럽에서 사상 최초로 마이너스 금리가 등장하기도 했다.[1] 돈을 빌리면 돈을 주는 이전에는 경험해보지 못한 희한한 상황이 발생한 것이다. 엎친 데 덮친 격으로 코로나바이러스로 인해 리먼브라더스 금융위기 때보다 몇 배나 많은 돈이 쏟아져 나왔다.

리먼브라더스 금융위기 때보다 코로나바이러스 상황에서 무려 3.73배나 많은 돈이 더 빠르게 풀렸다. 그야말로 현금이 아닌 희소한 자산의 가격이 재설정되는 수준의 자산 가격 상승이 예견되는 부분이다. 넘쳐나는 유동성이 아무대로나 흘러가지도 가처분 소득이 증가하지도 않는다. 인공지능 혁신으로 인간의 양질 일자리를 증발시키면서 성장하고 있기 때문이다. 돈은 중력처럼 미래 지향적 산업으

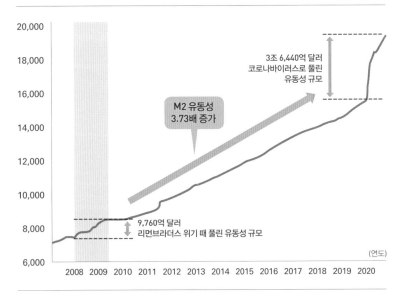

리먼브라더스 위기와 코로나바이러스로 인한 유동성 규모　　　단위: 10억 달러

3조 6,440억 달러
코로나바이러스로 풀린
유동성 규모

M2 유동성
3.73배 증가

9,760억 달러
리먼브라더스 위기 때 풀린 유동성 규모

(연도)

*2021년 추가로 예상되는 추가 유동성　　　출처: 〈FRED ECONOMIC RESEARCH〉
미국: 바이든 2,100조 달러 부양안
중국: 4,300조 위안화 부양책
합계: 약 5조 6,000억 달러

로 몰리고 초과 수익은 기대감 속에서 싹트기 마련이다.

　요즘 교란적 혁신을 통해 2~3년 만에 전통적 산업 생태계를 완전히 새롭게 재정립하는 속칭 '유니콘 기업'들은 매년 매출액이 50%, 많게는 2배씩 성장한다. 전통적 사고방식으로 이해하기 어려운 상황이다. 한국에 대표적인 유니콘 기업으로 쿠팡이 있다. 엄청난 적자 속에서도 빠른 성장으로 산업 질서를 재정립하고 있는 기업들이 시대를 이끌고 있다.

　유니콘 기업들은 스마트폰 앱과 직간접적으로 연계되고 클라우드 기반으로 소비자에 대한 데이터를 미래적 자산으로 지속적으로 축적하는 특징을 지닌다. 데이터플랫폼 기업들의 지배는 거부할 수 없는 시대적 메가트렌드다. 기술의 진보는 비가역적이고 불가피하다. 내가 싫고 마땅치 않다고 해서 거꾸로 흘러가지 않는다. 인류는 더 편하고 이로운 것에 열광해왔고, 한번 기술에 익숙해지면 뒤로 역행하지 않는다. 전기가 없고 세탁기와 청소기도 없는 세상을 상상할 수 있는가?

▌당신이 잠든 사이 젊은 투자자들은 이미 돈을 벌고 있다

자산 인플레가 심화되면 돈으로 돈을 만들어야 한다. 당신은 보유 현금을 '금융자산화'하고 있는가? 아니면 현금을 땅에 묻어두고 세상의 모든 금융 자산이 모두 다 함께 성장하지 않길 기도하고 있는가? 투자의 관점에서 바라보면 투자하지 않는 것은 돈을 잃지 않는 것이 아니다. 다수가 동일한 현금으로 수익을 창출하고 있다면 당신은 상대적으로 손해를 본 것이다.

이러한 자산의 성장은 매년 평가해야 하는 것이다. 시장 평균 수익률 대비 얼마만큼 초과 수익을 누리고 있는 것인가를 매년 비교해야 한다. 목표 투자 수익률은 시장 수익률보다 높은 수준으로 설정해야 투자자로서 시간과 에너지를 투입한 보람을 느낄 수 있다. 그런데 정작 1년을 돌아봤는데 은행 예금 금리 수준 혹은 그보다 낮은 수익률에 머무르고 있다면 시장 평균 수익률 대비 마이너스 성장을 하는 것이다. 가만히 있으면 뒤로 가고 있다는 것을 깨달아야 한다.

"복리의 마법이 나에게 현재 가진 자산의
90%를 65세 이후에 벌게 해줬습니다."

워런 버핏이 부를 일군 비법은 20%대의 수익률을 오랜 기간 지속해왔다는 것이다. 결국 복리의 마법을 통해 자산을 눈덩이처럼 불려나갈 수 있었다. 워런 버핏의 연수익률이 20%인데, 일개 개인투자자가 어떻게 20%를 꾸준히 만들 수 있는지 낙담할 수 있다. 하지만 나의 유튜브와 블로그를 꾸준히 구독한 대부분이 2020년도 연간 수익률이 평균적으로 40%, 높게는 100%에 도달했다.

공포를 이겨내고, 농사하는 마음으로 투자하면 워런 버핏 못지않은 투자 성과를 만들 수 있다. 관건은 자신과의 약속을 꾸준히 지킬 수 있느냐, 탐욕에 눈멀지 않고 원칙을 지켜나갈 수 있느냐에 달려 있다.

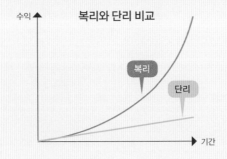

너무 각박하다고? 그게 현재 우리가 살아가는 세상이다. 시대 변화를 즐기고 반보 앞서서 미래를 전망하며 시장보다 높은 초과 수익을 누려야 한다. 경제 뉴스를 바라보며 타인의 수익에 시기하면서 감정의 롤러코스터 속에서 고통받을 것인가? 아니면 꾸준히 키운

투자 근육을 활용해서 소중한 돈으로 제2의 월급을 버는 투자가라는 부캐를 만들 것인가? 다시 한번 말하지만, 미래 시대의 생존 전략으로 투자는 선택이 아니라 필수다. 선택은 여러분의 몫이다.

글로벌 투자를 해야만 하는 이유

▌당신의 돈이 왜 한국에 묶여 있어야 하는가

돈에는 국적이 없다. 여러분이 보유한 자산의 대부분은 어느 나라에 있는가? 의도적으로 글로벌 주식투자를 하지 않는다면 대부분 원화로 한국 자산에 투자하고 있을 것이다.

금융 뉴스를 보면 글로벌 투자가, 월가 자본 이런 이야기를 듣게 되는데, 세계 자본 흐름을 결정짓는 주체는 다름 아닌 미국의 월가 자본이다. 월가 투자가 입장에서 한국 자산을 바라보았을 때, 한국이 투자 1순위일까? 절대 아니다. 한국은 이머징마켓, 즉 신흥국가군에서 OECD에 가입한 나름 발전된 신흥국가로 구분된다. 월가 투자가 입장에서 역시나 1순위 투자 대상은 미국주식이다. 미국이 경제, 금융, 군사 모든 측면에서 패권을 갖고 있으니 기축통화인 달러로 투자하는 것이 당연한 결론이다.

그다음의 우선순위는 의외로 중국 기업이다. 도널드 트럼프 전 미국 대통령이 중국을 무섭게 때리니 월가가 중국을 싫어할 것이라는 생각은 사실관계를 모르는 어리석은 판단이다. 미국 증권거래소에 상상된 중국 기업이 수백여 개에 달하며 미국 기업 이외에 해외 기업 중에서 가장 높은 비중을 차지하고 있다. 지난 20년 넘게 미국 자본시장은 중국 기업에 엄청난 자금을 공급해주는 돈줄 역할을 수행해왔다. 최근 미중 무역전쟁으로 중국 기업들이 홍콩이나 중국 본토 커촹반科創板으로 자금 조달 창구를 다변화하고 있기는 하지만, 여전히 미국 나스닥과 뉴욕거래소는 중국 기업의 IPO 상장 1순위 타깃 거래소다.

흥미로운 점은 2020년 하반기 트럼프의 중국 기업 때리기가 극한에 달했을 당시에 중국판 테슬라Tesla라 불리던 엑스펑Xpeng, 리오토Liauto가 연달아 미국 증권거래소에 상장됐다는 것이다. 두 기업 모두 공모가 예상치를 훌쩍 넘는 가격에 상장되었고, 상장 이후에도 주가에 불붙듯이 미국 투자자들에게 인기를 얻었다. 당장이라도 중국 기업이 미국에서 상장 폐지당할 것처럼 공포분위기가 조성될 당시에도 골드만삭스, JP모건과 같은 유대계 대형 투자은행들은 중국의 미래적 성장 가능성을 품은 우량 기업들에 월가 투자자금을 받으라고 러브콜을 날렸다.

▌ 미국 무역전쟁의 아이러니

미국 증권거래소에 상장된 중국의 대표 전기차 기업 니오NIO는 지난 1년간 약 20배의 주가 상승을 보여줬다. 주가 상승을 만든 주체는 다름 아닌 월가의 투자자금이다. 미국 자본의 중국 미래 성장 기업에 대한 애정을 느낄 수 있는 대목이다. 아이러니하지 않은가? 겉으로는 외교적으로 미국과 중국이 서로 못 잡아먹어서 안달인데, 실제 자본시장에서 긴밀한 공조 관계를 지속하고 있으니 말이다. 미중 무역전쟁으로 가득한 정치 외교 뉴스의 이면에 미국과 중국의 자본 동조화 현상은 깊어지고 있다.

샤오미Xiaomi 창업 초기에 퀄컴Qualcomm이 주요 주주였던 것을 알고 있는가? 한국 언론에서는 샤오미가 성장하면 퀄컴이 지적재산권에 대한 소송을 걸 것으로 전망했다. 퀄컴은 영리하게 초기 투자로 자본 이득을 누리고 샤오미의 성장 과실을 공유했다. 지금도 엔비디아Nvidia와 같은 미국 혁신 기업들은 중국 시장의 인공지능 유망 스타트업에 자본 투자하고 있다. 중국의 성장이 두렵다면 싸울 것이 아니라 숟가락을 얹고 중국 기업의 성장을 자신의 성장으로 활용하겠다는 스마트한 전략인 것이다.

중국 기업의 글로벌 투자도 활발하다. 특히 텐센트는 구글 못지 않게 다방면으로 생태계 구축을 통한 투자를 하고 있다. 미국의 주요한 게임 개발사 대부분이 텐센트의 지분 투자를 받았고 얼마 전에 세계 최고의 음반사인 유니버설 뮤직Universal music도 텐센트의 수조 원대 투자를 받았다.[2]

미국 증권거래소에 상장된 니오의 주가

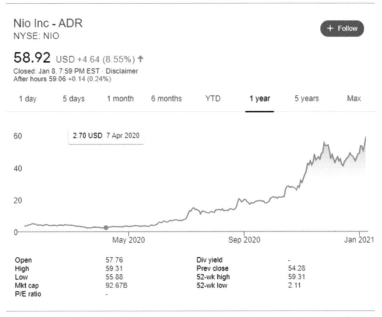

출처: 구글

같은 돈이 있다면 한국 주식보다는 미국, 중국주식에 투자해야 한다고 생각한다. 기업들이 글로벌 경영전략을 짜는 것처럼 한국에 있는 개인투자가도 월가의 투자가들처럼 우선순위를 정하고 투자 의사결정을 내려야 한다. 기존 패권국인 미국과 떠오르는 패권국인 중국주식으로 대부분의 비중을 맞추고 10% 정도의 비중으로 한국 기업을 담아도 충분하다.

특히 요즘처럼 온라인으로 모든 정보를 실시간으로 공유하는 시대에는 더욱더 그러하다. 예전에는 정보 취득이 어려워서 해외 주식투자가 어려웠지만, 지금은 구글이 주가와 뉴스를 모두 찾아준다. 만

변화를 이끄는 중국과 미국

데이터가 석유를 대체하는 시대

- 기술 진보의 속도에 비례하여 산업 변화의 가속도 또한 증폭되고 있음
- 컴퓨터 하드웨어 → 인터넷 → 온디맨드 → 인공지능
- 바이오·헬스케어와 인공지능·로봇·3D 프린팅 기술이 융합되는 등 다양한 산업들의 복합적인 융합 트렌드
- 데이터가 기업의 핵심 자산이 되어 산업 내 카테고리 킹 달성 여부를 결정지을 것

데이터 플랫폼 기업의 자기강화적 데이터 선순환 과정

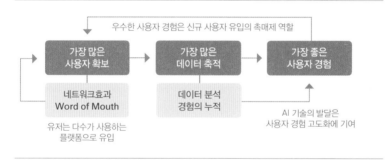

출처: 직접 작성

약 영어가 어렵다면 구글 번역기가 있다. 도대체 왜 여러분의 돈이 한국 자산에 국한되어야 하는가?

경제 패권국가의 주식을 사야 승률을 높일 수 있다. 네덜란드 패권시절 동인도회사 주식이 가장 좋은 투자 대상이었고, 워런 버핏도 초창기 미국주식에 투자했기에 지속적으로 높은 수익을 얻을 수 있었다. 자본에는 국경이 없다. 현재 패권국인 미국의 선도 기업, 미래 패권국으로 부상 중인 중국의 선도 기업에 투자해야 하는 이유다. 세상에 정말 많은 선택지가 있다. 선택이 확률을 만든다. 한국에 산다고 해서 소중한 자산을 한국 주식에 투자할 이유는 없다. 글로벌 주식에 투자해서 수익을 내고 한국에서 소비하고 기부하면 그것이 애국하는 길이다. 한국도 이제 자본 수출을 통해 국부를 창출하는 것이다.

▌4차 산업혁명 시대, 미국과 중국에 투자해야 돈 번다

미국과 중국의 혁신 기업에 투자하면 세계 최전방에서 벌어지는 혁신적 시도를 실시간 몸으로 느낄 수 있다. 내 돈을 투자하면 관심이 자연스레 갈 수밖에 없는 것이다. 글로벌 투자를 하면 세계 경제 메가트렌드를 파악할 수 있고, 미래 변화를 감지하는 역량을 발전시킬 수 있다. 미국과 중국에 동시 투자해야만 아마존Amazon이 전자상거래 영역을 약 유통까지 확장하고 있고, 아마존의 이러한 시도가 중국의 알리바바 계열사이자 중국 최대 전자상거래 약 유통 기업인 알리건강Alibaba Health에서 힌트를 얻어 과감하게 이뤄지고 있다는 사실을 알 수 있게 되기 때문이다.

미국과 중국이 앞으로도 더 강력한 경제 패권을 차지할 이유는 데이터에도 규모의 경제가 있기 때문이다. 미래를 주도하는 산업을 장악하기 위해서 10억 명 이상의 데이터를 지배할 수 있어야 한다. 중국은 자국에서만 10억 명 이상의 사용자를 보유하고 있고, 미국은 실리콘밸리에서 전 세계 수십억 명을 지배하는 생태계를 구축해놓았다. 텐센트 사용자가 11억 명에 달하고 페이스북의 글로벌 사용자가 27억 명이라는 사실이 이를 검증한다.

데이터는 이 시대의 석유와 마찬가지다. 아니 석유보다 더 좋다. 석유는 채

굴하면 고갈되고 새로운 개발을 위해 막대한 투자를 해야 하지만, 데이터는 사용자만 있으면 사용자들이 알아서 데이터를 주기 때문이다. 점점 커지는 네트워크 효과를 통해서 1등 회사는 더 빠르게 자신의 영향력을 키워나갈 수 있다.

▌ 데이터 = 석유

데이터는 이 시대의 석유와 같은 존재다. 산업의 원동력이자 클라우드 공간에 존재하는 인공지능을 똑똑하게 만들어준다. 데이터에도 규모의 경제가 존재한다. 지금 미국과 중국 데이터플랫폼 기업의 시가총액이 세계를 석권하는 이유가 여기에 있다. 10억 명 이상 인구에 지배력을 지닌 데이터플랫폼이 강력해질 수 있기 때문이다.

과거의 굴뚝 산업 시대처럼 새로운 국가 진출을 위해 공장을 신설하고 오프라인에서의 신규판매망을 뚫기 위해 영업인력을 동원할 필요가 없다. 세련되고 사용성 좋은 앱 하나만 출시하면 순식간에 해당 지역 인구의 과반수가 사용자로 유입될 수 있기 때문이다.

중국에서 개발된 틱톡TikTok이란 15초 숏클립 영상 플랫폼은 인도에서 2억 명 이상, 전 세계적으로 15억 명 이상의 사용자를 보유하고 있다. 중국 이외에서도 수억 명이다. 불과 3~4년 만에 벌어진 현상으로 과거 전통 산업에서 전 세계적으로 제품을 확산시키기 위해 적어도 10~20년의 세월이 필요했던 것과는 천지개벽할 차이다.

데이터플랫폼은 이제 우리의 신체를 탐하기 시작했다. 이번 코로나바이러스로 인해 헬스케어가 본격화되고 있다. 세계 각국에서 전통 의료와 대립을 벌이던 상황에서 비대면의 강제화로 원격진료의 시대가 성큼 다가왔다. 가장 대표적 사례는 핑안헬스케어Ping An Healthcare와 알리건강이다.

의료, 신약개발, DNA 분석 모두 데이터 산업의 하부구조로 들어가고 있다. 인공지능 데이터 분석 알고리즘을 통해 신약개발의 성공 확률을 높이고, 실패한 신약 물질을 다른 목적으로 재활용하는 시도가 빠르게 이뤄지고 있다.

보험산업도 비대면으로 변화한다. 수많은 보험 판매 컨설턴트의 일자리를 인공지능이 위협하고 있다. 인슈어테크는 기술과 보험의 융합이다. 인공지능, 사물인터넷, 모바일서비스가 융합되어 보험사는 정확한 사고율·손해율 추정을 할 수 있고, 소비자는 자신의 실시간 상태에 가장 적합한 보험을 적용할 수 있다. 인공지능 산업이 본격 수익화될 수 있는 근거는 인슈어테크와의 접목에서 이뤄질 것이다. 과거 통계학이 보험을 키운 것처럼, 인공지능은 보험 산업을 전혀 새로운 방향으로 이끌 것이다.

변화는 준비되지 않은 자에게는 위험이고, 준비된 자에게는 기회다. 합쳐서 위기라고 한다. 여러분은 변화를 기회로 만들 준비가 되었는가?

4차 산업혁명은 진행 중, 미래에 투자하라

투자의 관점 1

▎ 자신만의 관점 없이 투자하지 마라

자신만의 관점 없이 투자하는 것은 설계도 없이 건물을 짓는 것과 마찬가지다. 자신만의 관점이 없으면 공포와 탐욕으로 가득한 경제경영 뉴스 헤드라인에 휘둘린다. 아마 1년 이상의 주식투자 경험이 있다면 공감할 것이다. 세상에 유일한 관점이란 존재하지 않고 나에게 맞는 옷이 있는 것처럼 관점 또한 내가 편안하게 느끼는 안락 지대comfort zone가 있기 마련이다.

> "투자가는 모든 것을 알 필요 없다.
> 자신의 안락 지대를 찾아서 꾸준히 안타를 치면 된다.
> 코카콜라Coca-Cola와 아마존에 투자를 안 했다고 아쉬워하지 않는다."
>
> – 워런 버핏

부의 레벨을 바꾸는 미국주식 중국주식

▌지금은 데이터 시대

과거 전통 제조업의 시대에 여전히 사고 틀이 박혀있다면 미래에 적응하지 못한다. 신석기 혁명 시대 때도 적응 못한 인류는 도태되었고 인간은 살아남기 위해 도구를 활용해 문명을 만들었다. 도구 중 가장 핵심은 언어다. 언어를 통해 신화와 종교를 만들었고, 민족·국가 중앙집권적 제국의 시대가 가능했다.

게으르고 싶은 인간은 기계를 만들었다. 산업혁명은 인류에게 엄청난 생산성 향상을 가져다주었고, 농업 종사인구가 과거 80% 수준에서 지금은 한 자리 숫자로 떨어졌다. 그래도 충분한 식량을 생산하며 불과 300년 전만 해도 충분한 식량 생산을 위해서 많은 자녀를 낳아서 생산력을 비축하려 했던 인류의 습관과 전통은 사라졌다. 산업혁명은 강철, 철도, 석유, 전기로 상징될 수 있다. 카네기, 록펠러, 에디슨이 대표적 인물이다. 컴퓨터의 탄생은 인간을 정보의 연산에서 자유롭게 한다. 과거 손으로 계산하던 시절과 비교하면 엑셀은 수백 명, 수천 명의 역할을 대체했다.

구글의 검색창은 세계 어느 대형 도서관보다 강력한 정보력을 지닌다. 이제 우리는 정보를 찾으러 도서관의 서고를 헤매지 않아도 된다. 1990년대 이후 우리가 누려온 정보력은 중세시대 유럽과 중국의 어떤 황제보다 강력하다. 오히려 많은 정보가 우리를 혼돈하게 할 정도다.

인터넷은 주식시장을 일시에 흥분으로 달궜다. 인터넷버블은 미래 변화에 대한 환상과 탐욕이 만들어낸 현상이지만, 거대한 변화

〈이코노미스트〉가 예측한 메가트렌드

"데이터가 세계에서 가장 소중한 자산"이라는
제목의 〈이코노미스트〉 표지 (2017년 5월)

"중국스타일 이커머스의 미래"라는 제목의
〈이코노미스트〉 표지 (2021년 1월)

출처: 〈이코노미스트〉

속에는 언제나 버블이 있었기에 기이한 현상은 아니다.

2007년 애플Apple의 스티브 잡스는 세상에 스마트폰을 소개한다. 당시 한국의 대부분 매체는 다른 종류의 핸드폰으로 치부했다. 하지만 터치의 경험과 PC수준의 연산능력을 겸비한 스마트폰은 점차 인류의 제6감각기관으로 자리 잡았다. 손끝에 스마트폰이라는 정보 더듬이가 생겨난 것이다.

스마트폰을 사용할 때마다 데이터가 남는다. 내가 검색한 상품, 남긴 코멘트, 댓글, 좋아요 버튼 등 모든 터치 행위가 나의 선호, 성향, 의견을 나타내는 데이터다. 바로 내가 남기는 데이터들은 타깃

글로벌 인터넷 사용자 수

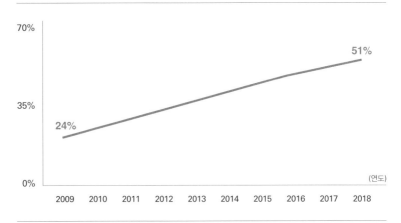

*글로벌 인터넷 사용자는 2018년 말 기준 38억 명으로
2009년 대비 2배 이상 증가했다. 2007년 스티브 잡스가
선보인 아이폰 존재의 무게감이 느껴지는 대목이다.

출처: 〈매리미커 인터넷트랜드 리포트 2019〉

미국 유동산업에서 전자상거래가 차지하는 비중

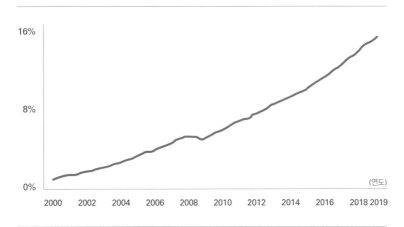

*아마존의 성장의 근간이 되는 그래프로 16%라는 숫자에서
여전히 전자상거래의 성장잠재력을 볼 수 있다.

출처: 〈매리미커 인터넷트랜드 리포트 2019〉

광고의 원재료가 된다. 당신도 모르는 숨겨진 수요까지 끌어낼 수 있는 원동력이 데이터에 숨겨져 있다.

구글과 페이스북Facebook은 광고회사다. 바로 세상에서 가장 편리하고 중독적인 모바일 서비스를 통해서 수십억 명의 스마트폰으로부터 데이터를 긁어모아 물건 판매에 유익한 인사이트를 뽑아내는 광고회사인 것이다.

▎1등을 잡아라

데이터에도 규모의 경제가 존재한다. 소비자의 스마트폰 메인화면에 떡하니 자리 잡은 1등 앱은 엄청난 경쟁우위를 누린다. 스마트폰 하나에 같은 종류의 앱을 10개씩 깔지는 않기 때문이다. 1등 앱은 가장 많은 데이터를 클라우드 상에 축적하고 쌓인 데이터는 알고리즘을 똑똑하게 만들며 사용자들에게 최적화된 추천 알고리즘을 통해 더 좋은 사용자 경험을 준다. 개선된 사용자 경험은 편리함과 흥미를 무기로 더 많은 사용자를 끌어모은다. 신규 사용자는 물론 자신의 데이터를 플랫폼에 아낌없이 내어주는 데이터 축적과 인공지능 알고리즘 개선의 선순환이 강화된다.

이러한 데이터 축적과 인공지능이 강화되는 선순환은 앞으로 더욱 확장될 것이다. 스마트폰의 보급으로 도시에 살아가는 사람들이 모두 인터넷을 매개로 연결되었고 인터넷 속도의 현격한 증가, 인터넷 통신비용의 감소를 통해서 사물인터넷도 확장되고 있다.

구경제와 디지털경제의 성장률

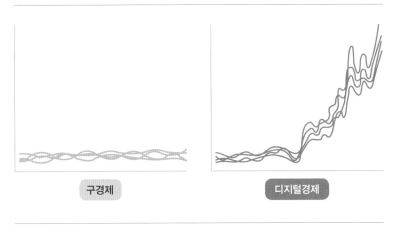

출처: 소프트뱅크 홈페이지

가장 대표적인 사물인터넷은 자율주행 시대로 향해 진화하고 있는 스마트 전기차고, 이를 대표하는 기업은 미국의 테슬라와 중국의 니오가 있다.

이제 데이터는 단순 판매를 위해 존재하지 않는다. 데이터 그 자체가 인간의 합리적 의사결정을 대체하기 위해 진화하고 있기 때문이다. 인공지능 기술은 오싹할 정도로 정확하게 우리의 얼굴을 알아보고 목소리를 알아듣고 반응한다. 대기업의 중간관리자 역할은 점차 인공지능으로 대체되고, 간단한 의학 진료는 원격으로 인공지능 의사에 의해 이뤄질 것이다. 자동차는 기계가 운전하고 인간이 단순히 타는 존재로 변화할 것이다.

▌손정의의 미래 전망은 틀리지 않았다

소프트뱅크Softbank 손정의 회장은 미래 산업의 메가트렌드를 정확히 전망하는 것으로 유명하다. 비록 글로벌 공유오피스인 위워크Wework의 투자 실패로 체면을 구겼지만, 수십 년간 그가 자신의 관점으로 표현해온 시대적 변화의 흐름은 틀리지 않았음을 소프트뱅크의 매출과 투자자산의 성장을 통해 검증할 수 있다.

손정의 회장은 데이터 기반의 경세를 디지딜경제로 규징한다. 디지털경제는 구경제 성장의 궤적보다 기하급수적 성장이 가능함을

2015년 시가 총액 상위 10위 기업

단위: 10억 달러

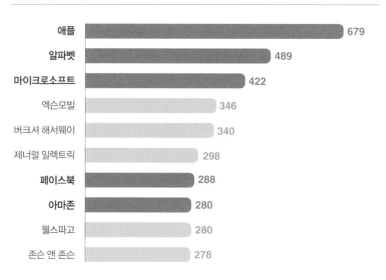

*아마존은 5배 이상 성장하고 엑슨모빌Exxon Mobil은 반토막 이상 하락했다.
시대변화는 5년 후에 보면 명확하다. 나무를 보지 말고 숲을 보라.

출처: 〈월스트리트저널〉, 2015.10.

강조한다. 모바일화, 컴퓨팅파워의 향상, 클라우드서비스화, 5G통신의 도래, 인공지능 기술의 진보에 따라 성장의 궤적은 더욱 가팔라지는 것이다. 따라서 구시대 경제의 논리로 디지털경제에 대한 이해는 불가능하고 새로운 사업모델에 대한 전혀 새로운 관점이 필요하다. 데이터 시대에 적응은 선택이 아니다. 적응하지 못하면 도태된다는 위기의식을 가져야 한다.

▌처음 경험하는 마이너스 유가

2020년 4월 사상 최초로 마이너스 유가를 기록했다. 그토록 소중하고 산업의 핏줄이라 여겨졌던 석유를 돈을 얹어 팔아야 하는 지경에 이른 것이다. 10여 년 전부터 시작된 미국의 셰일혁명으로 인해 미국이 세계 최대 산유국이 되면서 이미 유가에 대한 하방 압력은 예견됐다. 이제는 숨겨진 석유를 찾는 시대에서 생산성 극대화의 제조업 시대로 변화한 것이다.

매년 미국 셰일 기업들의 생산 효율성은 수십 퍼센트씩 개선되고 있다. 그 결과 미국의 원유 생산량은 최근 10년간 약 3배 급증했다. 미국이 원유 생산량을 지속적으로 늘리는 이유는 석유 산업을 업으로 삼는 사우디와 러시아에 생존을 위협하기 위해서다. 미국의 셰일 기술 혁신은 지금도 진행형이다. 하나의 구멍을 뚫어서 더 길게 시추하고, 최적의 화학물 조합을 통해 수율을 향상할 실험을 지속하고 있기 때문이다.

오늘날 석유의 자리를 빼앗은 것은 데이터다. 언제나 그렇듯 위기는 산업의 구조적 변화를 더욱 드라마틱하게 변화시킨다. 코로나 바이러스로 인해 전 세계적으로 시행되는 사회적 거리두기는 클라우드 공간에서 모든 거래와 업무가 이뤄지도록 강제하고 있다. 미국의 아마존은 17만 명의 신규 직원을 채용했다. 중국의 알리바바, 한국의 쿠팡, 마켓컬리 모두 마찬가지다.

전자상거래뿐만이 아니라 비대면 온라인으로 계약서 체결 서비스를 제공하는 노큐사인Docusign도, 온라인 화상회의 서비스인 줌Zoom도 서비스 사용자 수가 사상 최고치를 경신하고 있다. 이와 같은 온라인이 오프라인을 압도하는 현상은 이미 4차 산업혁명이라는 유행어와 함께 진행되고 있던 글로벌한 메가트렌드였다. 바이러스의 창궐은 온라인 기반 산업의 성장에 엄청난 촉매재로 작용하고 있을 뿐이다.

정부는 코로나바이러스로 인해 침체한 경제를 살리기 위해 막대한 규모의 재정정책을 예고하고 있다. 이 중 상당 부분이 투자될 곳이 5G, 데이터센터, 인공지능 분야다. 과거 4차 산업혁명의 핫한 미래 키워드였던 산업 분야가 신개념 인프라로 현재 주도산업으로 자리를 잡아가고 있는 것이다.

이러한 데이터 중심의 경제 구조 변화는 석유 한 방울 나지 않는 한국에 좋은 기회다. 인내심 부족한 한국의 모바일 소비자는 세계적 경쟁력을 지닌 수천만의 얼리어댑터 전사들이다. 이미 한국의 콘텐츠 창조 능력은 방탄소년단과 영화 〈기생충〉으로 검증되었다.

우린 얼마나 데이터 중심의 경제 구조에 적응할 준비가 되었는지 반문해야 한다. 정부 조직, 경제 정책, 교육 제도 모두 데이터를 중심에 두고 완전히 새롭게 판을 짜야 하는 시점이다.

▌인문학과 인간을 알아야 투자의 맥이 보인다

투자는 기업의 일부분을 소유하는 행위다. 기업은 사람들로 구성되어 있다. 대부분은 기업이 소유한 유형 자산에 집중하지만, 나는 기업의 본질은 기업을 구성하는 사람들, 그 사람들의 머릿속에서 나오는 창조력과 실행력에 가치가 있다고 본다. 결국 투자란 '사람에 대한 이해'가 필요한 것이다. 그래서 투자가야말로 인문학에 대한 잡식성 호기심을 깊이 가져야 한다.

특히 거시경제의 큰 흐름을 알기 위해서 수백 년, 수천 년의 경제사에 대한 이해는 필수적이다. 한동안 유대인을 중심으로 서양 경제 역사를 조망했던 이유가 여기에 있다. 인간의 본성은 쉽게 변하지 않기 때문에 역사는 반복되고 역사의 반복되는 패턴을 잘만 사용하면 투자의 커닝 페이퍼가 될 수 있다. 역사를 공부해서 뭐하냐는 생각처럼 무지한 질문도 없다. 역사 말고 우리가 객관적 사실에 근거해서 참조할 것이 무엇이 있는지 거꾸로 묻고 싶다. 언제나 답은 인간에게 있다.

경제 패권전쟁 통에 기회가 있다

투자의 관점 2

▌역사 속에 실마리가 있다

미중 무역전쟁을 이해하기 위해서 마찬가지로 역사 속에서 실마리를 찾아야 한다. 17세기 초 네덜란드 동인도회사가 세계 최초의 주식, 증권거래소, 채권 등을 만들었다. 동인도회사는 아시아와 국제무역을 독점하면서 성장했다. 항해술은 당시로써 최고의 첨단 기술이었고, 주식·채권·증권거래소를 창조한 것은 첨단 금융 기법이라할 만했다.

기술과 금융으로 자유무역을 주창하고 시장의 기회를 독점하면서 동인도회사는 세계 경제 역사의 큰 획을 그었다. 남미에서 채굴한 은과 중국에서 향신료, 도자기 등을 가져와 유럽에서 고가로 팔았다. 전 세계 은 생산의 과반수를 남미가 담당했고, 이 중 30% 이상이 중국으로 흘러들어갔다. 전 세계 부의 최종 종착지는 중국이었고 동인도회사는 기술과 금융기법을 통해 글로벌 무역을 독점하여 부가가치를 창출했다.

명나라, 청나라 시절 중국은 글로벌 무역의 중심에서 막대한 무역흑자를 누려왔다. 지금 미국이 경험하는 무역적자로 인한 고통은 서구가 지속해서 경험해온 루틴이다. 청나라 시절 과도하게 중국으로 은이 흘러들어가는 것을 막기 위해 등장한 게 아편인데, 아편전쟁은 중국과 무역 불균형을 깨기 위한 서구의 꼼수였던 것이다. 현재 미국과 중국의 무역전쟁을 겪으면서 방향성에 대해 많은 걱정하지만, 서구와 아시아의 경제 패권 간의 협력과 경쟁은 수백 년간 지속된 현상이라 할 수 있다.

팩트는 경제 뉴스보다 역사책에 있다. 트럼프와 시진핑의 언급보다 중요한 건 과거 서구와 중국이 어떤 경제적 관계를 맺었는가다. 자신만의 관점을 갖고 독립적 사고를 하는 투자가가 되기 위해서는 '생각의 시간표'를 늘려야 한다.

관점에 따라 사물은 완전 다르게 보이기에 정확한 관점을 수립하는 것이 무엇보다 중요하다. 대다수 사람의 머릿속에는 아직도 중국은 세계 자본주의 질서와 상관없는 낙후된 공산주의 국가로 자리 잡고 있다. 이런 사고는 백 년의 시간에 갇혀 긴 역사의 흐름을 무시하는 것이다. 역사의 기록을 살펴보면 지난 2천여 년 동안 중국은 세계 1~2위의 글로벌 경제 패권 국가로서 지위를 확고히 해왔다. 따라서 중국과 미국의 무역전쟁의 본질은 경제 패권 교체기에 나타나는 일반적인 현상이며 장기적으로는 중국이 미국을 추월해서 세계 1위의 경제 패권 국가가 될 것이라는 전망이다.

중국과 서양의 무역 불균형은 어제오늘 이야기가 아니다. 로마 시대 때도 고가의 실크 수입으로 중국과의 무역 불균형이 극심했다. 심지어 황제 칙령으로 공개된 장소에서 실크를 못 입게 하는 정책이 발표될 정도였다. 이후 로마에서 중국산 실크가 사라졌는가? 오히려 로마 여성들이 집안에서 입는 옷으로 실크의 용도가 바뀌었고 중국산 실크의 인기는 이후 서방 세계에서 천 년이 넘게 이어졌다. 유럽에서 실크가 본격적으로 생산된 것이 6세기경이니 중국의 실크 생산 기술은 유럽을 600년 이상 앞서갔던 것이다.

▌레이 달리오가 바라본 500년간 제국의 흥망성쇠

역사의 기록을 살펴보면 지난 2,000여 년간 중국은 대부분 시간 동안 세계 1위 혹은 2위의 글로벌 경제 패권국가로서 지위를 확고히 해왔다. 다음 표는 세계 최고의 헤지펀드인 브리지워터Bridgewater 레이 달리오 회장이 정식 출간 전 온라인으로 연재하고 있는 역작 《The Changing World Order》[3]에서 발췌한 것이다. 붉은 그래프가 지난 1,500여 년간 역사적으로 중국의 상대적 경제 규모를 나타낸 것인데, 대부분의 기간 동안 세계 경제 패권 혹은 최소한 아시아 경제 패권국으로 기록되고 있는 것을 살펴볼 수 있다.

무역전쟁이 본격화되던 연초에 브리지워터에서 흥미로운 연구결과를 발표했다. 지난 500여 년간 중국은 대부분 시간 동안 현재 미국이 누리는 경제 패권과 유사한 혹은 더 강력한 패권을 누려왔다는 것이다. 따라서 중국과 미국의 무역전쟁의 본질은 경제 패권 교

패권국가의 상대적 국력 추정 그래프

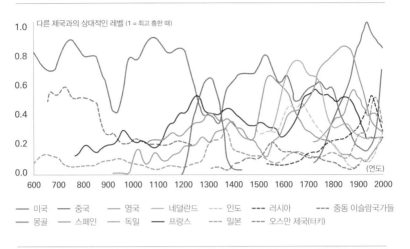

출처: 레이 달리오, 《The Changing World Order》

체기에 나타나는 일반적인 현상이며 "장기적으로는 중국이 미국을 추월해서 세계 1위의 경제 패권국가가 될 것"이라는 전망이었다. 필자의 전망이 아니라 미국 최고의 헤지펀드 운용사 회장이 직접 분석하고 주장한 내용이라는 것을 기억해야 한다.

다음 표에서 우리 기억 속 낙후된 중국의 모습은 과거 1,500여 년의 역사 속에서 바라보면 가장 이례적인 시기였음을 확인할 수 있다. 중국이 애초에 세계 1위 혹은 2위의 경제 패권국의 지위를 갖는 것이 정상적이라는 것을 역사적 사실을 통해 알 수 있다.

중국의 상대적 국력에 대한 추정 그래프

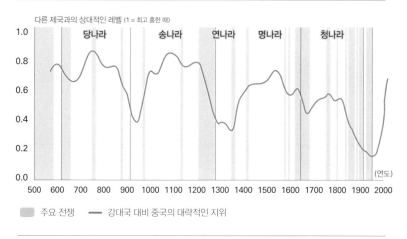

출처: 레이 달리오, 《The Changing World Order》

레이 달리오 회장의 역사를 바라보는 관점을 벤치마킹 해보도록 하자. 다음 표는 역사 속에서 제국의 흥망성쇠 과정을 8가지 요인으로 분석해보았을 때, 하나의 반복되는 패턴을 나타낸 것이다. 네덜란드에서 영국으로, 영국에서 미국으로 패권이 이전되는 과정에서 반복되는 패턴이 나타난 것을 정리한 것이니 매우 유의미한 결과라고 할 수 있다.

신흥 제국이 성장하기 위해선 교육(파란 선)을 통한 인재 역량이 갖춰져야 한다는 것은 당연하게 느껴진다. 우수한 인재들이 모여서 창조하는 것은 혁신과 기술의 진보(갈색 선)이고 이로 인한 결과물은 경쟁력 향상(녹색 선)이고 무역량과 생산량 증가로 이어진다. 풍부한 자금력에 기반해서 군사력(주황 선)도 성장한다. 가장 뒤늦게 장악하

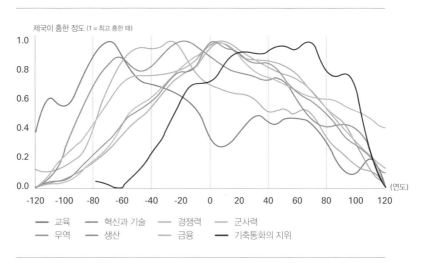

제국의 흥망성쇠 과정을 8가지 요인으로 분석한 하나의 패턴

제국이 흥한 정도 (1 = 최고 흥한 때)

범례: 교육 · 혁신과 기술 · 경쟁력 · 군사력 · 무역 · 생산 · 금융 · 기축통화의 지위

출처: 레이 달리오, 《The Changing World Order》

게 되는 것이 금융중심, 기축통화(검정 선)의 지위다. 이 표를 통해서 우리는 중국과 미국의 무역전쟁 현황을 파악할 수 있다.

▎600년 앞섰던 중국의 세계 최초 지폐

송나라 시절 중국은 세계 최초로 지폐를 사용했다. 농업 기술의 발달로 생산력과 상거래가 급증하면서 무거운 동전으로는 상거래의 규모를 감당하지 못했기 때문이다. 네덜란드에서 처음으로 지폐가 사용되었으니 이 또한 중국이 서방을 600년 이상 앞서갔던 것이다.

세계 최초의 채권 역시 송나라 시절 소금을 담보로 했다. 지폐와

채권의 존재로 인한 최초의 하이퍼인플레이션도 송나라 시절에 겪었다. 현대 금융업의 역사는 유대인이 창조한 것이 아니라 중국 상인이 기틀을 만들었다.

자, 다시 현대로 돌아와보자. 한국 언론 기사를 보면 중국발 부채 위기에 대한 우려가 가득하다. 하지만 중국의 GDP 대비 부채비율은 일본보다 훨씬 낮은 수준이며 미국, 한국과 유사한 수준이다. 외채 비중 또한 매우 낮다. 올해 예상되는 중국의 GDP 성장률이 7~8%대로 빠른 속도라는 사실을 고려하면 부채를 감당할 여력도 있어 보인다. 국영기업들의 도산과 지방은행들의 부실 문제는 과거 40여 년간 축적되어온 국가 주도 성장의 문제점이 수면 위로 드러나는 것이다. 이러한 문제점은 시진핑 정권 초기부터 감지됐으며 중국 경제 구조는 이미 상당 부분 민영 기업 위주로 변화하고 있다.

중국 정부는 민영 데이터플랫폼들 중심의 인터넷플러스 정책을 통해 국영기업들의 비효율을 혁신하도록 장려하고 있다. 그 결과 알리바바와 텐센트 같은 데이터플랫폼 기업들은 아마존, 구글과 어깨를 나란히 하고 있다. 전 세계적 15억 명의 마음을 사로잡은 틱톡을 만들어낸 바이트댄스ByteDance 장이밍 회장은 1983년생으로 기업 가치는 80조 원에 육박하며 개인 자산도 20조 원에 이른다. 이제 중국산 제품이 아닌 서비스가 세계를 놀라게 하는 시대가 도래한 것이다. 중국의 젊은 창업가들이 세계 경제사 속에 기록될 역사적인 새로운 발명을 창조하고 있는 것은 아닌지 반문해 봐야 할 시점이다.

기존 패권국인 미국과 패권의 자리를 추격하는 중국이 치열한 격전을 펼치는 지점은 무역과 기술, 혁신 분야다. 그래서 5G 기술의 핵심을 쥐고 있는 화웨이Huawei와 미국과 유럽에서까지 최고의 인기를 구가하는 틱톡을 견제했던 것이다. 역사를 통해 바라보면 미국과 중국의 경쟁이 단순한 무역 전쟁이 아니라 경제 패권 전쟁임을

하이퍼인플레이션4
물가 상승의 통제를 벗어난 상태로 수백%의 인플레이션율을 기록하는 상황

이해할 수 있다. 이 치열한 전쟁은 트럼프에서 바이든으로 정권이 바뀌어도 변하지 않는다는 것도 알 수 있다.

앞으로 10년, 미국과 중국의 경제 규모 격차가 좁아질수록 경쟁과 긴장감은 격렬해질 것이다. 치열한 경쟁이 펼쳐질 전장은 4차 산업혁명 분야고, 백년을 바꿔놓을 산업의 구조적 변화 시점과 패권 경쟁의 시점이 겹치면서 기술 혁신 분야에서의 경쟁도 치열해질 것이다.

투자도 단련이 필요하다

▌ 투자의 기본기를 잘 잡고 가자

투자에도 근육이 있다. 사고의 근육, 투자의사 결정의 근육 말이다. 처음 투자에 대해 생각하면 머리가 지끈지끈하고 숫자만 봐도 울렁거린다. 아직 전문적으로 단련되지 않았기 때문에 처음 시작할 때 어려운 게 당연하다. 하지만 한번 익숙해지면 편안하고 재미있다. 새로운 것을 배우면 세상의 흐름이 잘 보이면서 동시에 투자 수익이 쌓이는 게 신기하기도 하다. 내가 생각한 방향대로 산업과 기업이 흘러가면 기쁘지만, 물론 고통을 감내해야 할 때도 있다. 하지만 탐욕과 공포 사이에서 성실하게 공부하며 투자하는 과정을 거쳐야 실력이 쌓인다.

투자로 돈을 버는 게 편하고 쉬워 보이지만, 워런 버핏처럼 포트폴리오 전체 수익률을 연간 20% 이상으로 꾸준히 실적을 내는 것은 어려운 일이다. 투자 근육도 몸의 근육과 마찬가지로 공포가 극에 달했을 때, 한 단계 더 나아가면서 성장한다. 남들 눈에는 딱히 하는 일이 없어 보이지만, 공포에 압도되지 않으려는 고민과 담력을 키우려는 노력이 투자가로서 고통스러운 작업이다.

투자도 근육운동처럼 부단한 단련이 필요하다. 세상을 알기 위한 단련, 나의 감정을 중화시키기 위한 단련, 독립적 판단을 통해 공포를 이겨내기 위한 단련 말이다. 투자 근육과 운동 근육을 키우는 것 모두 인격 수양이다.

▌ 정보를 지식으로, 지식을 지혜로!

투자를 잘하기 위해서는 모든 경제 현상에 폭넓고 깊은 관심을 가져야 한다. 세계 경제, 미국기준 금리, 환율, 산업 전망, 기업 공시자료, CEO의 철학부터 건강 상태까지 알아야 할 것이 많다. 그런데 이러한 많은 정보들이 머릿속을 스쳐 지나가면 신호가 아닌 소음이 된다. 수동적으로 정보를 접하다 보면 소음 속에 묻혀 살게 되는 것이다.

그래서 우리에게는 지혜가 필요하다. 하지만 지혜는 어느 순간 갑자기 찾아오지 않는다. 내 손으로 글을 남기고, 숫자를 입력하고, 논리와 근거에 따라 방향성을 예측해보는 과정을 통해 오랜 기간 시행착오를 겪으면서 서서히 생성되는 것이 지혜다. 투자가의 일상은 지혜를 향한 노력이라 할 수 있다.

정보, 지식 및 통찰력을 통한 지혜에 대한 데이터

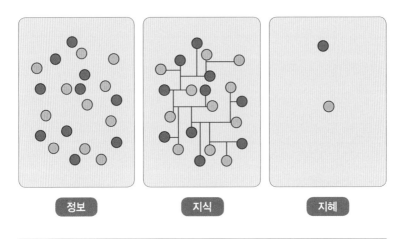

출처: 아이팩토리

정보화 시대, 우리는 정보의 홍수에 압도되어 살아간다. 스마트 모바일 시대에 정보를 지식으로 만들기 위해 가장 중요한 것은 자신의 강렬한 호기심이다. 한 가지 주제에 집중해서 무한 검색을 하면 파편화된 정보들이 점차 유기적 관계를 맺는 지식의 형태로 변하는 순간을 느낄 수 있다.

검색이 깊어질수록 잡생각이 나는데, 그럴 때는 명확한 방향성이 필요하다. 검색 결과에서 유의미한 문구 수치 내용을 따로 메모해놓으면 지식은 깊어진다. 6개월만 이런 훈련을 해보길 바란다.

그럼 지식에서 지혜의 단계로 올라가는 비결은 무엇일까? 지식이 다양한 범주로 확장되는 과정에서 불현듯 나타나는 게 지혜다. 즉, 어느 한 분야에 자신을 구속하지 않고 융합적인 사고를 할 때 예

부의 레벨을 바꾸는 미국주식 중국주식

고 없이 다가오는 게 지혜의 단계다.

▌신호 vs. 소음

모든 것을 알려 하면 아무것도 모르게 되는 역설을 이해해야 한다. 매번 새로운 정보에 현혹되다 소중한 시간만 허비하게 되는 것이다. 따라서 중심을 잡고 자신만의 관점을 잡아야 한다.

투자라고 하면 외교, 정치, 대선 무역전쟁 등을 이슈로 고려해야 한다고 생각하는 사람들이 많다. 채권이라면 말이 되는데 개별주식에는 딱히 영향이 크지 않다. 오히려 기업의 실적은 소비자의 수요와 직접적인 연관이 있다.

동네 설렁탕 맛집이 IMF나 리먼브라더스 위기가 온다고 망하지 않는 것과 같은 이치다. 코로나바이러스 상황에서도 마찬가지다. 4차 산업혁명을 리딩하는 데이터플랫폼 기업, 클라우드 서비스 기업, 스마트헬스케어 기업은 바이러스 상황을 비대면이라는 주제로 삼아 성장했다. 결국 미래 성장 스토리와 실제 소비자의 수요가 뚜렷하다면 거시 경제 이슈, 정치 외교 등 다 잊고 살아도 무방하다는 것이다. 경제가 호황이냐 불황이냐, 무역 갈등이 언제 해소될 것이냐는 모두 예측하기 어려운 영역이다. 하지만 기업의 제품 서비스에 대한 소비자들의 반응은 예측하기 쉽다.

주가는 오늘 오르고 내일 하락하지만, 내가 투자한 기업의 매출 이익은 오늘 상승하고 내일 하락하지는 않는다. 대부분 금융시장의 출렁임은 자본 유동성에 따른 사람들의 기대감과 실망감 속에서 생긴다. 미세한 변화에 울렁증을 느낀다면 장기적 투자 관점이 부족하다는 증거다.

진짜 좋은 기업은 모든 거시 경제와 정치 환경을 극복한다. 기업에 대한 믿음이 있다면 소음에 대담하게 맞설 수 있고, 소비자의 마음을 사로잡을 시그널을 포착할 여유가 생긴다.

내가 30~40여 개 포트폴리오를 가지면서 큰 걱정 없이 맘 편히 지내는 이유는 바로 기업 본질과 거리가 먼 이슈에서 서리두기를 해왔기 때문이다. 답은 '노이즈와 시그널 골라내기'에 있다.

▍소비자의 습관을 바꾸는 기업을 찾아라

중안보험Zhongan Insurance, 도큐사인, 네이버, 메이투안Meituan, 핑안헬스케어, 알리건강 모두 같은 투자 가설로 발굴하고 투자했다.

"소비자의 습관을 바꾸고 있는가?"

편리하고 좋은 걸 떠나서 소비자들의 습관을 바꾸는 것은 대단한 일이다. 습관을 바꾼 중독적 소비자들은 데이터를 아낌없이 헌납한다. 모여진 데이터는 다시 새로운 소비자를 유혹할 필살기를 길러준다. 선순환은 1등에게만 주어진다. 그래서 패스트팔로워의 추격 위협이 적다. 데이터 산업의 특성이 그렇다. 쫓아가기에 1등은 너무 빠르게 진화한다.

뚜렷한 독립적 판단의 근거, 가설에 대한 자신감이 나의 비밀이

중안보험 주가

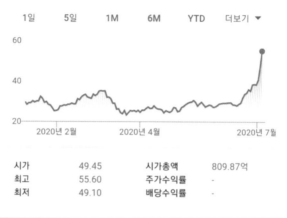

55.10 HKD **+7.95 (16.86%)** ↑
7월 6일 오후 4:08 GMT+8 · 면책조항

| | 1일 | 5일 | 1M | 6M | YTD | 더보기 ▼ |

시가	49.45	시가총액	809.87억
최고	55.60	주가수익률	-
최저	49.10	배당수익률	-

출처: 구글

라면 비밀이다. 중요한 것은 전문가들이 위협해도 안 팔고 버틴 배짱이다. 나는 소비자의 습관을 비가역적으로 변화시키는 미국과 중국의 데이터플랫폼 기업들을 찾고 있다. 이런 관점의 근거는 다름 아닌 투자의 고전인 피터 린치의 《Learn to Earn》에서 얻은 인사이트였다.

> "관심 있게 주위를 둘러보면 직장이나 근처 쇼핑몰에서 탁월한 종목들을 발굴할 수 있다. 월스트리트보다 앞서서 찾아낼 수 있다."
>
> – 피터 린치, 《거인의 어깨너머로 배우는 투자》

기업에 대한 투자 시그널을 금융 시장에서 찾지 말고, 산업과 사업의 현장에서 찾으라는 말이다. 앱을 만들어서 소비자를 모으는 데이터 플랫폼 기업의 경우 앱을 직접 다운받아 다운로드 수치, 평가, 경험 등을 종합적으로 평가하고 주가를 전망하면 수익을 낼 수 있다는 것이다. 네이버나 카카오에 투자할 때 증권사 애널리스트 리포트를 보는 것보다 사용자가 되는 것이 직관적이고 적중력이 높은 투자의 길이다.

투자란 기업의 비즈니스 일부를 사는 행위고, 창업가와 동업자가 되는 것이다. 따라서 내가 투자한 기업의 사업이 잘 돌아가고 있는지 소비자의 시선에서 바라봐야 하는 것은 당연한 일이다. 당연한 방법을 대부분의 주식투자가들은 간과한다. 거시 경제 환경, 금융 시장의 상승 하락에 휘둘리다가 투자한 기업과 무관한 이슈로 주식을 매도하고 후회하는 일을 반복한다.

▌ 언제까지 테마만 쫓을 것인가?

시장은 테마를 좋아하지만 앞서 강조한 '비즈니스 현장'에서는 금융 시장의 테마는 상관없다. 그냥 소비자의 습관을 바꾸기 위해 밑단에서 실행을 극단적으로 개선하는 방법밖에 없는 것이다.

장기적 관점의 가치투자는 소비자의 습관을 바꾸는 실행력을 보고 동시에 금융 시장에서 단기간에 뜨겁고 차가워지는 테마에 귀를 닫는 일이다. 상승장에서는 이런 차이가 별로 느껴지지 않는다. 모두

부의 레벨을 바꾸는 미국주식 중국주식

가 상승으로 행복할 뿐이다.

하지만 하락장에서는 행동 패턴이 극단으로 갈린다. 단기적인 관점을 가진 시장 지향적인 투자가인지 장기적인 관점의 비즈니스 지향적인 투자가인지 양쪽으로 나뉜다. 하락장은 심리를 건드린다. 우리 자신을 돌아볼 수 있는 계기이기도 하다. 나는 비즈니스에서 답을 찾는 투자가인가, 테마를 쫓는 투자가인가? 비즈니스에서 답을 찾아야만 장기적 관점으로 마음 편안하게 근육을 키워가는 투자를 할 수 있다.

▌ 인덱스 하락에 우울해하지 마라

주식 시장이 일제히 하락할 때 명심할 것은 시장의 전체적 하락(인덱스 하락)은 기업 본질에 대한 투자 가설과 전혀 무관한 현상이라는 사실이다. 혹여나 인덱스가 하락해서 주가가 하락하고 손실이 커졌다고 본인의 투자 역량을 의심하거나 자책하지 마라. 그렇지만 기업에 대한 가설, 전망이 합리적 이유로 계속 틀린다면 본인의 역량과 태도를 의심하고 수정하는 것이 맞다.

반대로 기업의 실적보다 주가가 이유 없이 상승할 때, 내 실력과 무관하니 기뻐할 일도 아니다. 그와 동일한 이유로 기업의 실적보다 주가가 이유 없이 하락할 때, 우울해할 것도 없다. 1~2년의 기간 동안 기업의 레벨업을 기다리는 투자를 하면 된다.

투자 수익의 가장 큰 적은 탐욕, 자만, 공포, 우울감이다. 감정의

2020.9.24 이후 S&P500 인덱스 그래프

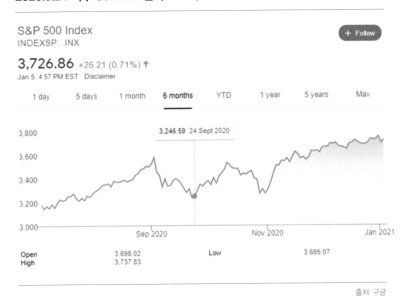

출처: 구글

중립을 찾는 것이 투자 근육을 키우는 과정이다. 공포에 무뎌지는 연습을 해보자. 2020년 9월 24일에 공포에 질려서 저점에 주식을 매도했으면 후회했을 것이다. 뉴스 헤드라인에 무심해지는 투자 습관이 얼마나 실효성 있는지 확인 가능한 대목이다.

부의 레벨을 바꾸는 미국주식 중국주식

공포를 매수하라

▌ 공포를 매수하라 1 : 코로나바이러스 위기

시장의 사이클과 수익의 사이클은 다르다. 대부분 경제 뉴스를 통해 시장의 반응을 보고 투자한다. 독립적 판단을 하지 못하면 계속 수익에서 멀어질 수밖에 없다. 오히려 시장의 공포가 극에 달했을 때가 투자 수익의 기회인 경우가 많다.

2020년 3월 18일 "V자? U자? L자? 전망은 어떻게 될까?"라는 영상을 유튜브 채널에 올렸다. 당시는 코로나바이러스로 S&P 인덱스가 하루에 9% 급락하던 상황이었다. 대공황과 리먼브라더스에 비유하면서 전무후무한 경제 붕괴에 대한 공포감이 시장을 휘감고 있었다.

당시 나는 논리적인 근거에 의한 V자 반등을 전망했다. 리먼브라더스 위기도 2년 만에 지나갔고 인간에게 취약한 위협은 공포보다는 탐욕이기 때문이다. 이번 바이러스발 위기는 유동성의 막대한 증

2020.3.18 이후 S&P500 인덱스 차트

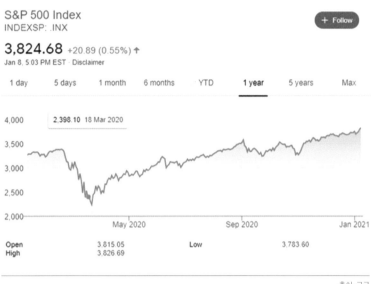

출처: 구글

가로 자산 가격 상승으로 이어질 가능성 높다는 결론을 제시했다. 결과는 어떠했을까?

결과적으로 2020년 3월 18일은 지난 12개월 중에 가장 매수하기 좋은 타이밍이었다. 나는 마켓 타이밍을 맞추는 속칭 '스윙 매매자'는 아니다. 과도한 시장의 우울감, 공포감은 비합리적 폭락을 가져오고 이러한 과도한 하락은 절대 가치를 추구하는 장기 가치 투자가에게는 좋은 가격에 우량자산을 담을 기회인 것이다. 지나고 보면 결과적으로 공포를 매수한 격이다. 바겐세일 기회에 편안하게 자산을 쇼핑카트에 담으면 그만이다.

빅히트가 상장할 때도 주식 시장은 온통 빅히트 이야기뿐이었다.

빅히트 주가

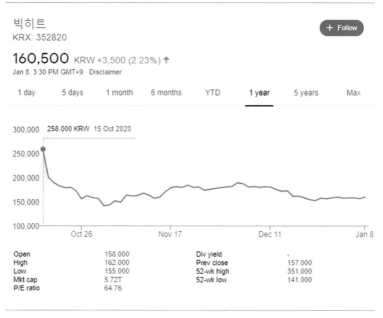

빅히트
KRX: 352820

160,500 KRW +3,500 (2.23%) ↑
Jan 8, 3:30 PM GMT+9 · Disclaimer

| 1 day | 5 days | 1 month | 6 months | YTD | **1 year** | 5 years | Max |

258,000 KRW 15 Oct 2020

Open	158,000	Div yield	-
High	162,000	Prev close	157,000
Low	155,000	52-wk high	351,000
Mkt cap	5.72T	52-wk low	141,000
P/E ratio	64.76		

출처: 구글

상장 당일에 시장은 과도한 열기로 반응했고 이후 주가는 급락을 면치 못했다. 너무 강한 기대감은 그만큼 큰 하락도 가져온다는 사실을 알려준다. 카카오게임 때도 마찬가지였다. 포트폴리오를 이미 균형 있게 구성하고 있다면 대중의 관심이 집중되는 신규상장 IPO에 지나치게 관심을 가질 필요는 없다.

상장 이후 급격하게 주가가 하락하고 무관심으로 빠르게 바뀔 가능성도 크다. 한때 뜨거웠지만 외면받는 종목들에서 기회를 찾아보는 게 더 좋은 선택 아닐까 생각한다. 많은 분이 뉴스에서 주어지는 관심사에 그대로 쫓아가는 경우가 안타깝다. 대중의 관심에서 멀어져야 본질이 보인다.

▌공포를 매수하라 2 : 미국 대선의 불확실성

가장 투자하기 좋은 시기는 공포가 극에 달했을 때이고 그다음은 방향을 모르고 방황할 때다. 공포를 기회로 생각하지 못하면 함께 공포에 빠지게 된다. 가상 투자하기 안 좋은 시기는 흥분이 최고조에 달하며 신문에 주식 상승 보도가 가득할 때다. 기업의 비즈니스가 성장하는 게 확실하다면 냉랭한 시기에 투자하는 게 좋다. 주식은 시장이 흥분할 때 사면 손실 가능성이 높다. 2020년 10월 말은 투자하기 좋은 시기였다. 대선이 지나면 누가 당선되든 돈은 풀리기 마련이기 때문이다. 항상 지나고 보면 합리적으로 인과관계가 명확히 보이는데 막상 닥치고 보면 뉴스 헤드라인의 공포감 조성에 선뜻 독립적으로 판단하기가 어렵다.

▌공포를 매수하라 3 : 트럼프의 중국 때리기

뉴스 헤드라인에 트럼프의 중국 기업 때리기가 극에 달하고 있던 2020년 5월 30일에 많은 사람이 중국 기업 주식을 매도하고 싶은 유혹에 굴복하고 말았다. 이미 수익 많이 냈으니 위험한 시기가 지나고 다시 들어가자고 마음먹게 마련이다. 하지만 이후 메이투안의

메이투안 주가

주가는 2배 이상 상승했고, 146홍콩달러에 다시 매수할 기회는 이후 다시 오지 않았다.

공포를 버티는 습관이 얼마나 중요한가! 지나고 보면 별거 아닌 것처럼 보이지만 당신이 저 순간에 메이투안의 주식을 보유하고 있었다면 불안에 떨며 물었을 것이다.

"트럼프가 중국 기업을 앞으로 가만 놔두겠어요?"

"이렇게 위험한 상황에서 매도를 안 한다고요?"

트럼프가 중국 소비자들의 손가락을 묶고 메이투안의 앱을 사용하지 못하도록 하지 않는 이상 이미 중국 소비자들은 메이투안의 서비스에 중독되어 있고 코로나 상황은 중독적인 습관을 심화시켰다. 기다리면 그만인 상황에 왜 매도하는가. 결국 기다린 자에게 반년 사이 2배의 수익이 선물처럼 주어졌다.

다짐

- 호기심으로 레벨업하라.
- 단기적 욕심을 내려놓고 긴 호흡을 가져라.
- 투자가에게 방향을 잃는 것은 가장 큰 위험, 나침반을 잊어버리지 말라.
- 초심으로 꾸준히 돌아가라.

▌레이 달리오의 《원칙》 ▌

좋은 투자가가 되기 위해서는 자신만의 투자 원칙을 견지하는 것이 필수적이다. 레이 달리오의 《원칙》은 읽을 때마다 느끼는 바가 다른 투자원칙을 세우기 위한 필독서다. 레이 달리오는 원칙을 정하고 지켜나가는 것이 투자의사 결정에서 핵심적인 성공 요인이라고 아래와 같이 주장한다.

- 원칙에 입각한다는 것은 분명하게 설명할 수 있는 원칙에 따라 행동한다는 의미다. 불행하게도 대부분 사람은 그렇게 하지 못한다. 그리고 원칙을 기록해두고 공유하는 사람들도 거의 없다.

- 우리는 자신만의 목표와 본성을 지니고 있어서 그에 맞는 원칙을 정해야한다. 물론 다른 사람의 원칙을 활용하는 것이 나쁜 것은 아니다. 하지만 깊이 생각하지 않고 타인의 원칙을 그대로 따른다면 자신의 목표와 본성에 어울리지 않는 방식으로 행동할 위험에 노출될 수 있다.

원칙을 수립하기 위해 필수적인 과정은 무엇일까? 바로 실패 속에서 배우는 것이다. 실패로 끝나는 것이 아니라 실패의 원인과 미래 실패 가능성을 낮추기 위한 구조적 변화를 만들어내는 것은 성공 확률이 높은 투자가로 진화하는 과정이라는 것이다.

- 고통스러운 실수를 통해 나는 "내가 옳다는 것을 안다"에서 "내가 옳다는 것을 어떻게 아는가?"라는 관점을 갖게 되었다. 이런 실수들은 나의 대담함을 견제하는 데 필요한 겸손을 알려주었다. 내가 완전히 틀릴 수 있다는 것을 아는 것과 현명한 사람들이 사물을 다르게 보는 이유에 대한 호기심은 나 자신과 타인의 눈을 통해 사물을 보는 방법을 가르쳐주었다.

- 나는 성공으로 가는 열쇠는 많은 것을 얻기 위해 고군분투하고, 잘 실패하는 방법을 배우는데 있다고 생각한다. 잘 실패한다는 것은 게임에 참여하지 못할 정도로 크게 실패하지 않고, 고통스러운 경험을 함으로써 큰 교훈을 얻을 수 있다는 것을 의미한다.

- 주식시장에서 돈을 벌려면 시장의 합의에 반대로 투자하고, 그것이 옳다고 생각하는 독립적인 사고를 할 수 있어야 한다. 왜냐하면 시장의 합의가 가격으로 반영되기 때문이다. 사람들은 불가피하게 틀릴 수밖에 없기 때문에 성공을 위해서는 잘 틀리는 방법을 배우는 것이 중요하다.

레이 달리오는 유독 역사 공부의 중요성을 강조하는 투자가다. 역사 공부란 반복되는 인간의 패턴을 익히는 과정이고, 우리가 현재 참여하고 있는 시장 또한 시간이 흐르면 반복되는 역사 중 한 페이지라는 것을 인지하라는 것이다.

- 현실이 나에게 전해준 메시지는 다른 시대, 다른 곳에 사는 사람들에게 일어났던 일들을 더 많이 공부하라는 것이었다. 그렇지 않으면 그런 일들이 일어날 수 있다는 사실도 모르고, 그런 일이 발생할 경우 어떻게 대응해야 하는지 알지 못할 것이기 때문이다.

레이 달리오는 자신이 설립한 브리지워터의 기업문화에 대해서도 원칙에 따라서 설명한다.

- 새로운 직원들이 브리지워터 문화의 핵심인 진정성과 투명성에 익숙해질 때까지 약 18~24개월 정도의 적응 기간이 걸린다. 특히 자신의 실수를 받아들이고, 어떻게 대응할 것인가에 관한 적응이 필요하다. 하지만 일부 사람들은 적응에 실패한다. 나는 브리지워터에 합류하는 것은 해군 특수부대에 들어가는 것과 같다는 말을 들었다. 다른 사람들은 달라이 라마가 운영하는 자아발견학교에 가는 것과 비슷하다고 말하기도 했다. 생존한 사람들은 적응 기간 동안 어려웠지만, 그들이 이룩한 탁월한 성취와 인간관계 때문에 즐거웠다고 말한다. 적응에 실패한 사람들은 탈락한다. 이것이 브리지워터를 탁월한 조직으로 유지하는 비결이다.

브리지워터의 기업문화는 완벽주의에 집착하는 넷플릭스, 아마존과 유사하다. 투자회사나 혁신 기업이나 '성공의 방정식'은 다르지 않다는 것을 느낄 수 있는 대목이다. 레이 달리오는 투자와 기업문화뿐 아니라 개인의 삶에 대한 태도에서도 원칙을 강조한다. 가장 중요한 것은 스스로 실패할 수 있다는 겸손이고, 실패를 통해 학습하는 긍정적인 태도다.

- 실수는 괜찮지만, 실수에서 배우지 못하면 용납되지 않는 문화를 만들어라.

- 모든 사람은 실수한다. 중요한 차이는 성공한 사람은 실수에서 배우지만, 실패하는 사람은 실수에서 배우지 못한다는 것이다.

- 성공을 위해서 실패를 하나의 과정으로 수용하는 것이 좋다. 고통은 어떤 것이 잘못됐다는 메시지고, 우리가 또다시 잘못해서는 안 된다고 알려주는 유능한 선생님이다. 당신은 공개적으로 솔직하게 약점을 인정하고, 약점이 자신을 고통스럽게 만들지 않도록 하는 방법을 찾아야 한다.

레이 달리오는 어떤 일이든 감정에 휘둘리지 않고 성공 확률을 높이는 과학적 접근이 필요하다고 주장한다. 투자에 있어서 공포와 흥분의 감정에서 멀어지고 정확한 판단을 위한 훈련을 해야 하는 이유다.

- 비난과 칭찬에 휘둘리지 말고, 정확한지 정확하지 않은지에 집중하라.

2장

★ ★ ★ ★

돈이 되는
중국주식 투자하기

★ ★ ★ ★

미래먹거리는 중국시장이다

▍ 2021년 중국 투자를 늘려야 할 타이밍

지난 1년을 돌아보면 중국의 데이터 혁신은 빠르게 진행되었고, 그 결과 대부분의 데이터 혁신 기업들의 시가총액은 몇 배씩 상승했다. 무역전쟁이 극단으로 치닫던 2019년 말에 중국 투자를 긍정적으로 전망하는 사람은 드물었다. 부채 위기로 중국 경제가 당장이라도 몰락할 것이라는 위기감이 고조되던 시점이었기 때문이다. 하지만 실상은 어떠한가? 중국 경제는 전 세계 어느 나라보다 좋은 상황이다. 미국과 유럽이 모두 큰 폭으로 마이너스 성장을 기록하는 가운데 플러스 성장을 지켜나가는 나라가 바로 중국이다.

중국은 바이러스의 발원지기도 했지만, 바이러스를 빠르게 극복하며 V자 반등을 이룩하고 있는 나라이기도 하다. 바이러스 극복에서도 가장 커다란 역할을 한 주체는 역시나 데이터플랫폼 기업들이다.

중국의 연도별 실질 GDP 성장률

단위: %

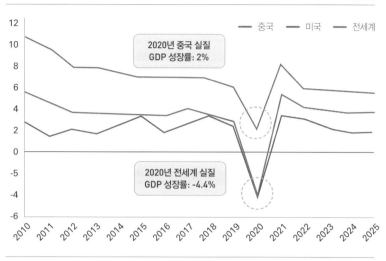

출처: IMF, 2020. 10

중국의 연도별 실질 GDP 증가분

단위: 10억 달러

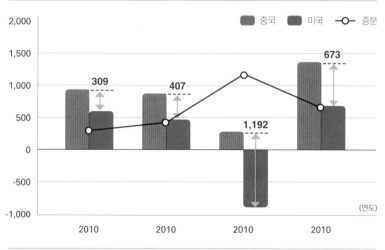

출처: IMF, 2020. 10

중국의 실질 GDP 규모 전망

단위: 조 달러

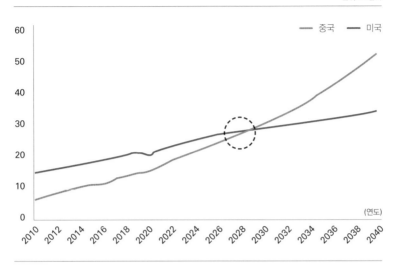

*2020년 IMF 예상 실질 GDP 성장률을 적용하여 전망했을 때, 2028년에
미국에서 중국으로 세계 경제 우위가 전환 될 예정이다.

출처: IMF, 2020. 10

사생활 침해를 불사하면서 13억 인구에 대한 인공지능 딥러닝 기술
을 통한 데이터 추적을 통해 바이러스 확산을 효율적으로 차단했다.
인권 측면에서 비난의 소지가 있으나 최소한의 경제적 성과는 달성
한 셈이다.

IMF의 경제 성장치를 반영해서 추세 전망을 해보면 2028년 중
국이 미국 GDP 규모를 추월할 것으로 예상된다. 중국의 경제 패권
을 향한 추격은 향후 5~10년 동안 치열해질 것이고, 이를 위해 중
국 경제는 에너지 성장의 고삐를 당길 것이라는 것을 예측할 수 있
다. 데이터 혁신이 가장 빠른 젊은 나라 중국이 미국과의 경제 패권
다툼에서 승리하기 위해 전력 질주하고 있는 셈이다. 이러한 성장에

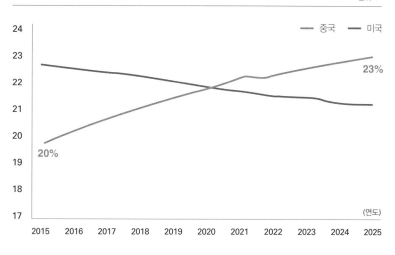

중국의 실질 GDP 성장률 기여도

단위: %

출처: IMF, 2020. 10

투자하지 않는다면 시대적 기회를 놓치는 우를 범할 수 있다. 중국 자산을 가지지 않고 미래 10년을 대비한다는 것은 핵심 자산을 홀랑 빼고 투자하는 것과 마찬가지다.

중국의 신흥 전자상거래 강자인 핀듀오듀오Pinduoduo의 경우 2020년 3분기 매출 증가율이 전년 대비 89%를 기록했다. 유료 구매 고객은 2년 만에 약 2배 성장해서 7억 3,000만 명에 달한다. 젊은 패기로 알리바바를 무섭게 추격하는 형국이다. 이는 창업 5년 만에 이뤄낸 성과로 1980년생 콜린 황은 40대 초반 나이에 30조 원 이상의 자산을 일구었다.

중국 경제의 미래를 긍정하는 이유 중 하나는 이러한 젊은 창업가의 성공 신화가 끊이지 않고 이어진다는 것이다. 대기업인 텐센트, 알리바바가 모든 분야에 영향을 끼치고 있지만 여전히 중국의 1980~1990년대생 창업가들은 새로운 기회를 만들어 기존 질서를 뒤흔들려는 노력을 하고 있다. 경제가 젊다는 것이 단순히 경제 참여 인구가 젊기만 해서는 부족하다. 기존 세력과 신흥 세력 간의 숨막히는 긴장감이 중요한 요소다.

바이러스 상황에서 중국뿐 아니라 미국과 유럽에서 역대급으로 많은 돈이 풀린다. 그 돈은 결국 수익을 창출하는 자산으로 깔때기처럼 모이기 마련이다. 2021년 우량 자산의 가격 상승은 중국뿐 아니라 글로벌한 현상일 수밖에 없다. 자산의 가치가 오르는 게 아니라 현금의 가치가 하락하는 것이다.

레이 달리오가 "현금은 쓰레기"라는 주장을 했을 때 많은 사람이 의아해했다. 코로나바이러스 상황에서 현금은 가치를 잃고 글로벌 투자자금의 유동성은 수십 년간 보지 못한 수준으로 치솟고 있다. 성장하는 기업으로 돈이 몰릴 수밖에 없는 것이다. 그런 면에서 세계 어느 나라보다 빠르게 성장하는 기업이 중국 기업이다. 위험을 기회로 살리려면 자본 투자가 답이다. 지금은 승천하는 용에 올라타서 수익이라는 과실을 얻어야 할 때다.

트럼프의 노력으로 중국의 자본시장은 개방됐고 골드만삭스를 비롯한 월가의 투자은행 헤지 펀드들은 중국주식에 대한 포지션을 늘리고 있다. 동학개미와 테슬라로 상징되는 서학개미의 성과는 어느 때보다 좋다. 이제 포트폴리오의 글로벌한 분산 측면에서 중국 주식에 대한 관심을 키울 때다. 중국의 젊은 기업, 데이터 혁신 기업, 스마트 전기차, 바이오 기업을 자산 포트폴리오에 분산투자한다면

충분히 2021년 연말에는 웃으며 자신의 늘어난 자산을 확인할 수
있을 것이다.

▌ 젊은 중국, 소비의 레벨업에서 기회를 찾아라

중국은 젊은 에너지로 가득한 나라다. 지우링허우(1990년대생), 링
링허우(2000년대생) 세대가 소비의 주축을 이루며 중국 경제 성장의
구조를 과거와 완전히 다른 방식으로 바꾸고 있다. 이들은 소비의
레벨업을 추구한다. 과거 중국인들이 먹고살기에 급급했다면 요즘

마오타이 주가

출처: 구글

젊은 중국 소비자들은 자신의 건강과 행복, 자존감 향상을 위해 과감한 투자를 아끼지 않는다. 중국의 패션, 화장품 산업 전망이 좋은 이유이기도 하다. 그중 핵심은 디지털 소비로 젊은 세대가 모든 경제활동을 모바일 인터넷 서비스를 통해 해결하며 데이터 제국으로 변화하는 데 큰 역할을 하고 있다.

세계 최고의 컨설팅사인 맥킨지에서 발간하는 중국 관련 리포트는 적중률이 높기로 유명하다. 2012년에 발간한 리포트에서 '2020년 중국 소비자를 만나나'는 세목으로 중국 젊은 소비 시장의 급성장을 예견했다.

중국은 전 세계 소비의 중심지로 성장했다. 최근 에르메스, 구찌와 같은 럭셔리 브랜드의 주가 추이는 중국 소비 심리에 따라 오르고 내린다. 중국의 소비를 상징하는 바이주 마오타이Kweichow Moutai는 세계 최고 기업가치의 럭셔리 브랜드가 되었다. 참고로 맥킨지 리포트 발간 시점에 마오타이에 투자했었다면 10배 이상의 수익을 누릴 수 있었다.

▍무역전쟁의 전리품, 중국 자본시장 개방

미중 무역전쟁에서 미국이 챙긴 가장 소중한 전리품은 바로 중국 자본시장 개방을 가속화한 것이다. 외상투자법의 개정으로 외국인 투자자의 자본투자를 목적으로 한 외화의 자유로운 이동을 자유롭게 해줬다. 중국에 투자해서 돈은 어떻게 회수하는지에 대한 우려를

중국 자본시장 개방과 변화

단위: %

중국 외국인 투자 법안 개정안	
관련 법규	외상투자법(외국인 투자법) 제 21조 "외국투자자는 중국 내에 대한 출자 이익, 자본수익, 지식재산권사용료 법에 의거하여, 취득한 보상 또는 배상에 대하여 위안화 또는 외화를 자유롭게 전출 가능"
전문가 의견	한국 대성 법률사무소 "최근 중국의 직접 투자 관련 외환관리에 대한 절차를 지속적으로 간소화하고 있음. 중국 내에 직접 투자 항목 하의 외환 등기 인허가와 외환 연도 검사는 모두 취소되는 등 투자가 많이 용이해지고 있음"

중국판 나스닥을 지향하는 커촹반 제도	
설립 이유	중국 혁신 기업의 중국 내 상장
개시일	2019년 7월 22일
주관사 중심의 상장 제도	상장주관사 공모가 자율 책정, 등록제(기존 허가제와 차이)
	상장주관사는 공모가 기준 2~5% 총액 인수 의무
거래 규정	거래 규모 제한 없음
	거래가는 20%의 상하한가 제한 있음
10월 31일 기준 현황 : 36개 기업 상장	공모가 대비 상장 첫날 평균주가 상승률: 157%
	공모가 대비 평균주가 상승률: 100% 이상

무역전쟁 중에도 증가하는 대중 해외투자		
FDI	QFII	RQFII
2019년 1월~10월 기준	2019년 1월~8월 기준	2019년 1월~8월 기준
7,514억 위안	1,114억 달러	6,933억 위안
전년도 동기 대비 6.6% ▲	전년도 동기 대비 약 10% ▲	전년도 동기 대비 약 10% ▲

*FDI: 외국인 직접 투자

출처: 상하이 증권 거래소

QFII: 상하이와 선전 주식시장에서 중국인 투자전용 주식(A주)을 직접 사들일 수 있는 자격을 지닌 외국투자기관

RQFII: 외국인 투자자에게 중국 본토의 주식·채권 등에 직접 투자할 수 있도록 한도를 주는 제도

불식시킬 수 있었다. 여기에 금융 산업에 대한 외국인 투자자 지분율 제한을 없앤 것도 큰 변화였다. 증권, 투자, 보험 산업은 중국 정부에서 100% 외국 투자자 지분을 금지하던 대표적 규제 산업이었다. 하지만, 이런 지분율 규제를 없애면서 골드만삭스, UBS 같은 대형 투자은행이 중국 본토에 대한 투자를 빠르게 늘리고 있다.

중국 정부 입장에서도 중국 본토 자본시장의 사이즈를 키우기 위해서는 글로벌 투자자금이 필요하다. 외화 유출입을 개방하고 투자은행들의 사업 기반을 제공해야 장기적으로 중국노 글로벌 자본시장에 편입될 수 있기 때문이다. 중국 자본시장의 개방과 규모 확대는 미국과 중국의 공통된 수요가 마주치는 교집합이라고 볼 수도 있다.

지난 수십 년간 중국의 우량 기업은 미국 증권거래소에 지속 상장해왔다. 중국 최대 전자상거래 기업인 알리바바도 중국이 아닌 미국 증권거래소에 상장했다. 미국의 자본시장은 규모 면에서나 선진적 시스템에서나 넘볼 수 없는 세계 최고의 자본시장이니 글로벌 투자자들에게 어필해야 하는 중국의 대표 테크 기업들은 미국 증권거래소 상장을 통해 자금조달을 해왔던 것이다.

하지만 최근 미국 증권거래소에 상장된 기업들을 통째로 상장폐지 시켜야 한다는 등의 고강도 견제가 강화되자 중국 정부나 기업 입장에서는 플랜B를 세우지 않을 수가 없었다. 중국도 이제 중국판 나스닥 개설을 늦출 수 없는 상황에 놓인 것이다.

▋ 중국판 나스닥 '커촹반'의 의미

이런 배경에서 출범한 것이 바로 중국판 나스닥을 표방한 커촹반이다. '과학혁신의 증권거래소'란 의미의 커촹반은 2019년 7월 22일 정식 출범해 1년이 지난 이후 상장사 수는 140여 개에 달하고 시가총액은 470조 원을 넘어섰다. 커촹반을 대표하는 인덱스인 커촹50 지수도 만들었다. 중국 반도체 대표주인 SMIC의 커촹반 상장 첫날 주가는 511.85%나 폭등했고 단숨에 커촹반 시가총액 1위 기업으로 등극하기도 했다.

커촹반 상장 기업들의 상장 당일 주가 상승률은 평균 144.1%에 달할 정도로 투자 열기가 뜨겁다. 시진핑 주석이 직접 챙기고 있는 커촹반은 기술혁신을 무기로 한 신흥 민영기업들이 주인이 되는 중국의 새로운 대표 자본시장으로 자리 잡고 있는 것이다. 그렇다면 커촹반은 기존 본토 상하이거래소와 어떻게 다를까?

기존 상하이거래소는 불투명한 상장심사, 너무 긴 상장 대기, 자유롭지 않은 공모가 산정방식 등 기업들에 불합리한 규정들로 많은 문제가 있었다. 반면 커촹반은 상장심사제가 아니라 등록제로 긴 상장심사를 기다릴 필요 없이 요건만 되면 상장이 가능하다. 시장의 자율에 최대한 맡기는 매우 혁신적인 제도지만, 그만큼 책임도 따른다. 상장 주관을 맡는 증권사가 의무로 공모 물량의 2~5%를 반드시 떠안아야 하고 보호예수기간이 2년에 달한다.

커촹반의 등장으로 이제 중국 거래소에도 유니콘 기업들의 상장이 가능해졌다. 기존 상하이거래소는 반드시 순이익이 있어야 상장이 가능했다. 이에 중국의 데이터혁신 유니콘 기업들은 상장할 방법이 없어 미국과 홍콩 상장을 선택했다. 커촹반은 손실은 나지만 미래가치가 있고 빠르게 성장하는 유니콘 기업들을 위해 제도를 정조준했다.

커촹반의 개설은 중국 자본시장의 다층적 발전과 글로벌화를 위한 필수적 변화로 큰 의미를 지닌다. 동시에 미국에도 커촹반의 의미는 남다르다. 미국이 중국과의 무역전쟁에서 가장 부담을 느끼는 부분이 중국이 미국 국채 보유 1위라는 점이다. 중국은 미국의 뒷덜미를 잡고 있는데, 미국은 중국이 가진 것 중에 딱히 좋은 자산이 없어서 못 잡는 상황이라고 보면 쉽다. 커촹반에 상장될 기업들은 월가 자금이 좋아할 만한 요소를 갖췄다. 4차 산업혁명, 바이오, 반도체, 데이터플랫폼 등 글로벌 투자자금에 매력적인 우량 민영기업들이 커촹반에 상장한다. 세계 금융시장의 큰손은 누가 뭐래도 월가 자금이고 월가 자금을 끌어들일 수 없다면 커촹반의 유동성은 동네 구멍가게 수준으로 전락할 수밖에 없을 것이다. 이런 맥락에서 커촹반은 미국, 중국 모두에게 필요한 공통의 이익이다.

오묘하게도 커촹반 개시 발표와 비슷한 시점인 2019년 3월에 중국은 외상투자법을 개정했다. 자본투자를 위한 외화의 유출입에 절대적 자유를 보장해주는 내용의 개정안이 공표된 것이다. 자본투자를 위한 외화 유출입의 자유화는 커촹반의 사이즈를 키우기 위해서는 불가피한 선택이고 이를 공식화한 것이 외상투자법 개정이었다.

앞으로도 중국 자본시장의 새로운 동력으로 커촹반이 큰 역할을 할 것이다. 미국과 중국 모두의 이익을 위해 커촹반은 미국 자본에

활짝 개방될 것으로 예상된다. 우리는 미국 자본과 같은 방향으로 중국을 향해 적극적인 투자를 해야 한다. 미중 무역전쟁을 지혜롭게 활용하기 위한 장터가 열릴 때, 과감하게 베팅하면서 자본이득을 누려야한다.

중국 투자에 대한 오해와 진실

▌ 첫 번째 오해: 중국 기업은 공산당이 좌지우지한다?

코로나바이러스는 역설적으로 돈이 홍수처럼 쏟아지는 시대를 만들었고 결과적으로 자산 인플레를 가져왔다. 성장성 높은 자산에 대한 관심과 투자는 이제 필수가 됐다. 이런 맥락에서 요즘 해외 주식에 대한 관심이 날로 높아지고 있다. 특히 중국주식시장은 미국을 비롯한 선진국 대비 빠른 경제성장에 대한 기대감으로 관심을 받고 있다. 동시에 오해와 편견 또한 다양하다.

상장된 많은 중국 기업들이 중국 정부가 최대 주주인 국유기업이다. 이들 국유기업은 정부가 주인이다 보니 정책 변화와 정치에 영향을 받는다. 정책의 지원을 받을 때는 주가 흐름이 좋다가도 정부에서 경쟁기업을 정책적으로 키워주거나 국유기업 간 시장점유율 분배가 비우호적으로 이뤄지면 주가가 하루아침에 폭락하기도 한다. 10여 년간 중국 투자를 해오면서 깨달은 것은 개인투자자들은 가급적 중국 국유기업에 대한 투자는 멀리하면 좋다는 사실이다. 국유기업에 투자할 때, 중국 정부의 강력한 지원을 투자 하이라이트로 생각하는데 이는 '양날의 검'이란 사실을 반드시 인지해야 한다.

반면 민영기업들은 상대적으로 정부 입김에서 자유롭다. 특히 데이터플랫폼, 바이오산업과 같은 산업은 빠르게 성장해서 정부가 개입하기 어렵다. 4차 산업혁명 섹터에서 미국이나 홍콩 거래소에 상장하고 기업가치가 수조 원이 넘어가는 민영기업들은 상대적으로 중국 정부로부터 자유롭다는 것을 기억하자.

▌두 번째 오해: 중국 회계장부는 믿을 수 없다?

과거 한국에 상장한 중국 기업 중에 중국고섬은 1,000억 원대 회계부정으로 엄청난 피해를 준 안 좋은 기억이 있다. 중국판 스타벅스로 불리던 중국 최대 커피체인점 루이싱커피Luckin coffee가 매출액을 부풀리는 회계부정으로 나스닥에서 상장폐지됐다. 지속적으로 회계 이슈를 만들어내는 중국 기업이 많은 것은 사실이다. 아직 기업의 내부통제 수준이 글로벌 기준에 못 미치고 기업의 수도 많기에 문제가 나타나는 면이 있다.

이는 중국 기업들이 고속성장 가운데 겪는 성장통으로 바라볼 필요가 있다. 회계부정 위험을 피하기 위해서 깊이 있는 리서치를 통한 나름의 검증도구를 만드는 것도 좋은 방법이다. 가장 좋은 리스크 회피전략은 분산이다. 아무리 하나의 종목이 엄청난 파급력을 지니고 있다고 하더라도 충분한 분산을 해야 한다. 10여 개 종목에 분산돼 있다면 그만큼 개별 주식의 비윤리적 행위로 인한 손실도 감내할 수 있기 때문이다.

또 하나의 리스크 관리 방법은 텐센트, 알리바바와 같은 이미 회계 관리 시스템이 잘 구축된 중국의 IT대기업들이 전략적 지분 투자한 기업인지를 확인하는 것이다. 중국에서 회계부정을 저지른다면 담당 회계 법인을 질 포섭해서 투자자들 눈속임을 하는 것인데, 만약 텐센트, 알리바바가 투자 회사의 주요 지분율을 보유하고 있다면 회계부정의 가능성은 현저히 낮아진다. 중국에서는 공안보다 무서운 게 텐센트라는 말이 있을 정도로 텐센트의 영향력은 엄청나다. 그만큼 텐센트, 알리바바의 투자를 받은 기업들의 내부 통제 및 회계 관리 수준은 검증되었을 가능성이 높다.

▌세 번째 오해: 중국은 부동산 때문에 망한다?

중국의 부동산 가격이 급상승하며 상하이, 베이징의 중국 집값이 서울 강남 집값을 추월하는 상황이 벌어지고 있다. 중국 대기업인 텐센트, 알리바바의 신입사원 연봉은 미국에서 유학한 데이터분석가 기준으로 2억 원대다. 이후 연봉 상승률은 매년 두 자릿수다. 상하이와 베이징의 소득·소비 수준은 이미 서울을 앞질렀다. 중국 전체 GDP가 매년 6~8% 성장한다면 대도시의 화이트칼라 샐러리맨의

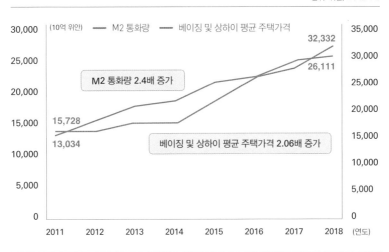

중국 M2 통화량과 주택가격 추이

단위: 위안, ㎡(제곱미터)

(10억 위안)　—— M2 통화량　—— 베이징 및 상하이 평균 주택가격

32,332

26,111

M2 통화량 2.4배 증가

15,728

13,034

베이징 및 상하이 평균 주택가격 2.06배 증가

2011　2012　2013　2014　2015　2016　2017　2018　(연도)

출처: CEIC

연봉이 두 자릿수씩 인상되는 것은 당연한 이치다.

위 그래프를 보면 중국뿐만 아니라 미국과 한국에서도 통화량의 증가로 대표적인 희소 자산인 부동산의 가격이 지속적으로 상승해 왔다는 것을 확인할 수 있다. 저금리 시대에 통화량이 지속 증가하면 자산 가격 인플레이션 측면에서 핵심 부동산 가격은 물리적 법칙에 의해 지속 상승할 수밖에 없다. 비가 많이 오면 댐 수위가 올라가는 것과 마찬가지다.

2021년에도 중국의 우량 주거단지의 부동산 가격은 지속 상승할 것으로 전망된다. 돈이 풀리고, 소득이 올라가고, 가처분소득이 늘어나는데 부동산 가격도 당연히 상승하지 않겠는가? 다만 중국 정부는 대출 규제, 다주택 보유에 대한 규제 등을 통해 시장의 이상 과열

단위: 10억 달러

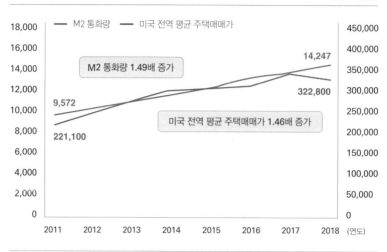

출처: FRED

현상을 막으려 할 것으로 전망된다.

▌ 네 번째 오해: 중국발 부채 위기가 온다고?

매년 연말이면 단골 메뉴로 등장하는 내용이 '중국발 부채 폭탄 언제 터지나?'다. 〈파이낸셜타임즈〉, 〈월스트리트저널〉, 〈블룸버그〉 등 글로벌 매체들은 매년 여지없이 틀린 전망을 하고 있다.

부채 위기가 진짜 터지려면 외화 부채 비중이 높아야 한다. 과거 한국의 IMF 위기도 외채 비중이 높고 외환 보유가 낮아서 찾아왔다. 그런데 중국은 3.35조 달러를 보유하며 세계 최대 외환보유고를

세계 외환보유국 순위

단위: 100만 달러

순위	국가명	외환보유고	기준일	변동금액
1위	중국	3,356,529	2020년 12월	▲ 46,902
2위	일본	1,394,680	2020년 12월	▲ 10,065
3위	스위스	1,036,531	2020년 11월	▲ 14,792
4위	러시아	592,400	2020년 12월	▼ 1,200
5위	인도	585,324	2021년 1월	▲ 4,483
6위	대만	529,910	2020년 12월	▲ 16,510
7위	홍콩	491,600	2020년 12월	▲ 5,900
8위	사우디아라비아	456,869	2020년 11월	▲ 10,281
9위	한국	436,400	2020년 11월	▲ 9,900
10위	브라질	355,620	2020년 12월	▼ 384

출처: 위키피디아

자랑한다. 2등인 일본은 1.39조 달러로 중국의 절반에도 못 미친다. 대한민국도 Top10 외환보유국인데 보유규모는 중국의 7분의 1 수준이다. 한국이 경험했던 IMF 외환위기가 중국에도 닥쳐올 가능성은 다른 어느 나라보다 낮다는 것을 확인할 수 있다.

위 표는 세계 주요국의 GDP 대비 총부채 비율을 비교한 것이다. 중국의 GDP 대비 부채비율은 257%로 일본보다 훨씬 낮고 미국과 유사한 수준임을 확인할 수 있다. 이런 수치를 제시하면 전문가들은 중국은 선진국이 아니라 신흥국인데 높은 수준의 부채 비율을 감당할 수 있겠느냐고 반문한다. 도대체 중국이 왜 아직도 개발 도상국으로 분류되어야 하는가? 이미 중국은 일본을 추월한 지 오래고 미국의 GDP 70% 이상을 따라잡은 세계 경제 규모 Top2인 나라라는

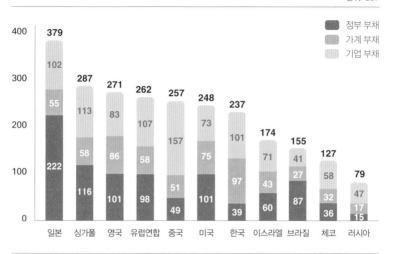

세계 주요국의 GDP 대비 총 부채 비율

단위: GDP

- 정부 부채
- 가계 부채
- 기업 부채

	일본	싱가폴	영국	유럽연합	중국	미국	한국	이스라엘	브라질	체코	러시아
총	379	287	271	262	257	248	237	174	155	127	79
기업 부채	102	113	83	107	157	73	101	71	41	58	47
가계 부채	55	58	86	58	51	75	97	43	27	32	17
정부 부채	222	116	101	98	49	101	39	60	87	36	15

출처: 국제금융협회, 2019. 02

점을 잊지 말자.

중국은 명실상부한 세계 2위 경제 주체다. 선진국보다 빠른 경제 성장을 이어가고 있고 세계 최대 외환 보유국으로 현금 또한 누구보다 빵빵하게 갖고 있다. 직장인으로 비유하면 연봉이 두 번째로 높고, 쌓아놓은 자산도 많고, 매년 연봉 상승률도 가장 높은 친구가 은행에서 대출을 많이 받는 것이 왜 문제인가? 오히려 미래 성장이 정체된 유럽이 중국과 유사한 수준의 부채를 감당하고 있는 상황이 아슬아슬한 것이 아닌가?

부채가 높은 중국 기업의 대부분은 정부 소유의 국영기업이다. 국유기업의 부채는 상당 부분 정부 부채로 봐야 한다. 핵심적인 국유기업에 부채 문제가 발생하면 중앙정부에서 지원해서 막아주지

부의 레벨을 바꾸는 미국주식 중국주식

만, 방만한 경영을 하는 국유기업은 도산하게 놔두기도 한다. 국영기업에서 민영기업으로 산업 주체를 변화시키는 것은 시진핑 시대의 큰 그림이다.

한눈에 이해하는 중국 경제 트렌드

▌덩샤오핑, 개혁개방을 통한 국가 주도 자본주의 개시

중국 자본주의 개방의 시작은 1978년 12월 18일 덩샤오핑 개혁 개방 주창으로 거슬러 올라간다. 애초 덩샤오핑은 실용주의 노선 탓에 1966년 문화대혁명 때 '주자파走資派'로 낙인이 찍혀 실각하기도 했던 노장인지라 주석의 자리에 올라 덩샤오핑 시대(1978~1992년)를 열며 중국이 중앙계획경제를 포기하고 시장 경제 시스템을 도입해야 한다는 주장을 강력하게 추진했다.

그가 강조한 선부론先富論은 "일부 사람을 먼저 부유하게 하라"다. 즉, 빈부격차를 겁내지 말고 돈을 투자할 우선순위를 정하는 것이었다. 공산주의식 평등주의를 극복하고, 능력 있는 일부 엘리트가 먼저 부자가 되고 이들이 가난한 사람을 도우면 된다고 강조했다. 덩샤오핑의 흑묘백묘黑猫白猫론은 검든 하얗든 고양이는 쥐만 잘 잡으면 좋

중국의 경제 체제 변화

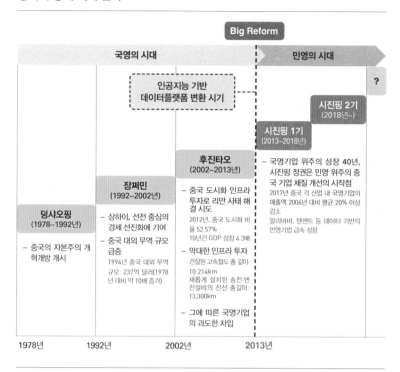

출처: 중국 통계국

은 고양이라는 말로, '사상해방'과 '실사구시'를 전면에 앞세우고 개
혁개방을 추진하면서 발전시킨 이론이다.

▎ 장쩌민, 개혁개방의 가속화

장쩌민 시대(1989~2002년)는 덩샤오핑의 개혁개방을 가속화한 시
기로 보면 맞다. 장쩌민 주석은 집권 초기 보수파의 눈치를 살피느

심천의 변화

*중국은 30년간 개혁개방 정책으로 상전벽해를 이뤘다.

출처: CGTN, 중국국제텔레비전

라 개혁개방에 적극적이지 않았는데, 이를 보다 못한 덩샤오핑 전 주석이 1992년 심천 광저우와 같은 개방을 상징하는 도시를 방문한 '남순강화'를 통해서 "저속 성장은 후퇴와 같다", "개혁을 추진하지 않는 사람은 물러나야 한다"면서 장쩌민 주석을 몰아세워 개혁에 앞장섰다. 중국 경제는 상하이, 심천 등 경제특구 중심으로 세계의 공장으로 부상하며 고속 성장했다. 그 결과 장쩌민 집권 시기 연평균 10% 이상 경제 성장을 지속했다.

▌ 후진타오, 도시화에서 고속철도까지

후진타오 시대는(2003~2013년) 대규모 인프라 투자와 도시화로 상징된다. 덩샤오핑, 장쩌민 시대를 거쳐 중국 경제는 막대한 무역 흑자를 통해 외환보유고를 늘리고 자본력을 갖추게 된다. 후진타오 집권 중기인 2008년 투자를 본격적으로 늘려야 할 시점에 리먼브라더스 위기가 터지자 후진타오 정권은 중국의 도시화를 위한 인프라 투자에 쌓인 자금을 사용했다. 내수촉진계획은 5,860억 달러 규모에 달하는 막대한 규모의 도시화 프로젝트로 대표적으로 중국의 고속철도 프로젝트가 있다.

중국은 2020년 8월 기준 총연장 3만 6,000km의 고속철도를 보유하고 있다. 중국 전체를 횡과 종으로 4줄씩 고속철도를 건설하는 작업은 2015년에 완료되었고 8줄씩 건설하는 프로젝트도 현재 진행 중이다. 2035년까지 중국은 7만 km 고속철도 건설을 목표로 하고 있다. 그야말로 세계 최고 고속철도 시공경험을 보유한 국가인 것이다. 베이징-쿤밍 구간이 2,760km로 세계 최장 고속철도 구간으로 기록되고 있다.

중국은 글로벌 기업인 알스톰Alstom, 지멘스Siemens, 가와사키Kawasaki, 봄바디어Bombardier 등 글로벌 합작을 통해 고속철도 기술을 흡수해왔고, 이제는 경험을 통해 세계 최고의 기술을 자체 보유하게 됐다. 이러한 중국의 스케일로 기술력을 압도하는 전략은 향후 4차 산업에서 발견될 것이다. 실제 중국은 5G, 전기차, 인공지능 분야에서 규모로 압도하는 전략을 구상 중이다. 후진타오 정권의 내수촉진계획은 견고한 성장을 일궈냈고 2010년에 중국은 일본을 제치고 세계 2위 경제 대국으로 도약했다.

▌시진핑의 데이터 제국 야심, '인터넷플러스'

시진핑 정권의 정책 방향의 핵심 키워드는 '인터넷플러스'다. 인터넷에 오프라인의 모든 것을 섭목해서 혁신적 가치를 창조하라는 명확한 방향성을 제시한다. 최근 5년간 중국의 인터넷 혁신이 빠르게 이뤄질 수 있었던 근본 원인에는 바로 '인터넷플러스' 정책이 자리 잡고 있다. 뉴스에서 자주 접하는 내륙과 해상의 실크로드경제벨트인 '일대일로'와 '위안화 국제화'는 아직 패권 국가라고 부르기 어려운 중국에게 이른 샴페인에 가까운 정책이었다. 하지만 인터넷플러스는 국영에서 민영으로 경제 성장의 주체를 변화시키고 데이터플랫폼 기업들이 중국의 소비 습관과 문화를 효율적으로 바꿀 수 있도록 도왔기에 시진핑 정권의 성공적 경제 정책으로 인정받고 있다.

코로나바이러스로 4차 산업혁명은 가속화되고 있다. 잔뜩 위축된 경제에 자극을 주기 위해 등장한 대규모 정부 투자의 콘셉트는 '뉴 인프라'다. 과거 후진타오 시대에 고속철도, 도로, 항만, 공항과 같은 전통적 의미의 인프라를 통해 리먼브라더스 위기를 헤쳐나갔다면, 이번 바이러스 발 위기는 미래 지향적인 산업에 대한 새로운 개념의 인프라 투자를 통해 극복하겠다는 의지가 담겨 있다.

▌5,800조 원 뉴인프라는 4차 산업을 정조준한다

바이러스 공포가 중국에서 미국으로 퍼지던 2020년 3월 4일 중국 정부는 총 34조 위안(약 5,800조 원)의 투자계획을 발표했다. 중국 GDP의 30%가 넘는 규모로 역대급 재정지출 계획을 발표했으나 이후 연이은 미국의 증시 폭락과 글로벌한 금융 불안감 속에서 주목받지 못했다. 그럼에도 중국 정부의 돈 풀기 계획에는 변함없다.

과거 2008년 리먼브라더스 위기 당시 중국 정부는 정부 지출을 막대한 규모로 늘려서 경기 부양을 성공적으로 이뤄냈다. 당시 인프라 투자의 주된 콘셉트는 농촌의 도시화였고 도시화를 위해 필요했던 것은 고속도로, 철도, 공항이었다. 1만 km가 넘는 고속철도가 중국 지도를 바둑판처럼 장식했고 그 결과 중국의 고속철도 기술은 세계 최고 수준에 오르게 되었다. 경제성장률 또한 수년간 9~10%대를 유지했고 중국의 도시화율 또한 현격히 상승하는 성과를 이뤄냈다.

그렇다면 오늘날 중국이 바이러스 위기상황 극복을 위해 집중할 인프라는 과연 무엇일까? 중국 정부는 이 시대의 '신 인프라' 영역으로 5G, 데이터센터, 인공지능, 산업인터넷, 전기충전소, 고압 송전망을 꼽았다. 중국의 돈 풀기는 이제 토건산업이 아닌 4차 산업혁명의 미래 기술 키워드에 포커스를 맞추게 된 것이다. 중국 이동통신사들은 올해 말까지 60만 개 이상의 5G 기지국을 건설할 계획이다. 5G망이 중국 정부의 경기부양 카드로 활용된다면 세계 최고 수준으로 단숨에 올라설 가능성이 높다. 이미 중국의 화웨이와 ZTE는 5G 통신장비 특허분야에서 세계 최고 수준에 올라와 있고 실제 글로벌 특허출원 양 측면에서 각 1등과 3등을 기록하고 있다.

5G망이 데이터 제국의 핏줄과 같다면 데이터센터는 심장에 비유할 수 있다. 데이터가 원활히 돌아가려면 전국적으로 대규모의 데이터센터 건설이 필수적이기 때문이다. 한동안 미국의 아마존, 마이크로소프트Microsoft를 중심으로 클라우드 컴퓨팅 보급의 확산을 통한 데이터센터 건설 붐이 일었다. 중국의 클라우드 산업도 본격적으로 고성장 단계에 들어서면서 알리바바와 텐센트는 클라우드 컴퓨팅 사업 부문에서 매년 60%가 넘는 높은 성장을 기록하고 있다.

중국은 코로나바이러스 확진자의 자가 격리와 동선 관리에 데이터플랫폼과 인공지능 기술을 십분 활용했다. 텐센트의 위챗은 모바일 QR코드로 통행증을 발급했고 통행증이 없으면 마음대로 외출하지도 못했다. 도로와 지하철 등 대부분의 공공장소에 장착된 인공지능 고해상도 이미지 인식 감시카메라를 통해 중국인의 신분과 동선을 철저히 관리했다. 중국 정부의 신인프라의 종착지는 인공지능이다. 이제 중국의 인공지능 산업은 전통산업인 공장 현장까지 침투할 계획이며 이를 '산업 인터넷'으로 부른다.

지난 10년간 중국의 데이터 산업이 민영기업들의 주도하에 유례없는 고속성장을 이뤄왔다. 이제는 중국의 데이터 산업이 정부 경기부양책의 대상이 되어 신인프라라는 명목하에 퀀텀 점프를 할 것으로 예상된다. 한국도 경기부양이 절실하다. 과거의 관성에서 벗어나 미래적 산업에 과감하게 집중 투자해 데이터 중심의 산업구조로 변화해야 한다.

미래의 텐센트를 발견하라

▌중국 데이터 제국의 중원을 차지한 텐센트

시진핑 정권이 내세운 인터넷플러스 정책의 최대 수혜자인 데이터플랫폼 기업 텐센트는 중국 기업 중 가장 성공한 케이스다. 중국 투자에 있어서 목표는 미래의 텐센트를 찾는 것이라고 봐도 무방하다. 미래의 텐센트를 찾기 위해서 텐센트란 기업에 대해서 잘 아는 것이 필요하다.

텐센트의 주가 추이를 살펴보면 지난 17년간 약 750배 이상 기록적인 상승을 했다. 지난 5년간 4배 이상 주가가 급상승한 것을 볼 수 있다. 2020년 11월 초 시가총액은 800조 원으로 세계 8위이고 향후 1조 달러를 넘어서는 첫 번째 중국기업이 될 것으로 전망한다.

텐센트의 사업모델은 크게 4가지로 나눠 볼 수 있다. 우리가 익히 알고 있는 위챗과 같은 소셜 네트워크 서비스, 온라인 게임, 온라

2004년 이후 텐센트의 주가 추이

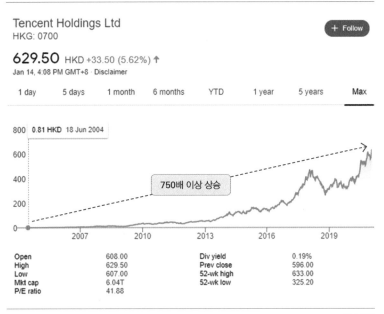

Tencent Holdings Ltd
HKG: 0700

629.50 HKD +33.50 (5.62%) ↑
Jan 14, 4:08 PM GMT+8 · Disclaimer

| 1 day | 5 days | 1 month | 6 months | YTD | 1 year | 5 years | **Max** |

0.81 HKD 18 Jun 2004

750배 이상 상승

Open	608.00	Div yield	0.19%
High	629.50	Prev close	596.00
Low	607.00	52-wk high	633.00
Mkt cap	6.04T	52-wk low	325.20
P/E ratio	41.88		

출처: 구글

인 광고, 핀테크와 비즈니스 서비스가 있다. 위챗은 월간 활동 사용자 수가 12억 명에 달한다. 텐센트와 역사를 함께 했던 메신저 서비스인 QQ라는 온라인 메신저 서비스 또한 월간 활동사용자가 6억 5,000만 명에 달한다. 12억 명에 달하는 사용자를 기반으로 텐센트는 온라인, 미디어, 핀테크, 클라우드 등 다양한 영역으로 사업을 확장했다. 중국에서 PC, 스마트폰뿐 아니라 온라인 비디오, 온라인 뉴스, 뮤직 등 온라인 문화 분야에서 텐센트는 단연 1등이다. 이중 온라인 게임은 세계 최대 매출 규모를 자랑한다.

알리바바의 앤트파이낸셜Ant Financial을 중국 핀테크 1등 기업으로

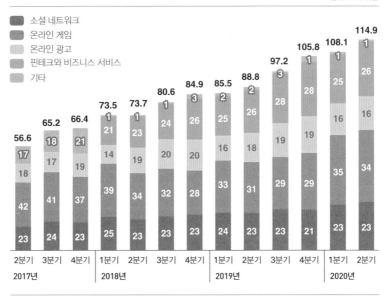

2017~2020년 텐센트 매출

단위: 10억 위안

- 소셜 네트워크
- 온라인 게임
- 온라인 광고
- 핀테크와 비즈니스 서비스
- 기타

출처: 텐센트 홈페이지

알고 있는 경우가 많지만, 텐센트는 월간 및 일간 활동 사용자 수에서 더 높은 시장점유율을 갖고 있다. 텐센트의 미래성장을 견인할 또 하나의 바퀴는 바로 중국에서 두 번째로 큰 매출을 창출한 클라우드 서비스다. 이외에도 앱 스토어와 모바일 브라우저 측면에서 1등을 차지하고 있다.

위 그래프는 텐센트의 매출을 2017년부터 2020년 2분기까지 분기별로 보여주고 있다. 막대그래프를 보면 맨 아래가 소셜 네트워크 서비스, 두 번째가 온라인 게임, 세 번째가 온라인 광고, 네 번째가 핀테크와 비즈니스 서비스에서 나타나는 매출이다. 텐센트의 사업 부문 중에서 가장 많은 매출을 차지하는 부문은 온라인 게임 분야로

34%에 달한다.

여기서 두 번째로 큰 매출을 창출하는 핀테크 분야의 비중이 지난 2~3년간 꾸준히 늘어나는 점을 주목해야 한다. 위챗은 12억 명, QQ는 6억 4,000명에 달하는 사용자가 있다. 이런 사용자 기반은 데이터 고정자산으로 데이터가 많이 모이면 모일수록 다양한 종류의 사업기회가 나타나고 현금흐름 창출의 기회가 나타난다고 본다.

▌텐센트의 혁신 기업문화를 주목하라

텐센트의 QQ 서비스는 위챗보다 먼저 생겼다. 텐센트는 경쟁자가 등장하면 선의의 경쟁을 하며 함께 발전하는 기업 문화가 있다. 두 기업의 공생으로 QQ와 위챗은 기존의 모바일메신저에 기업이나 언론사의 공식 홈페이지인 공식계정을 얹어 새로운 인터넷 사업의 모델이 되었다. 위챗에서 기업과 매체의 홈페이지 접속이 가능하게 된 것이다.

위챗은 카카오톡과 페이스북이 하나로 융합된 형태다. 친구랑 위챗 톡으로 이야기하다가, 친구와 함께 가려는 음식점에 대한 포스팅을 위챗 모먼트에서 보고, 해당 음식점의 메뉴를 위챗 공중하오에서 검색하는 것이다. 이 세 가지 서비스가 유기적으로 돌아가면서 12억 명 사용자들은 위챗을 벗어나지 않고 일상생활에 필요한 대부분의 정보를 얻을 수 있다. 여기서 유기적으로 확장된 영역이 바로 위챗 지갑으로 핀테크 매출의 상당 부분을 차지한다. 이렇게 위챗은 단순한 모바일 메신저를 넘어서 '종합인터넷 오퍼레이팅 시스템'이라고 불릴 만큼 거대한 생태계를 만들고 있다.

위챗은 12억 명의 사용자에 기반해서 B2B로 사업 기회를 확장했다. 공식계정에 비디오 스트리밍, 상거래 기능을 강화하고 미니스토어에 오더 관리, A/S, 라이브 스트리밍 기능을 탑재해서 이커머스 플랫폼으로 진화할 수 있도록 다양한 기능을 구성했다. 결론적으로 위챗은 메신저에서 미디어를 넘어서 이커머스로 성장하고 있다.

텐센트는 게임 스트리밍 비디오, 음악 웹베이스 소설, 웹툰 이 모든 콘텐츠들을 융합한다. 미국에서는 〈위처〉라는 게임을 드라마화하고 이걸 넷플릭스로 스트리밍했다. 텐센트 또한 웹 소설이나 웹툰 기반의 스토리를 게임으로 만들고 이런 게임들을 소설이나 웹툰으로 재가공한다. 결국은 이것들이 비디오 스트리밍 서비스로 연결되고, 음악도 스트리밍 서비스로 텐센트 뮤직이라는 자회사를 통해서 확장하고 있다. 다양한 콘텐츠 영역의 융합이 앞으로의 미래 방향으로 볼 수 있다.

▍텐센트의 미래 전략

텐센트는 M&A 인수합병에서도 실적을 냈다. 2011년도에 4억 달러 규모의 라이엇게임즈Riot Games의 최대 주주가 됐다. 라이엇게임즈 대표 게임인 〈리그오브레전드〉는 동시접속자가 800만 명에 달할 정도로 게임 산업의 역사를 새롭게 쓰는 인기 게임이다. 2019년 연말

기준으로 연 매출 14억 달러를 기록하며 인수가 대비 몇 배에 달하는 연 매출을 달성했다.

2012년에는 83억 달러에 에픽게임즈Epic Games 지분 40%를 인수했다. 에픽게임즈의 〈포트나이트〉 게임은 2020년 말 기준 240억 달러를 벌어들이며 전 세계 최고 매출을 기록했다. 2016년에는 86억 달러에 슈퍼셀 지분 84%를 소프트뱅크로부터 인수했다. 슈퍼셀의 대표 게임으로는 〈클래스 오브 클랜〉, 〈브롤스타즈〉 등이 있으며 모바일 게임 분야에서 압도적인 영향력을 깆고 있다.

텐센트의 글로벌 전략투자는 게임 분야에만 국한된 게 아니다. 텐센트의 음악 구독자수는 매년 50% 이상 증가하고 있고, 30억 유로에 세계적인 음악회사인 유니버셜 뮤직 지분 10%를 차지했다. 이렇게 텐센트의 전략적 지분투자는 대박 행진을 이어가고 있다.

시가총액이 800조 원에 달하는 텐센트는 빠르게 움직이기 위해서 10년 동안 2대 주주 전략을 성공적으로 진행했다. 인수합병만 해도 20여 건, 전략적 투자는 150여 건에 달한다. 동남아에는 나스닥 상장사 SEA, 중국의 교통을 담당하는 디디추싱Didi Chuxing, 그리고 전자상거래 핀둬둬, 징동상청Jindong Shangcheng, 이스포츠의 후야Huya와 도우위Douyu, 온디멘드 세계최대기업인 메이투안, 여행의 통청이롱Tongcheng-Elong, 바이트댄스의 틱톡에 맞서는 콰이쇼우Kuaishou 등 수많은 기업에 투자해서 생태계를 지속 확장해 나가고 있다.

이처럼 거대한 인터넷 제국을 설립한 텐센트의 창업주 마화텅은 어떤 사람인가? 투자할 때 창업주에 대한 분석은 매우 중요하다. 마화텅은 현재 60조 원대 자산가인 동시에 중국공산당 대표로 정치적 영향력도 막강하다. 마화텅의 경영스타일은 종종 마윈과 비교되는데, 마윈이 외향적이라면 마화텅은 내향적이다. 마화텅의 내유외강형 경영스타일은 현재 시진핑 정권과도 성향이 비슷하기 때문에 현재 중국 정부의 방향성과도 일치한다. 향후 텐센트 성장에 동력이 될 핀테크 클라우드 사업은 정부와 긴밀한 협력이 필요하므로 향후 마화텅의 정치적 영향력은 알리바바 대비 비교 우위를 가질 것이다.

종합적으로 보면 텐센트는 향후 안정적으로 지속 성장할 가능성이 높다. 그 중심에는 핀테크와 클라우드 사업이 자리 잡고 있고 마화텅의 정치력 또한 안전판 역할을 할 것이다. 중국뿐 아니라 동남아 인도에 투자한 수백 개의 기업이 빠르게 성장하는 것으로 보아 향후 투자 자산의 가치 상승에 따른 텐센트 주가 재평가의 가능성도 있다.

텐센트에 위협이라면 독점에 대한 중국 정부의 규제 강화, 젊은 소비자를 사로잡은 틱톡 개발사 바이트댄스와의 경쟁 격화, 알리바바의 생태계 확장에 따른 경쟁 심화 등을 꼽을 수 있다. 다양한 위협과 도전 속에서도 여전히 중국 최초 1조 달러 시가총액을 돌파할 기업을 꼽으라면 단연 텐센트다.

▌세계 최대의 온대맨드 제국, 메이투안

중국 배달앱 메이투안은 텐센트 계열로 기업가치가 한화 250조 원에 육박하는 거대 데이터플랫폼 기업이다. 메이투안의 주가는

메이투안 주가

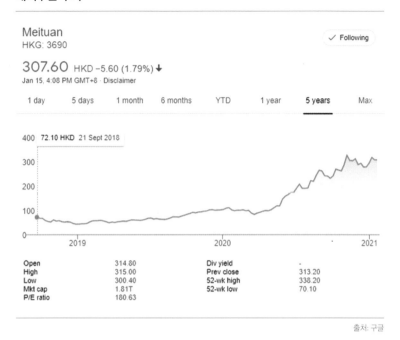

Meituan
HKG: 3690   ✓ Following

307.60 HKD −5.60 (1.79%) ↓
Jan 15, 4:08 PM GMT+8 · Disclaimer

| 1 day | 5 days | 1 month | 6 months | YTD | 1 year | **5 years** | Max |

400 72.10 HKD 21 Sept 2018

Open	314.80		Div yield	-
High	315.00		Prev close	313.20
Low	300.40		52-wk high	338.20
Mkt cap	1.81T		52-wk low	70.10
P/E ratio	180.63			

출처: 구글

2019년 초 대비 5배 이상 지속적으로 상승 중이다. 2019년부터 지금까지 미중 무역전쟁이 줄곧 격화됐고 트럼프의 중국 기업 때리기는 치열했는데, 메이투안의 주가는 왜 지속 상승하는 것일까? 중국의 내수 소비를 혁신하는 데이터플랫폼 기업에 무역전쟁의 영향은 미미하다. 오히려 내수 소비 위주의 성장에 집중하게 되어 성장이 가속화될 여건이 마련된 측면이 크다. 향후 중국의 바이러스 상황 해소 국면 속에서 중국 내 여행과 외식 소비 성장의 혜택을 추가로 받을 기업이라고 긍정적으로 전망된다.

메이투안은 온디맨드 서비스 또는 O2O서비스라 불리는 온라인에 오프라인을 연결하는 사업 모델을 가진다. 음식점 배달 서비스를 넘어서 간판 달린 오프라인의 모든 비즈니스를 통째로 모바일화한 기업이라고 보면 쉽다. 음식 배달뿐 아니라 오프라인 음식점 예약, 할인 쿠폰을 통한 고객 유치, 오프라인 음식점 테이블에서 QR코드를 활용한 주문 등이 가능하다. 최근 데이터 분석을 통해 음식점에 납품될 음식재료를 예측해 음식점에 식자재를 공급하는 비즈니스로 확장했다.

메이투안의 핵심 자산은 수억 명 소비자들이 남기는 후기다. 맛집에는 통상 음식에 대한 실제 수만 건의 댓글이 달린다. 이런 리뷰는 선택지가 많은 중국 요리의 특성상 경쟁 우위로 작용한다. 음식점뿐 아니라 여행상품, 영화관, 공연 티켓, 학원, 헬스장까지 리뷰를 확인해 예약할 수 있다. 코로나바이러스로 약 배달 서비스까지 확장했다. 그야말로 오프라인을 온라인으로 융합시킨 유니콘 기업이다.

메이투안의 혁신은 다름 아닌 창업가 왕싱의 뛰어난 실행 역량에 기인한다. 1979년생인 왕싱은 칭화대학교 전자공학과 졸업한 후 미국 델라웨어대학에서 박사 과정 중 중국으로 복귀해서 중국판 페이스북 두어두어요우Duoduoyou, 샤오네이Xiaonei, 중국판 트위터인 판포우Fanfou를 연달아 창업했다. 시행착오의 결과물이 바로 메이투안이었다. 메이투안은 초기에 그루폰 모델로 공동구매 비즈니스로 시작했다가 이후 음식점 평가앱 중국 1등이었던 디엔핑과 합병을 통해 오늘날의 메이투안이 되었다.

왕싱의 경영 스타일은 완벽주의, 경영효율 극대화를 추구하는 것으로 유명하다. 그는 기업은 성장 속에서도 수익을 내야 한다고 강

중국 내 음식 배달 산업의 변화

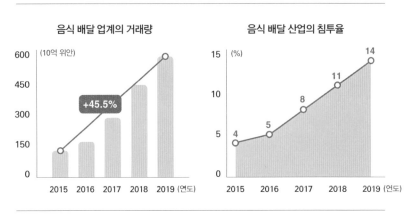

출처: EqualOcean

조한다. 자신의 말을 지키려는 듯 메이투안을 흑자로 전환하면서 시장에 놀라움을 안겨주었다. 미국의 대표적 유니콘 기업인 위워크와 우버Uber가 순이익 흑자 전환이 요원한 것과 대비되기 때문이다. 왕싱의 경영 스타일은 아마존 제프 베이조스 회장과 닮았다.

메이투안은 '잘 먹고 잘살자'를 표방하는 서비스다. 오프라인에 음식점을 비롯해 상상 가능한 모든 서비스를 온라인에 이커머스화한 개념이라고 보면 맞다. 위 그래프를 보면 메이투안의 핵심사업인 배달 산업의 중국 내 거래규모가 2015년부터 2019년까지 연 평균 45.5%로 4배 성장하는 추세다. 배달 산업 1등인 메이투안이 고속성장을 할 수 있는 근간이 되었다. 배달 산업이 2015년 4% 수준에서 2019년 14% 수준까지 수직 상승했음에도 여전히 성장 잠재력이 높다는 것을 확인할 수 있다.

메이투안 가맹 식당에 가면 식탁 위에 QR코드가 있다. QR코드를 인식하면 메뉴판 없이 앱을 통해서 음식을 주문할 수 있다. 또한 결제시스템을 제공하며 가맹 음식점 점주들의 스마트한 음식점 운영을 지원하고 있다.

메이투안은 여행사업 부문도 매우 중요한 비중을 차지하는데 호텔, 기차, 비행티켓, 각종 여행지의 입장권 예매가 가능하다. 앱 기반의 리뷰는 메이투안의 핵심 자산이다. 보통 리뷰를 통해 가고 싶다는 소비자들의 욕구가 생기기 때문이다.

메이투안은 온라인으로 영화예매 서비스를 할 수 있는 '마오옌'이라는 서비스도 있다. 600여 개 도시가 있는 마오옌은 별도로 홍콩 증권거래소에 상장했으며 텐센트와 메이투안이 공동투자했다.

메이투안은 이번 코로나 사태에도 다양한 기술적 시도를 통해 순조롭게 위기를 기회로 만들고 있다고 평가받고 있다. 자율주행 무인 배송차량을 선보이며 코로나에 준비된 모습을 보여주기도 했다. 메이투안은 알리바바와 텐센트로 상징되는 중국 1세대 데이터플랫폼 기업들의 뒤를 잇는 중국 2세대 데이터플랫폼 대표기업으로 세계를 놀라게 하는 데이터 혁신 기업, 오프라인과 온라인을 전방위적으로 융합하는 기업으로 빠르게 진화의 폭을 넓혀가고 있다.

알리바바의 무서운 미래 비전

▌신유통의 알리바바, 그리고 마윈의 운명은?

알리바바의 주가는 나스닥에 상장한 2014년 이후 2021년 1월까지 약 3배 올랐다. 현재 시가총액은 6,580억 달러로 중국기업 중에 텐센트 다음으로 시가총액이 두 번째로 높은 기업이다. 2018년도부터 2020년까지 박스권에 있다가 최근 코로나 상황을 계기로 언택트 수혜주로 각광받고 매출실적에 대한 기대감도 붙으며 빠르게 상승했다. 하지만 최근 마윈의 정치적 상황이 급격히 악화되고 앤트파이낸셜에 대한 중국 정부의 집중 규제 칼날이 거세지면서 알리바바 주가에 강한 하락 압력으로 작용했다.

앤트파이낸셜 상장 무기한 연기와 마윈의 정치적 어려움에도 불구하고 알리바바는 중국 대륙의 디지털트랜스포메이션 측면에서 반드시 이해해야 하는 기업이다. 알리바바는 디지털 전환을 통해 창

알리바바 주가

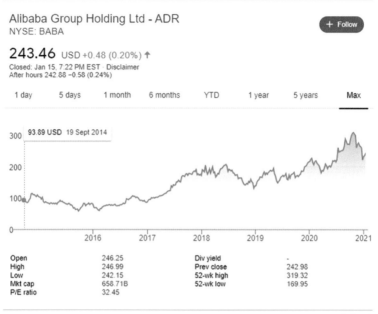

Alibaba Group Holding Ltd - ADR
NYSE: BABA

243.46 USD +0.48 (0.20%) ↑
Closed: Jan 15, 7:22 PM EST · Disclaimer
After hours 242.88 −0.58 (0.24%)

| 1 day | 5 days | 1 month | 6 months | YTD | 1 year | 5 years | **Max** |

93.89 USD 19 Sept 2014

Open	246.25	Div yield	-
High	246.99	Prev close	242.98
Low	242.15	52-wk high	319.32
Mkt cap	658.71B	52-wk low	169.95
P/E ratio	32.45		

출처: 구글

출되는 경제적 가치를 '디지털 경제'라고 지칭한다. 디지털 경제의 총거래대금을 중요한 경제 지표로 보고 알리바바가 창출한 디지털 경제 규모가 현재 중국 내수 소비의 약 6분의 1을 담당한다.

그렇다면 알리바바의 미래 비전은 무엇일까? 2036년까지 장기 비전은 20억 명의 소비자, 1억 개의 일자리를 창출, 1,000만 개 이익을 창출하는 중소기업을 배출하는 기업이 되겠다는 것이다.

최근 기준 알리바바 생태계의 전체 사용자는 전 세계적으로 10억 명에 달한다. 전년 대비 연간 1억 4,000만 명 증가한 수치이며, 이중 중국 내 사용자는 7억 4,000만 명, 글로벌 사용자는 2억 명이 넘는다.

이제 알리바바는 중국 사람만 쓰는 상거래 플랫폼이 아니라 전 세계인이 사용하는 플랫폼으로 확장하고 있다.

8억 명에 달하는 고객들은 알리바바에서 물건 구매만 하는 것이 아니라 여행, 동영상, 신선식품 배송 등 라이프스타일 서비스를 다양하게 활용하고 있다. 알리바바 전자상거래의 영역이 오프라인, 콘텐츠, 여가로 확장하고 있는 것이다. 알리바바는 이러한 경계를 무너뜨리는 확장을 신유통으로 지칭하며 인도, 동남아시아로 펼쳐나가고 있다.

알리바바 그룹의 전체 매출은 연간 34% 성장하고 있다. 기업가치가 700조 원에 육박하는 기업이 연간 30%대 성장한다는 것은 대단한 일이다. 참고로 아마존의 매출 증가율은 30%대로 알리바바와 유사한 수준이다. 미국이나 중국이나 전통 유통 사업에서 디지털 전환을 이루고 있으며, 이는 성장률로 확인할 수 있다.

알리바바는 신규 비즈니스 부문에서도 높은 성장을 보인다. 신유통 부문에서 성장률이 101%, 클라우드 컴퓨터에서 60%로 빠른 성장세를 지속하고 있다. '신선식품 30분 배송'으로 중국 소비자를 매료시키고 있는 허마셴성Freshhippo의 사업적 진척상황을 주목해야 하는 이유다. 또한 알리바바는 아마존과 마찬가지로 클라우드 서비스 분야에서 괄목할 성과를 내고 있다. 알리바바가 어떻게 중국에서 클라우드 서비스를 통한 기업 비즈니스 현장을 혁신할지 지켜보는 것이 향후 관전 포인트다.

온라인 거래에서 소비자의 관여도가 높은지, 낮은지는 중요하다. 알리바바가 타오바오Taobao, 티몰Tmall과 같은 한정된 상거래 플랫폼만 있다면 소비자의 관여도는 낮았을 것이다. 그러나 플랫폼이 증가하면서 소비자들은 음식을 주문할 때는 얼러머Ele.me, 동영상을 볼 때는 유쿠투도우Youku-Tudou, 여행할 때는 페이주를 사용하면서 라이프 스타일 전반을 다루게 되었고 결과적으로 소비자의 관여도는 높아졌다.

알리바바의 중국 사용자는 중소도시에 있는 4억 명의 사용자를 더 확보할 수 있는 수준이다. 중국의 인구를 보면 향후 알리바바의 성장 가능성을 볼 수 있다. 알리바바에 입점한 기업이 많다 보니 그 기업들을 대상으로 디지털 마케팅, 제품개발, 채널매니지먼트 등 다양한 B2B서비스도 제공하고 있다. B2B 사업의 연간 수수료율은 과거 0.2%에서 2020년 6월 기준 4.5%로 올랐다. B2B솔루션 사업의 성장은 알리바바 그룹 전체의 규모가 커지고 알리바바에 대한 입점 기업의 의존도가 높아지면서 발생한 것으로 볼 수 있다.

알리바바는 중국 1등 전자상거래 비즈니스 기반 위에 앤트파이낸셜로 상징되는 금융서비스를 인프라로 지난 10년간 유통에서 압도적인 경쟁 우위를 가졌다. 여기에 상품과 소비자의 활동에 대한 데이터를 바탕으로 B2B 파트너에게 인사이트를 제공해 수익, 매출, 수수료를 내는 선순환이 알리바바의 전체적인 생태계다.

▌마윈 신유통의 상징, 허마셴성

마윈은 2016년부터 '신유통'을 외쳤다. 신유통은 데이터플랫폼을 통해 전통적 유통의 가치사슬을 완전히 새로운 방식으로 재편하겠다는 전략이다. 알리바바 신유통의 상징은 허마셴성인데, 매장을 겉으로 보기에는 한국의 일반적 대형마트와 다를 바가 없다. 하지만 매장 벽과 천장에 컨베이어벨트가 설치된 것이 큰 차이점이다. 이 컨베이어벨트를 통해 구매 물품을 30분 이내에 고객의 집 앞으로 배송한다. 따라서 매장을 방문한 고객은 카트를 끌거나 장바구니에 물건을 담지 않고 허마셴성 모바일앱을 통해 물건을 구매한다.

매장 천장의 컨베이어벨트를 활용해 30분 배송을 가능하게 한 허마셴성

출처: Sina 2018. 4. 271[1]

부의 레벨을 바꾸는 미국주식 중국주식

알리바바가 오프라인 전통 마트의 소비자를 모바일 구매로 유인하려는 이유는 바로 데이터 때문이다. 신유통에서 가장 중요한 자산은 오프라인 매장이 아닌 온라인상에 축적되는 고객들의 구매 데이터에 있다. 오프라인 매장은 이제 모바일 앱 서비스를 위한 물류창고 역할을 수행할 뿐이다. 고객의 구매 데이터가 쌓여야 해당 매장의 제품별 수요를 정교하게 예측하고 그 결과에 따라 알리바바는 농수축산물 생산지에 대한 공격적인 투자를 할 수 있다. 실제로 알리바바는 전 세계에서 손꼽히는 킹크랩과 랍스터의 대량 정기 구매자로 이를 위해 전용 비행기를 띄울 정도다. 데이터 분석에 따라 정교하게 수요를 예측했기에 가능한 일이다.

중국은 식품안전에 대한 이슈가 심각한 나라다. 과거 멜라민 분유, 짝퉁 계란 등 식품안전 문제가 끊임없이 등장하고 있다. 이에 허마셴성은 닭고기, 돼지고기, 우유에 허마셴성 로고와 요일 표시를 했다. 당일 생산된 신선한 제품을 직접 생산하고 판매를 책임진다는 의미다. 생산지에서 직접 배송해 중간마진도 없애면서 더 싸고 신선하고 안전하게 농수산물을 소비자에게 공급하고 있는 허마셴성은 작년 20~30개 매장에서 현재 100여 개로 급속히 매장 수를 늘렸다.

신유통의 영역은 농수축산물에 국한된 개념이 아니라 의류, 가전제품으로도 확장하고 있다. 알리바바는 일부 백화점 매장에 스마트 거울을 설치하고 신유통의 영역 확장을 위해 노력하고 있다. 이미 수년 전 백화점과 가전유통 기업에 전략적 지분투자를 통해 영향력을 확보하고 미래 오프라인 상점에서 이뤄지는 소비자의 구매행동을 모두 모바일 구매로 전환하겠다는 포석을 깔아놓은 것이다.

신유통은 이제 태동기이고, 앞으로 갈 길이 많다. 한국도 쿠팡, 마켓컬리를 중심으로 기존 유통의 가치사슬을 재편하려는 노력이 가속화되고 있지만, 중국에 비해 변화 속도가 느린 편이다. 기술로 인한 미래의 변화가 불가피한 것이라면 우리는 신유통의 미래에 빨리 적응하고 알리바바를 지켜보며 학습해야 한다.

알리바바의 허마셴성은 그야말로 새로운 형태의 유통을 창조하는 측면에서 아마존 못지않게 혁신적이다. 생산물 생산부터 소비자의 집 앞 배송까지 데이터를 기반으로 관리한다. 요즘에는 허마셴성의 인기가 너무 높아서 허마셴성이 있는 지역의 집값이 올라가는 현상까지 벌어지고 있다. 현재 신유통의 타깃이 농산물이라고 하면 향후 의류로도 충분히 확장할 수 있다. 알리바바는 이미 백화점과 오프라인 리테일 매장에 전략적 지분투자를 한 상태다.

알리바바의 성장은 동남아로도 확장하고 있다. 알리바바는 동남아 전자상거래 시장을 장악하기 위해 라자다에 2016년부터 2018년 동안 40억 달러를 투자했다. 라자다는 연간 100% 성장세를 보여준다. 경쟁사인 텐센트도 동남아 시장에 투자하기 위해 씨리미티드에 투자했다. 파이낸셜타임즈에 따르면 동남아 시장에서 씨리미티드 계열사인 쇼피가 사용자 수나 성장성 측면에서 알리바바 계열의 라자다를 앞서고 있다는 분석이다.[2] 이제 알리바바와 텐센트의 치열한 경쟁은 중국에 국한되지 않는다.

▌배달 서비스부터 클라우드 컴퓨팅까지

우리나라에 배달 앱 배달의민족이 있다면 중국에는 '배고파?'라는 뜻을 가진 얼러마가 있다. 알리바바는 약 10조 원에 얼러마를 인수해서 이용자의 요구에 따라 필요한 정보를 제공하는 온디맨드 비즈니스를 구축했다. 온디맨드 서비스분야에서 텐센트 계열의 메이투안(기업가치 약 200조 원)이 1위, 얼러마가 2위를 유지하고 있다. 2등임에도 얼러마의 연간 사용자는 2억 9,000만 명, 배달 서비스에 연계되어 입점해있는 점포수만 250만 개에 달한다. 향후 알리바바가 메이투안의 무서운 영역 확장에 맞서서 어떻게 점유율을 늘려나갈지 지켜봐야 할 관전 포인트다.

클라우드 컴퓨팅 분야에서는 역시나 알리바바가 1위, 텐센트가 2위를 차지하고 있다. 클라우드 컴퓨팅 사업부문은 매출성장세가 60%에 달하는 고성장 사업으로 초기단계의 진입이 쉽지 않아 앞으로도 몇 년간 이러한 고성장은 계속될 전망이다.

알리바바의 생태계에는 넷플릭스와 유사한 스트리밍 비디오 서비스가 있다. 유료 구독자 수가 연간 50% 이상 성장하고 있고 손실 규모도 30% 정도 감소했다. 향후 재무적으로 기대되는 사업부문이다. 앞서 언급한 신유통, 동남아, 클라우드, 동영상 스트리밍과 같은 새로운 영역들은 알리바바의 성장세를 올려줄 신성장 동력이라고 볼 수 있다.

▌ 알리바바의 자기혁신 문화

알리바바는 자기혁신에 상당히 능하다. 원래 알리바바는 타오바오로 시작을 했는데 타오바오에는 가짜제품이 많다는 비난이 많았다. 이런 문제를 해소하기 위해서 브랜드몰인 티몰을 출시해 짝퉁제품에 대한 우려를 불식시켰다. 2004년도 간편결제 서비스인 '알리페이'를 출시했고 지금은 앤트파이낸셜로 진화해서 세계 최대 핀테크 업체가 되었다. 또한 알리바바 클라우드를 2009년도에 시직해시 아마존의 사업모델을 중국에 빠르게 도입해 현재 클라우드 서비스 부문에서 중국 1등이 될 수 있었다. 알리바바는 여행 분야로도 페이주를 통해 2014년도에 확장했고 2016년도에 신유통을 선언했다.

알리바바는 내부적인 역량만으로는 부족하다 판단해서 그동안 인수합병과 전략적 투자를 텐센트 못지않게 진행했다. 대형 슈퍼마켓인 썬아트Sunart의 최대주주가 되었고, 오프라인 전통 물류회사 STO EXPRESS, 빌리빌리라Bilibili라는 Z세대 타깃 영상 스트리밍 서비스에 투자해 10대 소비자 트렌드 변화에 대비하고 있다. 중국의 스마트 전기차 회사인 샤오펑Xpeng에도 투자하며 텐센트 계열의 니오와 경쟁 중이다.

▎ 세계 최대 핀테크 기업, 앤트파이낸셜

알리바바에서 핀테크 인프라를 담당하는 엔트파이낸셜의 주요업적을 한번 살펴보자. 연간 10억 명의 활동사용자가 있으며 알리페이 앱 가맹점 수가 8,000만 개다. 대부분의 사람과 상점들이 알리페이에 입점해 있다고 보면 된다. 제휴한 금융기관의 숫자가 2,000개, 온라인 페이먼트 서비스가 가능한 국가가 200국에 달하면서 대부분의 국가에서 사용할 수 있는 서비스가 되었다.

앤트파이낸셜은 단순한 핀테크 서비스에 국한되지 않는다. 투자, 인슈어테크, 크레딧테크, 이 세 가지 사업모델에 서비스 배달, 신선제품 배송, 여행, 모빌리티 서비스 등 종합적인 라이프스타일 서비스를 즐길 수 있는 관문 역할을 맡고 있다. 또한 공공행정 서비스와도 연계되어 동사무소 업무나 공과금 등도 납부할 수 있다. 이제 중국 사람들은 알리페이가 없으면 삶에 불편함을 느낄 정도다.

앤트파이낸셜이 잘 작동하기 위해서는 신용도가 중요하다. 즈마신용은 포괄적인 개인 신용 평가 시스템으로 자리 잡았다. 선진국은 은행을 기반으로 신용 평가 시스템이 잘 구축되어 있지만, 중국은 금융 시스템의 부족으로 신용 평가 시스템이 갖춰지지 않은 상태였다. 국유은행은 국유기업에 대출하는 것에 급급하고 개인 신용에는 관심이 없었다. 이 산업적 빈칸을 디지털 경제의 선봉장인 알리바바가 즈마신용이라는 모바일 기반의 신용평가 시스템을 통해서 완전히 독식하게 된 것이다.

지금 중국의 결혼 적령기 청년들은 즈마신용으로 상대방의 신용을 평가한다. 600점 이상이면 준수한 수준이고 700점이 넘어가면 연봉이나 자산이 많아 멋진 신랑감이 되는 식이다. 즈마신용은 이 처럼 한 사람의 신용도와 경제력을 확인하는 지표가 되었다. 단순히 경제력뿐만 아니라 모바일 서비스를 통해 연계된 인맥관계를 기반으로 종합적으로 평가한다.

간편결제를 앤트파이낸셜의 핵심으로 알고 있지만 사실 성장의 동력은 신용분석, 투자, 보험 등 종합적인 금융 솔루션에서 나온다. 3년 만에 알리페이의 월간 사용자 수는 2억 명 이상, 가맹 업체수도 2.5배 증가하며 가맹 업체 수만 8,000만 개다.

앤트파이낸셜은 36조 이상의 공모자금을 상장 IPO를 통해서 모집할 예정이었다. 역사상 세계 최대의 상장 기록을 세우게 될 뻔했지만, 상장 직전 사상 초유의 사태가 발생했다. 마윈이 중국 금융 시스템의 문제점을 지적하는 공식 발언에 중국정부가 앤트파이낸셜의 상장을 무기한 연기하는 발표를 한 것이다. 사실상 마윈의 경솔한 행동이 상장을 어렵게 만들었다. 중국 금융 당국 고위 관료들이 있는 공식 자리에서 마윈이 중국 금융시스템이 후진적이고 시스템이 없다고 문제를 토로하는 것은 정치적으로 자충수를 둔 행위였다.

게다가 과거부터 마윈과 시진핑 정부는 관계가 좋지 않았다. 알리바바가 미국거래소에 상장한 지 얼마 안 된 2015년도 연초, 정부는 타오바오에서 판매되는 제품 중 정품이 40%가 안 된다며 짝퉁 문제를 사회적 이슈로 부각했다. 이로 인해 알리바바의 주가는 폭락했다. 알리바바의 미국 상장 당시 타오바오에서 짝퉁이 팔리는 문제로 미국이 견제에 들어갈 것이라는 우려가 있었다. 오히려 중국정부가 알리바바를 견제하면서 시진핑 정권과 마윈 사이에 싸늘한 긴장 감을 느낄 수 있었다.

긴장감의 근원에는 마윈의 원죄가 있다. 2011년 당시 알리바바는 홍콩 상장회사였다. 대주주는 야후Yahoo와 소프트뱅크Softbank로 마윈은 세 번째 주주였다. 따라서 알리바바 홍콩 상장사의 중요한 의사 결정은 야후와 소프트뱅크의 동의를 받아야 하는데, 마윈은 알리바바의 자회사인 앤트파이낸셜을 별도 기업으로 사유화했다. 이런 과정에서 야후와 분쟁이 벌어졌고 당시 마윈은 후진타오 정권의 애국주의 비호를 받아서 문제를 해결했다. 결과적으로 알리바바 미국 상장사의 지분가치보다 앤트파이낸셜 지분가치의 크기가 커졌다. 결국 마윈이 비난을 무릅쓰고 앤트파이낸셜을 알리바바에서 떼어낸것이 자신의 부를 곱절로 키워낼 수 있었던 비결이었던 것이다.

시진핑 정권의 기조가 반부패 척결이기에 과거 후진타오 정권에서 특혜를 받은 마윈에 대한 시선이 곱지 않았다. 이런 상황에서 앤트파이낸셜 상장 직전에 마윈이 중국 정부의 시스템을 지적하니 정부 관료들 입장에서는 황당할 수밖에 없었다.

10년간의 마윈의 행적을 추적해보면 중국 정부 입장에서는 강력한 제재를 하는 것이 당연한 수순이다. 특히 중국은 비즈니스를 할 때 절대 정치를 무시할 수 없는 상황이라 정부와 마윈이 타협할 때까지 알리바바와 앤트파이낸셜에 상당한 리스크로 작용할 예정이다. 그럼에도 중국인들이 일상생활에서 알리바바와 앤트파이낸셜을 필수적으로 사용하기 때문에 기대감을 버릴 수 없다.

알리바바의 최대 주주는 소프트뱅크로 마윈의 지분율은 한 자리 수다. 즉 마윈의 몸통은 앤트파이낸셜이라 할 수 있다. 따라서 향후 알리바바는 현재 장용 CEO를 중심으로 마윈과 거리두기를 할 가능성이 높고 중국 정부에서도 해외 투자자들과 깊은 관계를 가진 알리바바보다는 마윈의 몸통이자 비상장 중국 국내 기업인 앤트파이낸셜을 집중 견제할 가능성이 높다. 거꾸로 생각해보면 현재 마윈의 리스크가 크게 불거진 시점에서 알리바바를 투자하는 것도 역발상 투자의 방법일 수 있다. 세상에 공짜 점심은 없다. 부담할 리스크가 자신이 감당할 수준이고 포트폴리오로 분산되어 있다면 시장의 공포가 최고조일 때 투자하는 것도 수익을 얻는 방법이다.

부의 레벨을 바꾸는 미국주식 중국주식

중국판 테슬라는 나야! 니오, 엑스펑

▌니오 vs 엑스펑

2020년 서학개미운동의 가장 인기 있는 종목은 단연 테슬라였다. 단순한 전기차 제조기업이 아닌 자율주행 기술 실험을 가장 급진적으로 감행하며 자동차란 존재를 데이터와 연계된 사물인터넷으로 새롭게 각인시킨 테슬라의 혁신은 신선하고 매력적이었다. 테슬라의 성장 스토리는 중국 전기차 시장까지 집어삼킬 기세였다. 하지만 장기적 관점에서 테슬라의 중국 사업이 지속성장할 수 있을 것인가에 대해서는 의문점이 많다.

중국 시장은 중국 로컬 업체들이 득세할 가능성이 높다. 삼성 갤럭시폰이 중국에서 선풍적 인기를 끌던 시절이 있었지만, 지금은 화웨이, 샤오미, 오포Oppo 등 로컬 브랜드들이 치열한 경쟁을 벌이며 시장을 장악한 상황이다. 오히려 중국 로컬 브랜드들은 안방 시장에

니오 주가

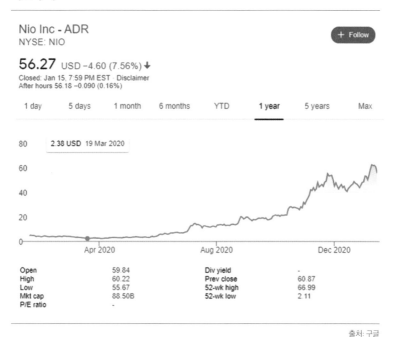

Nio Inc - ADR
NYSE: NIO

+ Follow

56.27 USD −4.60 (7.56%) ↓
Closed: Jan 15, 7:59 PM EST · Disclaimer
After hours 56.18 −0.090 (0.16%)

| 1 day | 5 days | 1 month | 6 months | YTD | **1 year** | 5 years | Max |

2.38 USD 19 Mar 2020

Open	59.84	Div yield	-
High	60.22	Prev close	60.87
Low	55.67	52-wk high	66.99
Mkt cap	88.50B	52-wk low	2.11
P/E ratio	-		

출처: 구글

서 기른 체력을 바탕으로 인도, 남미를 비롯한 글로벌 시장에서 점유율을 높여가고 있다. 따라서 전기차도 유사한 궤적을 보여줄 가능성이 높다.

2020년 '중국판 테슬라'로 불리며 세계 최대 전기차 시장인 중국 시장에서 떠오르는 로컬 브랜드로 니오, 엑스펑을 꼽을 수 있다. 니오는 텐센트, 엑스펑은 알리바바가 2대 주주다. 두 회사 모두 중국의 거대 데이터플랫폼의 적극적인 지원사격을 받고 있다. 데이터플랫폼의 격전지가 스마트폰을 넘어서 덩치 큰 사물인터넷인 스마트 전기차로 확장되고 있다는 증거다. 이제 자동차는 제조품으로써 가치

엑스펑 주가

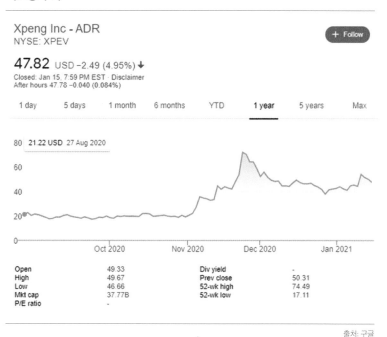

출처: 구글

보다 뿜어낼 데이터와 소비될 데이터의 양으로 재평가될 가능성이 높다.

머지않아 도래할 완전 자율주행 시대에는 더욱더 그러하다. 데이터플랫폼은 스마트 전기차란 매개체를 통해 도로와 주행데이터를 빨아들이게 될 것이고, 자율주행 전기차를 통해 이동하는 사용자들은 심심한 이동 시간을 스트리밍 서비스, 검색, 전자상거래 구매로 채우게 될 것이다.

중국 정부는 코로나 극복의 일환으로 뉴인프라 투자정책을 제시하고 있다. 그중 대표적인 것이 바로 전기차 충전소의 대대적인 증설이다. 내연기관에서 달성하지 못했던 세계 1등을 전기차를 통해 이뤄낼 수도 있는 것이다.

흥미로운 점은 니오, 엑스펑 모두 미국 증권거래소에 상장되어 있다는 사실이다. 상장한 후에 2021년 니오 주가는 14배, 엑스펑은 3배 이상 상승했다. 아무리 미국과 중국이 외교정치 이슈로 충돌해도 월가 투자가들은 중국 전기차 시장의 성장에 열광하고 있는 것이다. 2020년 11월 11일 광군제 당시 알리바바 전자상거래 플랫폼을 통해 순식간에 1만 대가 넘는 엑스펑 전기차가 팔렸다.

미국 뉴욕거래소에서 니오는 시가총액이 880억 달러로 90조 원에 달하며 2020년 저점 대비 주가가 20배 이상 상승했다. 애플과 구글이 스마트폰에 운영체제를 만든 것처럼 텐센트는 자동차에 운영체제를 구축해 데이터를 모으려고 한다. 앞으로 중국 스마트 전기차가 어떻게 데이터플랫폼과 밀접하게 진화할지 관심을 가져야 하는 이유다.

▌알리바바의 지원을 받고 있는 엑스펑

엑스펑은 2020년 8월에 뉴욕거래소 상장 이후 주가가 2배 이상 상승했다. 시가총액은 370억 달러로 약 40조 원에 달한다. 중국에서 발표한 뉴인프라 정책으로 엑스펑과 니오의 주가가 빠르게 상승할 수 있었다. 중국 정부가 전기차 충전소 수십만 개를 새로 만들겠다고 발표하자 니오와 엑스펑에 정책 수혜에 대한 기대감이 반영됐다.

엑스펑 소형 SUV G3

향후 중국 정부는 저탄소 친환경 에너지 분야에 정책적 지원을 늘려나갈 전망이다.

엑스펑의 소형 SUV G3에는 자체 자율주행 솔루션인 'X파일럿'이 탑재되어 오토파킹과 인공지능 음성인식이 가능하다. 한화로 약 2,000만 원 중반에 구입할 수 있고 완충 시 520km를 주행하고 30분 내 급속 충전할 수 있다. 또한 차량의 뼈대 강성이 우수하다는 것을 강조하며 5성급 안전등급도 획득했다.

그러나 테슬라 출신인 엑스펑의 기술자가 테슬라의 기술을 무단 반출한 이슈로 소송 진행 중이다. X파일럿이 테슬라의 오토파일럿을 베낀 게 아니냐는 비난에서 자유로울 수 없는 이유다. 비난을 감수하고 사업을 감행하는 스타일이 마윈 회장과 유사하다. 참고로 엑스펑은 알리바바가 전략적으로 투자한 기업이다. 엑스펑의 차량 OS

니오 중형 SUV ES8

시스템은 알리바바 생태계 중 특히 간편결제인 알리페이와 유기적
으로 연결할 수 있다.

엑스펑은 테슬라 모델S를 떠오르게 하는 디자인에 가격은 테슬
라의 반값도 안 한다. 애플의 휴대폰을 못 사면 샤오미의 휴대폰을
반값에 사라는 것과 마찬가지인 샤오미 전략을 취하고 있다.

엑스펑에는 마윈 회장의 신유통 전략이 스며들어 있다. 2020년
11월 11일 광군제 당시 알리바바 티몰을 통해서 대량 판매해서 주
가가 급등하기도 했었다. 최근 엑스펑의 실적을 살펴보면 2020년
3분기 차량판매수가 8,578대로 2019년 동기대비 265% 성장했다.
2020년 2분기와 비교해도 분기 성장률 165%로 2배 이상 성장하
고 있는 것을 확인할 수 있다. 엑스펑의 자체적인 전기차 충전소인
슈퍼차징스테이션 또한 135개로 50개 도시에 있다. 3분기 매출도

2019년 대비 342% 성장한 수준으로 최근 2배 이상 주가가 상승한 이유를 충분히 설명해준다.

향후 엑스펑은 양산화를 통해 마진율을 개선하고 아직 판매 초기이기에 차량의 안정성과 치명적 불량이 발생하지 않도록 품질 관리를 해야 하는 숙제가 있다. 물론 알리바바와 마윈의 정치적인 문제는 통제 불가능한 변수다.

▌월가의 사랑을 받고 있는 니오

니오의 쿠페스타일 소형 SUV EC6은 한화로 6,000만 원 초반이다. 독일 브랜드 외제차와 맞먹는 가격이라 엑스펑과 비교하면 고가다. 그만큼 품질에 대한 자신감의 표현일 수도 있다.

중형 SUV ES8은 46~62만 인민폐로 한화로 8,000만 원에서 1억 사이에 판매된다. 완충 시 415~580km로 주행가능거리 측면에서는 엑스펑보다 전반적으로 짧다. 이런 약점을 보강하기 위해 최근 니오 데이에서 완충시 1,000km 주행 가능한 배터리가 발표되기도 했다. ES8은 이미 판매된 지 3년이 되면서 품질과 안정성 측면에서 검증되며 중국의 스마트 전기차를 대표하는 모델로 자리잡았다. 제로백이 4.9초고 벤츠처럼 앰비언트 조명이 있다.

니오는 충전의 불편함을 해소하기 위해 배터리 교체 서비스를 제공하는 것으로 유명하다. 충전이 필요한 배터리와 완충된 배터리를 차량 하단에서 자동으로 바꿔준다. 니오는 배터리 스왑 관련된 1,200

여 개의 특허를 보유하고 있다. 완전 자동화된 배터리 스왑은 단 3분 안에 이뤄지며 주유소에 가서 주유하는 시간보다 짧다.

니오에 텐센트가 가진 지분율은 16%로 창업자보다도 높은 수치다. 텐센트와 베일리기포드Baillie Gifford는 테슬라의 주요 주주로 중국 최대 플랫폼 기업과 영국 헤지펀드와의 공생 관계를 엿볼 수 있다. 베일리기포드 이외에도 블랙록BlackRock, 뱅가드Vanguard, 르네상스테크놀로지Renaissance Technologies 등 월가의 유수 투자기업은 니오에 대한 높은 지분율을 갖고 있다.

니오는 2020년 11월 5,290대를 판매해서 전년 대비 109% 성장한 수준이다. 2020년 3분기 재무실적을 살펴보면 매출액이 전년 대비 146% 성장했다. 차량판매 마진이 14.5%인데 마진율이 엑스펑에 비해서 높은 것을 확인할 수 있다. 하지만 니오도 여전히 영업 손실을 내는 성장 단계의 기업이다. 그래도 2019년 대비 2020년에는 영업 손실액이 60% 감소했다는 점에서 향후 영업이익이 발생한다는 희망을 볼 수 있다. 지금 추세로 개선하면 1년 전후로 흑자 전환에 성공할 수 있을 것이다.

▌ 피터 린치의 《전설로 떠나는 월가의 영웅》 ▌

주식투자는 복잡하지 않다. 만약 쉽게 설명할 수 없을 정도로 복잡한 상황이라면 당신의 이해가 잘못되었거나 상황이 지나치게 복잡해서 투자하면 안 되거나 둘 중의 하나다. 피터 린치는 이렇게 말했다.

> • 나는 주식을 매수하기 전에 이 주식에 흥미를 느낀 이유, 이 회사가 성공하기 위해 필요한 요건, 장래에 예상되는 걸림돌 등에 대해 혼잣말하기를 좋아한다. 이 2분 독백은 소곤거려도 좋고, 근처에 있는 동료에게 들릴 정도로 크게 떠들어도 좋다. 일단 주식의 스토리를 가족, 친구, 개에게 들려주고 어린아이도 이해할 만큼 쉬운 말로 설명할 수 있다면 상황을 적절하게 파악하고 있는 셈이다.

주가 상승과 하락은 그 자체만으로는 어떤 신호도 아니다. 그러나 많은 사람들이 주가를 신호로 착각한다. 투자한 기업의 실적 상승과 하락이 장기적으로 주가의 방향을 결정짓는 신호가 되는 것이다. 하지만 사람들은 거꾸로 주가의 상승과 하락에 민감하게 반응하며 기업의 실적에 대해서는 놀라울 정도로 무관심하다.

- 엄청난 투자의 오류 하나를 지적하라면, 주가가 오르면 자기가 투자를 잘했다고 믿는 생각이다. 사람들은 최근에 5달러에 산 주식이 6달러로 올라가면 마치 자신의 지혜가 입증되기라도 한 것처럼 기뻐한다. 하지만 사실은 전혀 그렇지 않다. (중략) 그러다가 주가가 내려가면 이번에는 투자를 잘못했다고 확신한다. 이렇게 사람들은 '오른 종목은 보유하고 내린 종목은 매도한다.' 결국 10달러에서 12달러로 오른 주식은 계속 보유하면서, 10달러에서 8달러로 내려간 주식은 처분하는 오류를 범한다. 단지 주가가 올라간다는 이유로 나의 판단이 옳았다고 보면 안 되고, 반대로 단지 주가가 내려간다는 이유로 나의 판단이 틀렸다고 보아서도 안 된다.

오히려 증권 시장의 자금 유동성 감소로 인한 주가 하락은 평소 투자하고자 했던 기업의 주식을 낮은 가격에 살 좋은 기회다.

- 시장 하락은 우리가 좋아하는 주식을 살 훌륭한 기회다. 조정을 받으면 탁월한 기업들도 헐값이 된다.

그렇다. 조정을 기회로 여길 수 있는 마음가짐이 장기적 가치 투자가로서의 태도다. 시장이 너무 뜨거울 때는 내심 조정이 오기를 기다린다. 이유는 좋은 주식을 살 기회가 오길 바라는 마음에서다.

부의 레벨을 바꾸는 미국주식 중국주식

모두가 흥분 가운데 있을 때, 매수하는 것은 불리한 게임임을 알기 때문이다.

> • 주식을 아주 헐값에 살 수 있는 기간이 있다. 몇 년마다 주식시장에서 발생하는 폭락, 거품 붕괴, 일시적 하락, 대폭락 기간이다. 매도의 본능을 억누르고 용기를 발휘하여 이 두려운 상황에서 주식을 매입한다면 다시는 보기 힘든 기막힌 기회를 잡을 수 있을 것이다.

2020년 3월도 마찬가지의 기간이었다. 코로나바이러스로 인한 장기침체를 우려하며 시장 참여자들의 공포감이 극에 달했던 시기였다. 돌이켜보면 공포가 극에 달했던 그 시점이 투자의 적기였고, 이러한 투자 기회는 매년 오지 않을 만큼 드문 기회였다는 것을 깨달을 수 있다. 당장 올해가 아니어도 좋다. 2020년의 경험을 잊지 않고 미래에 다가올 공포 시점에 용기를 낼 수 있도록 스스로를 훈련시키는 것이 돈이 되는 투자 습관을 장착하는 지름길이다.

> • 10루타 종목을 찾아보기에 가장 좋은 장소는 집 근처다. 집 근처에 없으면 쇼핑몰을 살펴보거나, 특히 직장 주변을 뒤져보라.

좋은 투자 대상 종목을 멀리서 찾을 필요는 없다. 우리 삶 속에 이미 파고든 기업들로부터 자신의 투자 실력을 쌓아가는 것도 좋은 방법이다. 실제 업무 속에서 도큐사인의 클라우드 기반 계약서를 사용하면서 서비스의 압도적 편리함에 놀랐다. 사용해보니 향후 성장 가능성이 느껴져서 남들보다 좀 더 빠르게 도큐사인에 투자하며 수익을 얻게 되었다. 일상생활 속에서 투자 기회를 찾겠다는 생각이 없었다면 무심코 지나쳤을 수도 있었던 경험에서 값진 투자의 기회를 발굴한 것이다. 피터 린치의 '일상에서 투자 종목을 찾는 습관'이 나에게 큰 영감을 주었다.

3장

돈이 되는
미국주식 투자하기

미국은 글로벌 메가트렌드의 원조

▍중국이 넘볼 수 없는 No.1 미국 시장

주식투자를 한다면 미국주식은 필수다. 왜 한국 주식에만 투자해야 하는가? 미국은 금융, 군사, 교육, 문화 모든 면에서 명실상부한 최고의 패권 국가다. 자본주의의 본진은 미국 월가라는 것을 부인할 사람은 없을 것이다. 따라서 투자로 경제적 자유를 누리고 싶다면 미국주식을 안 하는 것이 오히려 이상하다.

주식은 꿈을 먹고 산다. 즉, 성장성이 핵심이라는 이야기다. 4차 산업화를 통해 기술 혁신이 가속화되면서 기업의 성장도 빠르게 이뤄지고 있다. 이러한 혁신, 성장, 변화를 창조하는 기업들의 원산지는 어디인가? 바로 미국 실리콘밸리다. 세상 모든 지식의 블랙홀인 구글은 인터넷 시대의 상징이 되었고, 온라인 만물상인 아마존은 세계 최대 기업이 되었다. 애플은 2007년 스마트폰을 세상에 선보이

애플 주가

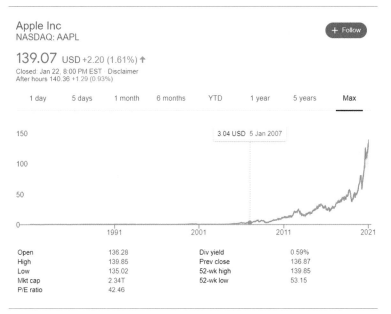

Apple Inc
NASDAQ: AAPL

139.07 USD +2.20 (1.61%) ↑
Closed: Jan 22, 8:00 PM EST · Disclaimer
After hours 140.36 +1.29 (0.93%)

| 1 day | 5 days | 1 month | 6 months | YTD | 1 year | 5 years | **Max** |

3.04 USD 5 Jan 2007

Open	136.28	Div yield	0.59%
High	139.85	Prev close	136.87
Low	135.02	52-wk high	139.85
Mkt cap	2.34T	52-wk low	53.15
P/E ratio	42.46		

*2007년 1월 9일 최초의 아이폰이 세상에 등장했을 당시 애플의 주가는
3.31달러였다. 현재 애플 주가는 139달러로 41배 상승했다. 14년만에
41배의 수익을 얻을 수 있는 투자였던 것이다.

출처: 구글

며 인류에 6번째 감각기관인 모바일인터넷 더듬이를 탄생시켰다. 우
버는 자동차라는 사물보다 이동Mobility의 중요성을 알려주었고, 테슬
라는 자동차를 바퀴 네 개 달린 스스로 움직이는 모바일 단말기로 변
화시켰다.

우리는 세상의 변화를 미국 혁신적 창업가들을 통해 듣고 경험하
고 있다. 변화의 트렌드를 가장 빠르게 창조하는 곳은 바로 미국이
다. 미국이 가진 혁신성의 근간에는 최고의 고등교육시스템이 있고,
막강한 자본력을 갖춘 대학교가 전 세계의 인재를 미국으로 모으고

미국 상위 10개 대학의 기부금액

순위	대학	기부 금액
1위	Harvard University	383억 달러
2위	University of Texas System	308억 달러
3위	Yale University	293억 달러
4위	Stanford University	264억 달러
5위	Princeton University	259억 달러
6위	MIT	165억 달러
7위	University of Pennsylvania	137억 달러
8위	Texas A&M University System	135억 달러
9위	University of Michigan	119억 달러
10위	Northwestern University	111억 달러

출처: 베스트칼리지, 2020.9.29[1]

있다. 실제로 미국 대학 기금운용본부는 세계적 기관 투자가 중 하나로 안정적인 수익률을 꾸준히 기록하고 있다.

위 그림에서처럼 운용 규모 1위는 하버드대로 기금 규모는 383억 달러(약 42조 원)에 달한다. 상위 10위 대학 기금 운용 규모 합계액은 2,174억 달러로 240조 원에 달한다. 시가총액이 62조 원인 현대차를 3.8개 통매수할 수 있는 규모다.

미국을 대표하는 세계 최대 펀드운용사인 뱅가드 그룹은 6조 2,000억 달러의 자산 운용규모를 자랑한다. ETF를 포함하면 블랙록의 운용자산 규모가 7조 8,000억 달러로 더 크다. 두 운용사의 운용 규모 합계가 14조 달러인데, 중국의 2019년 GDP규모와 맞먹는다. 이 두 펀드운용사 소개만으로도 미국 월가 자금의 영향력은 더 말할 필요가 없을 듯하다.

미국은 세계 최고의 자본시장이며 미국 증권거래소는 창업가들에게 무한한 자유를 준다. 그중 하나의 사례는 차등의결권 주식 발행을 허가한 것이다. 구글, 페이스북 주식에 대한 설명을 보면 클래스A, 클래스B와 같이 서로 다른 보통주가 발행된 것을 확인할 수 있다. 서로 다른 보통주에 의결권의 차이를 줄 수 있는 제도다.

예를 들어 보통주B보다 보통주A에 의결권을 100배 많이 부여하는 방식이다. 실제로 워런 버핏의 버크셔해서웨이

Berkshire Hathaway 주식은 일반 주주보다 1만 배나 더 많은 의결권을 보유하고 있다. 이런 제도를 활용하면 창업주 및 핵심 경영진들이 향후 발생할 경영권에 위협을 느낄 만한 상황을 미연에 방지할 수 있다. 하나의 주식에 하나의 의결권을 부여해야 한다는 주주 평등 원칙에 어긋나는 제도이기에 아직 한국거래소에서는 받아들이지 않고 있다. '불공평하다고 생각한다면 투자를 안 하면 그만'이라는 생각이 미국인의 자유로운 가치관에 깔려 있다. 즉, 모든 것을 시장의 선택에 맡기는 것이다.

미국 증권거래소에 상장이 이뤄지기 전에 기업 설립 초기부터 상장 전 단계까지 이뤄지는 투자를 벤처캐피탈이나 엔젤캐피탈, 엑셀

세쿼이아캐피탈의 비전

We help the daring build legendary companies.

Our stories from idea to IPO and beyond.

우리는 과감하게 레전드급 회사를 건설하는 것을 돕는다.

레이터와 같은 비상장 투자가들이 담당하고 있다. 미국을 대표하는 벤처캐피탈인 세쿼이아캐피탈Sequoia Capital은 1972년 이래 1,000여 개 기업에 초기 투자를 했고 애플, 구글, 오라클Oracle, 엔비디아NVIDIA, 깃허브Github, 페이팔Paypal, 링크드인Linked in, 스트라이프Stripe, 유튜브 등이 대표 초기 투자 사례다. 투자한 기업들의 상장 후 시가총액 합계액은 1.4조 달러 규모고 나스닥 전체 시가총액의 22%를 차지한다. 어마어마한 실적을 보여주는 벤처캐피탈의 모범사례인 것이다.

세쿼이아캐피탈 홈페이지 대문에는 '우리는 과감하게 레전드급 회사를 건설하는 것을 돕는다'라고 적혀 있다. 배경에는 스티브 잡스의 얼굴이 있다. 혁신가의 꿈을 믿고 창업가에게 꿈이 얼마나 크고 현실적인가를 묻는 투자가가 바로 세쿼이아캐피탈이다. 한동안 세쿼이아캐피탈 홈페이지를 장식하던 문구는 '창업가 뒤의 창업가'였다. 세쿼이아캐피탈의 투자심사단은 비록 창업가는 아니지만, 창업가의 마음으로 도와주겠다는 의지가 담긴 문구였다.

이 문구는 내가 비전크리에이터를 창업했을 당시 한국 혁신가들의 글로벌 비전을 창조하겠다는 의지로 마음속에 품었던 문구이기도 하다. 실제 투자의사 결정을 할 때, 결정적인 기준은 투자할 기업이 사업파트너로서 함께 할 만큼 좋은 기업인가다. 창업가와 친화적인 벤처 투자 생태계는 미국을 세계 최고 혁신의 성지로 만들어준 중요한 기반이다.

미국의 소비 트렌드는 시간을 두고 중국으로, 전 세계로 확산한다. 따라서 미국의 혁신 기업에 투자해야만 중국을 더 뚜렷하게 바라볼 수 있다. 아마존을 알아야 알리바바의 방향도 보이는 것이다. 앞서 살펴본 것처럼 아마존의 클라우드 컴퓨팅 사업이 미국에서 빠르게 성장하는 모습을 확인하고 알리바바도 중국에서 클라우드 컴퓨팅 사업에 박차를 가해서 오늘날 중국 1위를 굳건히 차지했다.

텐센트를 잘 이해하려면 테이크투Take Two, 액티비전블리자드Activision Blizzard 같은 미국 게임 개발 기업들의 현황을 알아야 한다. 미국에서 흥행한 게임이 중국에서도 흥행할 가능성이 높기 때문이다. 액티비전 블리자드의 〈콜 오브 듀티〉는 콘솔 게임에서 큰 흥행을 했고, 텐센트는 액티비전블리자드와 함께 모바일 버전의 〈콜 오브 듀티〉 게임을 전 세계에 출시해서 좋은 성적을 거두기도 했다.

▌개인투자자도 많은 정보를 얻을 수 있는 투명한 시장

미국의 자본시장은 역사가 오래되었다. 그만큼 산전수전 공중전 다 겪은 경험이 풍부한 시스템을 갖춘 것이다. 그래서 시가총액이 큰 기업들은 기업의 투명성을 위해 투자자에게 상세한 사업적 내용을 꾸준히 제공한다.

다음 그림은 넷플릭스 홈페이지의 투자자 정보 내용이다. 회사의 장기 비전과 투자가들이 자주 질문하는 질문에 대한 답변, 그리고 콘텐츠 자산에 대한 회계처리 방법론, 넷플릭스의 기업문화 등 매우 상세한 내용이 공개되어 있다. 분기마다 주주들에게 실적발표와 함께 전달하는 대표이사의 주주서한 또한 형식적이지 않고 진솔한 고민을 담았다. 따라서 미국주식에 투자하면 혁신 기업들의 선진적 기업문화와 투자자를 대하는 올바른 태도 등을 느낄 수 있어서 장기 가치투자의 투자 근육을 키우기 매우 좋은 측면이 있다. 투자자에게 충분히 많은 정보를 공유하고 장기적 비전을 나눈다는 것은 투자가들에게 단순히 수익뿐 아니라 기업의 미래를 함께한다는 파트너십을 느낄 수 있기에 더욱 중요하다.

한국의 기업 공시시스템은 세상 어디보다 온라인상에 잘 정비되어 있다. 핵심은 그 내용으로 기업의 전략방향과 사업계획 등이 투자자에게 상세히 공개되는 사례가 많지 않다는 것이 문제다. 특히 재벌 기업들의 공시 투명성 수준은 기업가치와 한국 경제 전체의 비중과 영향력을 고려하면 터무니없이 낮은 수준에 머물고 있다. 따라서 미국 시가총액 상위의 혁신 기업에 투자하면 풍부하고 투명한

넷플릭스의 투자자 정보

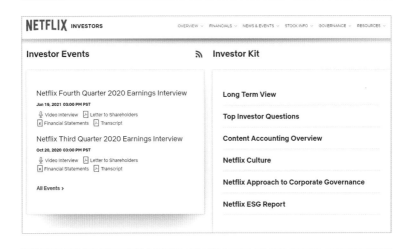

출처: 넷플릭스 홈페이지

정보 공유로 인해 투자가로서 원하는 정보를 충분히 얻을 수 있다. 또한 투자는 '기울어진 운동장'이 아니라 개인도 기관 못지않게 동등한 기회에서 경쟁하고 있다는 좋은 느낌을 얻을 수 있다.

▌ 일류가 아닌, 인류를 고민하는 미국 혁신가

미국 혁신 기업들은 '왜'에 집착한다. 단순히 기업을 키워서 잘 먹고 잘 사는 것에 그치지 않는다. 실리콘밸리 혁신가들이 특별한 이유는 꿈의 크기가 크기 때문이다. 일류가 되겠다가 목표가 아니라 인류의 핵심 문제를 해결하는 것을 목적으로 삼는다. 그래서 미국주

디즈니 미션

OUR MISSION

The mission of The Walt Disney Company is to entertain, inform and inspire people around the globe through the power of unparalleled storytelling, reflecting the iconic brands, creative minds and innovative technologies that make ours the world's premier entertainment company.

월트디즈니의 사명은 세계 최고의 엔터테인먼트 회사를 만드는 상징적인 브랜드, 창의적인 사고 및 혁신적인 기술을 반영하어 비교힐 수 없는 스토리델링의 힘을 통해 진 세계 사람들을 즐겁게하고 정보를 제공하고 영감을 주는 것입니다.

출처: 디즈니 홈페이지

식에 투자할 때 중요한 것은 기업의 '미션스테이트먼트Mission Statement' 를 깊이 음미하는 것이다. 미국 창업가들의 혁신 근간이 바로 미션 스테이트먼트에 기초를 두기 때문이다. 애플은 가장 아름다운 도구 를 만드는 기업이고, 넷플릭스는 세상을 즐겁게 하는 기업이다.

미션스테이트먼트는 한국의 사훈과는 다른 구체적 개념이다. 디 즈니의 미션스테이트먼트를 유심히 들여다보면 디즈니의 경영전략 이 녹아 있는 것을 확인할 수 있다. 전 세계인을 즐겁게 하고, 지식을 주고, 영감을 불어넣는 데 막강한 스토리텔링의 힘을 활용한다는 것 이다. 그런데 스토리텔링만으로는 부족하니 브랜드와 창조적 마인 드와 혁신적 기술을 융합해서 세계 최고의 엔터테인먼트 기업이 되 겠다는 것이 미션이다. 그냥 좋은 회사가 되겠다는 게 아니라 미션

창업주 월트디즈니가 그린 청사진

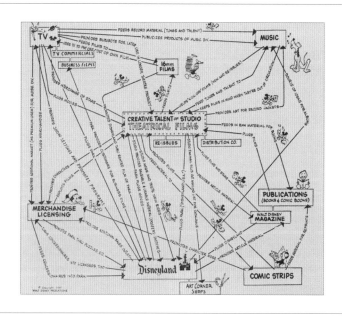

출처: 비즈니스인사이더, 2015. 7. 17**3**

스테이트먼트에 구체적인 방향성이 담겨 있다.

창업주 월트 디즈니는 창업 초기부터 기술혁신과 창조적 콘텐츠를 디즈니의 양 축으로 삼았다. 다음 그림은 월트 디즈니가 1957년에 직접 그린 디즈니란 기업의 미래전략과 확장된 생태계의 청사진이다. 디즈니는 미션스테이트먼트를 통해 창업주 디즈니의 DNA를 기업의 문화라는 무형의 자산으로 승화하는 과정에 있다. 이런 맥락에서 바라보면 왜 디즈니가 과거에 스티브 잡스가 창업한 3D애니메이션 기업 픽사Pixar를 74억 달러에 달하는 가치에 지분 희생을 감수하며 인수했는지 이해할 수 있다. '왜'라는 질문에 답하고 시대적

월트디즈니 주가

출처: 구글

인 문제를 해결하기 위해 픽사가 필요한 요소라면 막대한 비용을 감수하더라도 흡수해야 할 자양분이었던 것이다. 이러한 결정을 내린 디즈니의 밥 아이거 CEO는 디즈니의 전문경영인으로 무려 15년이나 재임했다.

밥 아이거 CEO의 재임기간 동안 디즈니의 주가는 5배 이상 상승했고, 픽사뿐 아니라 스타워즈의 루카스필름Lucasfilm, 히어로 캐릭터 최강자 마블Marble 등 굵직한 인수합병을 통해 세계 최고의 엔터테인먼트 회사의 입지를 한층 강화했다. 미국 자본시장은 전문경영인에게도 대기업 총수 못지않은 권한을 부여한다. 성과를 내고 신뢰받는 경영인에게는 특히 그러하다.

밥 아이거는 성공한 전문경영인의 대표사례로, 투자자는 경영자의 투명하고 뚜렷한 경영전략을 이해하고 기다리면 기업과 주식의 가치가 동반 상승한다는 믿음을 얻게 된다. 따라서 이러한 미국의 우량 기업에 투자하는 것 자체가 건전한 장기 가치투자의 습관을 길러준다는 측면에서 미국 투자의 필요성을 확인할 수 있다.

주식투자를 논하면서 주식 그래프보다는 기업의 성장 과정, 창업가에 대한 잡설이 많다고 불만을 느끼는 독자도 있을 수 있다. 하지만 내가 10여 년 이상 투자하면서 느낀 투자의 본질은 주식 그래프에 있지 않았다. 기업의 중심이 되는 사람과 그 사람들이 하루하루 만들어가는 연대기에 의미가 있었다.

제품과 서비스는 실패할 수 있지만, 창업가를 중심으로 기업의 본질을 이해한다면 틀릴 확률은 낮아진다. 실패로 인한 어려움을 극복하는 주체는 사람이다. 그래서 사람이 모여서 만들어낸 이야기를 중심으로 기업의 창업 동기, 역사를 반추하는 것이 좋은 기업을 알아보는 안목을 기르는 방법이다. 언제나 정석대로 하는 것은 매력적이지 않고 지루한 법이다. 몸에 좋은 약이 쓰다.

완벽주의 실행력의 소유자, 아마존

▌ 닷컴버블을 겪고 세계에서 가장 큰 기업이 된 아마존

아마존의 주가는 지난 1년 동안 최저점 대비 거의 2배(94%) 상승했다. 시가총액 1조 7,000억 달러로 마이크로소프트와 세계 1위 자리를 놓고 엎치락뒤치락하며 치열한 순위 경쟁을 펼치고 있다. 지구상 가장 큰 기업으로 등극한 아마존이 지금의 모습으로 성장하기까지 우여곡절이 있었다.

1994년 7월 설립된 아마존은 1997년도에 나스닥에 상장했고 2000년 '닷컴버블'의 상징적 기업이었다. 1997년부터 2001년까지 아마존의 주가는 엄청난 등락을 경험했다. 수십 배 상승했던 주가는 일순간 5분의 1토막까지 하락했다. 닷컴버블의 한복판에서 투자

닷컴버블[4]

인터넷 관련 분야가 성장하면서 1995~2000년에 걸친 시기에 주요 국가의 주식시장이 급격히 상승한 거품경제 현상.

아마존 주가

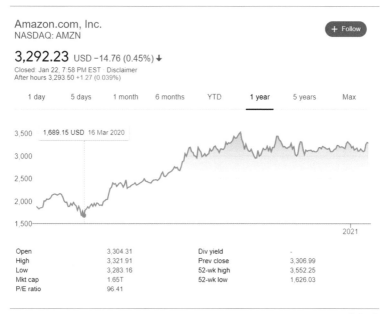

Amazon.com, Inc.
NASDAQ: AMZN

+ Follow

3,292.23 USD −14.76 (0.45%) ↓
Closed: Jan 22, 7:58 PM EST · Disclaimer
After hours 3,293.50 +1.27 (0.039%)

| 1 day | 5 days | 1 month | 6 months | YTD | **1 year** | 5 years | Max |

1,689.15 USD 16 Mar 2020

Open	3,304.31	Div yield	-	
High	3,321.91	Prev close	3,306.99	
Low	3,283.16	52-wk high	3,552.25	
Mkt cap	1.65T	52-wk low	1,626.03	
P/E ratio	96.41			

출처: 구글

자들에게 환상과 공포를 동시에 안겨준 기업이 된 것이다. 인터넷이면 모든 것이 한순간 가능해질 것 같았던 닷컴버블 형성 시기에 아마존은 닷컴버블의 주범처럼 여겨졌다.

1999년 7월 미국 CNBC방송과의 인터뷰에서 제프 베이조스는 인터넷 산업에서 엄청난 규모의 기업들이 탄생할 것을 예견했고, 아마존이 인터넷 산업의 리딩 기업으로 성장하기 위해서 고객 경험에 광적으로 집착하겠다는 다짐을 했다. 아마존의 미션스테이트먼트는 '지구상에서 가장 고객 중심적인 기업'To be Earth's most customer-centric company'이다.

인터넷 버블시기의 아마존 주가

단위: 달러

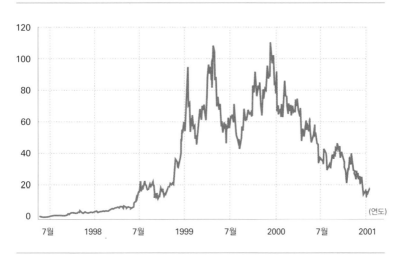

*100달러에서 20달러 미만으로 폭락했지만, 20년이 지난
지금은 3,000달러가 넘는다.

출처: 매크로트렌즈[5]

제프 베이조스는 인터넷을 통해 편리하고 낮은 가격에 좋은 제품
을 제공하면 소비자는 아마존에서 더 많은 물건을 구매할 것이라고
주장했다. 하지만 당시 인터뷰 사회자를 비롯한 많은 사람은 아마존
이 진정한 인터넷 기업인가에 의문을 제기하며 인터넷 기업에 대한
투자가 투기에 가깝다고 봤다. 당시 세상은 그의 전략을 이해하지
못했고 다양한 의심이 그에게 던져졌다.

앵커 아마존은 오프라인 물류센터에 막대한 투자와 많은 인력이
필요한데 인터넷 기업이 맞는가? 막대한 적자를 계속 버틸 수 있
는가?

부의 레벨을 바꾸는 미국주식 중국주식

제프 베이조스 우리는 광적으로 고객경험을 극대화합니다. 고객은 계속 더 많은 제품을 우리에게서 구매하게 되겠죠.

앵커 그런 답은 월마트도 하겠네요.

제프 베이조스 그들도 그래야죠(그런데 아마존은 인터넷이 주 무대니 더 잘할 수 있습니다).

지금 시대에도 이런 갑갑한 마음으로 10년 후 미래를 현재에 살아가는 창업가가 미국, 중국, 한국에 많다. 오늘의 제프 베이조스를 찾는 것이 미래의 아마존을 찾는 길이 될 것이다.

▌아마존의 손길이 닿지 않는 곳은 어디인가

1997년 아마존은 3,200만 달러 매출 규모였다. 2020년 3분기 기준 연간 매출액이 3,479억 달러니 23년 사이 매출액 규모가 1만 배 이상 성장한 것이다. 1999년 의심의 대상이었던 아마존은 오늘날 세상의 모든 상거래를 집어삼킬 듯이 빠른 속도로 몸집을 불려가고 있다. 1997년 제프 베이조스가 해내겠다던 목표를 23년이 지나서 초과 달성한 것이다. 창업가의 비전과 자본시장의 환상과 공포 사이에는 커다란 간극이 있음을 느낄 수 있는 대목이다.

좋은 투자란 '환상에 편승하기보다는 공포 속에서도 창업가의 진심 어린 말을 경청하고 믿어줄 수 있는 과단성과 미래에 대한 상상력을 지니는 것'이란 점을 알 수 있다. 그렇다면 10년 후 인류의 습관을 변화시킬 혁신적 아이디어와 실행력을 지닌 창업가는 누구인가? 미국주식시장에서 미래의 제프 베이조스를 찾기 위해 아마존을 공부해야 하는 이유다.

아마존의 손길이 닿지 않는 곳이 거의 없다. 온라인으로 책을 팔면서 시작된 아마존은 이제 전자상거래 영역에 제한하지 않고 확장하는 모습이다. 2006년도에 아마존웹서비스 AWS를 시작했고 14년 만에 클라우드 컴퓨팅 산업의 압도적인 1위 기업이 되었다. 아마존 웹서비스의 2019년 매출액 규모는 350억 달러 수준이다.

아마존은 콘텐츠 분야에서도 영역을 확장하고 있다. 2006년에 시작된 아마존프라임비디오는 넷플릭스와 경쟁하는 동영상 콘텐츠 스트리밍 서비스다. 2014년에 아마존은 트위치를 97억 달러에 인수하면서 e스포츠 분야 선점에 나섰다. 2021년 다중 사용자 온라인 롤플레잉 게임MMORPG 장르의 대작 게임인 〈뉴월드〉도 출시할 예정이다. 영화, 드라마, 스포츠, 게임, 게임중계가 아마존의 콘텐츠 생태계 안에서 선순환으로 돌아갈 수 있는 구조가 만들어지고 있다.

미국 전체 유통산업에서 전자상거래가 차지하는 비중은 14%로 아마존의 전자상거래 사업이 확장할 영역이 여전히 많이 남아 있다. 그중 가장 큰 부분은 신선제품으로 아마존은 2017년에 홀푸드Whole Food를 134억 달러에 인수했다. 아마존프레시는 프라임 유료 회원에게 신선제품을 2시간 안에 배달해준다. 미국내 아마존 프라임 가입자 수는 2020년에 1억 4,000만 명을 돌파한 것으로 추정된다.[6]

▌ 아마존, 인공지능 스피커를 점령하다

아마존은 세계에서 가장 기업가치가 높으면서도 과감한 도전을 재빨리 시도하는 것으로 유명하다. 하나의 사례는 인공지능 음성인식 스피커인 에코 스피커다. 사실 음성인식 스피커는 구글이 가장 잘해야 마땅한 영역이다. 구글은 자연어 처리의 원재료 데이터를 가장 많이 보유하고 인공지능 기술 또한 세계 최강이니 말이다.

하지만 2014년 아마존이 인공지능 비서 알렉사가 탑재된 에코 스피커를 구글보다 빨리 출시했고 판매량도 구글을 앞서면서 선두 자로서 우위를 누리고 있다. 2019년까지 미국에서만 인공지능 음성인식 스피커가 1.5억대 판매되었고 40% 이상 판매량이 증가하는 추세다. 2025년에는 아마존의 에코 스피커만 1.3억대 팔릴 것으로 전망된다. 구글 입장에서는 구글창의 압도적 우위를 음성인식 스피커에서는 전혀 발휘하지 못하고 있으니 답답할 노릇일 것이다.

이제 사람들은 스마트폰에 손가락으로 터치하는 것도 귀찮아서 컴퓨터와 대화하려 한다. 편리함을 추구하는 인류의 기본 습성을 이해한다면 말귀를 알아듣고 필요한 잡일을 해결해주는 스피커는 당연한 변화다. 현재는 값싼 스피커 정도로 인식되겠지만, 물건구매부터 일정조절, 검색까지 편하게 보좌해준다면 그만큼 사용 빈도는 증가하고 하나의 습관으로 자리 잡을 것이다.

아마존이 미국 전기차 스타트업 리비안Rivian에 아마존 물류에 맞춤형 전기 배송트럭 제조를 대량 주문했다.[7] 2030년까지 10만대 규모다. 아마존도 테슬라와 유사한 방향의 저탄소 친환경, 그리고 스마트한 센서와 이미지인식 기술을 통해서 물류 효율을 극대화하고 있다. 물론 이 배송트럭에는 스마트 스피커 두뇌인 알렉사가 탑재될 예정이다.

아마존은 리비안에 최근 7억 달러에서 1억 달러를 추가 투자했다. 이제 막 자라나는 스타트업 리비안을 자신의 생태계 안에서 키우는 아마존도 대단하고, 아마존 맞춤형 트럭을 제안해서 사업적 구상을 빠르게 현실화하는 리비안도 대단하다. 미국식 대기업과 스타트업의 협업은 이처럼 시간과 싸움에서 승기를 잡기 위한 원원 선략이다. 미국의 거대 기업은 새로운 영역에 도전할 때, 외부와 협업하는 것을 아까워하지 않는다. 그래서 아마존은 거대한 기업이지만 젊은 에너지가 느껴지는 것 같다. 열려 있는 생태계라는 점에서 세계에서 가장 긴 아마존강과 세계에서 가장 큰 기업 아마존이 오버랩된다.

아마존이 앞으로도 성장할 수 있는 근거로는 여전히 전 세계 유통 산업에 온라인화하지 않은 영역이 많이 남아 있다는 것이다. 드론과 로봇, 자율주행이 물류 효율성을 한층 더 높은 수준으로 만들어줄 것이다. 여기에 음악, 게임, 드라마, 영화가 융합하는 아마존의 콘텐츠 생태계는 소비자가 도망가지 못하게 가두는 가두리양식을 만든다. 기업은 이미 아마존의 AWS 클라우드 서비스를 사용하고 있고 인공지능 기술이 가장 편리하고 저렴하게 제공된다면 쓸 수밖에 없다. 데이터를 중심에 두고 바라보면 아마존의 미래가 더 뚜렷하고 밝게 보일 수밖에 없다. 4차 산업혁명 시대의 새로운 블루칩, 주가수익비율이 무려 100배에 육박하지만, 여전히 미래 성장성이 보이는 기업이 바로 아마존이다.

콘텐츠를 자산으로 보는 넷플릭스

▌세계의 콘텐츠를 모두 내 품에!

넷플릭스 주가는 지난 5년 동안 6배 이상 지속 상승했다. 최근 3년 동안도 3배가량 꾸준히 상승했다. 이렇게 견고히 우상향하는 종목은 많지 않다. 하지만 어떻게 보면 넷플릭스의 성장에 대한 셈법은 의외로 간단하다. 당장 본인 혹은 가족 중 한 명에게 넷플릭스를 구독하는지 확인해보라. 주변 사람 중에 최소 한 명 혹은 상당수가 최근 1~2년 사이에 넷플릭스에 가입해서 즐기고 있을 것이다. 요즘은 TV보다 유튜브와 넷플릭스를 통해 스트리밍으로 보는 세상이다. 대세는 텍스트가 아닌 영상콘텐츠고, 영상콘텐츠는 케이블이나 전파로 전송되는 것이 아닌 내가 원하는 시간에 인터넷을 통해 보는 것으로 바뀌었다. 넷플릭스는 이러한 습관의 변화를 주도한 대표적인 기업이다.

넷플릭스 주가

출처: 구글

넷플릭스 가입자 수는 2011년 2,000만 명 수준에서 최근 2억 명을 돌파했다. 10년 만에 10배 증가한 것이다. 이중 절반이 미국 구독자고 나머지가 미국을 제외한 나라의 구독자다. 전 세계 인구가 77억 명이고 페이스북 사용자 수는 27억 명에 달한다. 넷플릭스의 가입자 수 5억 명은 향후 3~5년 사이에 충분히 달성 가능한 목표다.

넷플릭스에 투자할 때, 디즈니와의 경쟁 구도는 늘 나오는 이야기다. 넷플릭스보다 디즈니가 더 잘할 것 같은데? 넷플릭스 사용자가 디즈니로 대거 이동하면 어쩌나? 이런 우려들이 가득했다. 우리가 주목해야 하는 것은 넷플릭스와 디즈니가 경쟁하는 구도보다는 스트리밍 기반의 영상 콘텐츠 산업 자체의 규모 증가다. 경쟁보다는 전체 파이가 성장하는 추세가 중요하다는 것이다.

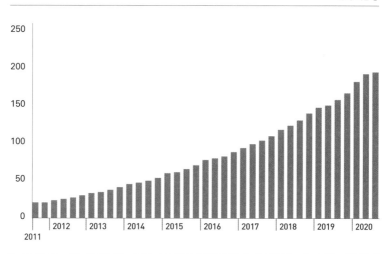

넷플릭스의 유료 가입자 수 증가 추세

단위: 백만 명

출처: Statista

디즈니플러스 스트리밍 서비스의 구독자 수는 2020년 12월 기준 8,600만 명에 달한다. 만 1년 만에 거둔 엄청난 성장이다. 하지만 디즈니플러스의 성장 속에 넷플릭스 성장이 정체되지 않았다는 것을 주목해야 한다. 지금 추세는 전통 케이블TV 방송과 스트리밍 서비스의 경쟁이고 디지털트랜스포메이션을 통한 동영상 콘텐츠 소비 습관의 변화가 전 세계적으로 젊은 세대에서 전 연령대로 확산하는 과정에 있다고 봐야 한다. 이런 맥락에서 디즈니와 넷플릭스는 경쟁자이면서 동업자다.

디즈니와 넷플릭스의 타깃 시청자는 다소 다르다. 디즈니는 아무래도 자신만의 강력한 콘텐츠에 기반한다. 마블, 루카스필름, 픽사 등 디즈니 생태계 안의 콘텐츠만으로도 지구 최강 팬덤을 자랑한다.

넷플릭스의 콘텐츠는 다양성이 핵심이다. 알고리즘 추천이 아니면 한국에 살면서 브라질, 스페인, 벨기에 드라마를 볼 가능성은 작다. 하지만 넷플릭스에서는 〈3%〉, 〈종이의 집〉, 〈어둠 속으로〉 등의 드라마를 통해 전혀 예상치 못한 국가의 콘텐츠도 접하게 된다. 다양성의 매력에 빠지게 되면 한 달만 보고 구독을 끊어야지 했던 다짐이 싹 사라진다. 콘텐츠의 힘은 이렇게 중독적이다.

넷플릭스는 온라인 기반 DVD 대여 사업에서 시작했다. 넷플릭스가 온라인 스트리밍 사업을 시작한 것은 아이폰이 등장한 2007년이고 아이폰 앱스토어에 넷플릭스가 앱을 공식 런칭한 것은 2010년이다. 이후 넷플릭스는 아이폰 앱 생태계에서 필수적인 동영상 스트리밍 OTT 앱으로 자리 잡는다. 넷플릭스의 성장은 아이폰 스마트폰 시대의 성장과 궤적을 함께 했다고 봐도 무방하다. 2012년부터 자체 제작 콘텐츠인 넷플릭스 오리지널을 선보이고 본격적으로 영화와 드라마 제작에 투자하기 시작한다. 넷플릭스의 사업모델은 단순하다. 시청자들이 좋아할 영상을 제작해서 더 많은 시청자의 마음을 사로잡아 유료 구독하게 만드는 일이다.

▌콘텐츠가 공유되면 돈이 된다!

넷플릭스의 강점은 바로 데이터다. 소비자의 행동 패턴, 선호에 대한 구체적인 증거가 넷플릭스에 쌓이게 된다. 전 세계 2억 명의 소비자들이 매달 돈을 내가면서 자신의 취향에 대한 데이터를 넷플릭스에 제공하는 것이다. 넷플릭스는 스페인에서 제작된 드라마가 한국 시청자에게도 인기 있을 거라 예상할 수 있고, 더 나아가 스페인 드라마를 한국 제작사에서 새롭게 각색하면 아시아 시장에서 인기를 끌 것이라는 구체적 예측도 가능하다. 스페인에서 제작된 드라마 〈종이의 집〉은 한국에서 넷플릭스의 투자로 제작 중이다.

넷플릭스는 자체 제작 다큐멘터리로도 유명하다. 역사, 과학, 예술, 음식 등 주제도 다양하다. 스탠딩코미디 장르도 지속 강화하고 있는데, 마치 현재 좋아하지는 않지만 좋아하게 될 장르와 주제를 계속 제안하는 듯하다. 실제로 구독을 취소하려 하면 툭툭 튀어나오는 새로운 장르와 주제의 영상으로 인해 넷플릭스에 머물게 된다. 데이터에 기반해서 시청자가 좋아하는 것을 잘 알고 있는 넷플릭스는 답을 아는 상태로 시험문제를 푸는 기분일지도 모른다.

▌콘텐츠 투자를 보는 새로운 접근법

넷플릭스는 2019년 기준 146억 달러, 한화로 16조 원이 넘는 금액을 콘텐츠 투자에 투입한다. 넷플릭스가 콘텐츠를 제작하는 지역은 미국뿐 아니라 남미, 아프리카, 아시아 등 전 세계다. 동시에 1년에 92억 달러에 달하는 콘텐츠 무형자산을 상각한다. 대부분 콘텐츠 무형자산은 4년 이내에 완전히 비용으로 인식되어 재무제표에서 사라진 것이 되고 만다. 이런 콘텐츠 자산 상각의 회계 처리는 보수적인 회계 처리로 넷플릭스의 이익 부풀리기 가능성을 사전에 차단한다. 10조 원이 넘는 막대한 손실이 없는 것처럼 재무제표상에서 증발시켜버리니까 말이다.

하지만 거꾸로 4년 시난 콘텐츠를 우리는 안 볼 섯인가 생각해보면 그렇지 않다. 콘텐츠도 유행처럼 돌고 돈다. 오래된 영화와 드라마를 다시 보면서 과거를 그리워하기도 하고 시리즈물의 신작이 출시되면 과거 시리즈물을 다시 시청하는 수요도 무시 못 한다. 따라서 막대한 손실 이면에는 향후 발생할 콘텐츠 누적으로 인한 규모의 경제, 콘텐츠 간 시너지 효과를 기대할 수도 있는 것이다. 회계적으로 이미 사라진 것에서 경제적 가치가 발생하면 순수한 플러스 효과다. 향후 콘텐츠 자산이 누적되어 다양해지면 콘텐츠 자산의 영속성은 더욱 강화될 전망이다.

넷플릭스는 앞으로 더 우리의 기호에 딱 맞는 콘텐츠를 기획하고 제작할 것이다. 페이스북의 재잘거림은 이제 넷플릭스 앞에 무기력해질 것이다. SNS의 가벼움은 넷플릭스의 깊이와 무게감에 압도되고 있다. 넷플릭스는 영화관 산업의 전체 시장 파이를 줄이고 가정의 TV 사이즈를 키울 것이다. 모바일기기에서 검색, SNS 등 딴짓할 기회를 뺏는다. 과거에 무심코 하던 모바일 생활패턴을 흥미로운 시리즈물에 집중하도록 유도한다.

부의 레벨을 바꾸는 미국주식 중국주식

이제 각종 영화제를 휩쓰는 것도 넷플릭스고, 새로운 아이디어로 중무장한 스페인과 브라질 등 비할리우드 감독들의 영화, 드라마도 넷플릭스를 통해 세계인의 안방으로 파고든다. 콘텐츠의 위력은 향후 자율주행 차량의 도래와 더불어 중요해질 것이다. 이동 중에 즐기는 콘텐츠는 인간을 운전에서 해방하는 동시에 새로운 여가를 만들어주기 때문이다. 세상은 검색의 시대에서 SNS의 시대로, 이제는 데이터 분석에 기반한 오리지널 콘텐츠의 시대로 넘어가는 중이다.

게임을 예술의 경지로! 테이크투

▌이곳은 현실인가 가상인가! 메타버스 시대

요즘 출시되는 게임은 그야말로 10년 전에는 상상할 수 없는 수준이다. 100시간짜리 영화를 1인칭 시점에서 내 손으로 직접 체험하는 느낌이다. 몰입도를 높이는 요인으로 3D 그래픽 구현을 위한 컴퓨팅파워의 증가를 들 수 있다. 엔비디아 같은 그래픽에 특화된 반도체 기업의 공헌이 크다. 하지만 게임이라면 강력한 스토리를 빠트릴 수 없다.

테이크투는 특유의 완벽주의를 바탕으로 게이머들의 취향을 저격하고 있는 기업이다. 테이크투 출시 게임인 〈레드 데드 리뎀션 2〉를 하다가 엔딩 부분에서 감동의 눈물을 흘렸다는 게이머들의 증언이 많다. 감동의 원천은 극강의 사실성이다. 현실보다 더 현실 같은 사실성을 게임 속에 예술적으로 녹여내는 기업이 테이크투다.

게임 〈레드 데드 리뎀션 2〉의 한 장면

출처: 락스타게임즈 홈페이지

레드데드리뎀션2에서 주인공 플레이어는 미션 수행 중간에 동료들과 노래도 부르고, 헤어졌던 여자친구와 재회에 성공해 극장에서 뮤지컬을 보면서 데이트도 한다. 언제든 중간에 다른 곳으로 데이트 장소를 옮길 수도 있다. 자유도 극강의 설정을 위해 개발자들은 쓸데없을 만큼 디테일에 목숨을 건다.

게임의 주인공인 내가 범죄자처럼 행동하면 경찰에 쫓기는 막장 인생이 되고 잘 살면 주변 사람들에게 평온한 삶을 살 수도 있다. 선량한 마음으로 어려움에 처한 사람을 도와줄 수도 있고 무심히 지나칠 수도 있다. 선량한 일을 많이 하면 주변 사람들로부터 호감도가 상승한다. 타고 다니는 말과의 애착관계도 형성되어서 게임 마지막 부분에 도달하면 말에게 간식도 챙겨주는 나를 발견하게 된다. 추운 지역으로 이동하면 말의 근육이 쪼그라든다.

어찌나 가상의 대자연에 생명력이 생생한지 게임은 안 하고 게임 속 동물들의 상호작용에 대한 다큐멘터리 영상을 제작하는 유튜버도 있을 정도다. 가히 이 시대의 기술과 창조력을 동원한 대작 문학 작품이라 할 수 있다.

▌영화와 경쟁하는 게임

가상현실은 현실보다 더 현실적이고, 현실에는 증강현실이 덧입혀진다. 마치 장자의 호접몽을 연상시키는 세상, 〈매트릭스〉와 〈레디 플레이어원〉과 같은 미래적 영화를 통해 예견된 세상이 점차 현실로 다가오고 있고 이러한 변화를 '메타버스 시대'라고 부른다. 새로운 경제, 인간관계, 사람과 분간하기 어려운 인공지능 NPC와 인간과의 관계가 가상공간에서 복잡하게 얽히고 그 안에 자체적인 독특한 경제가 구축된다. 이러한 변화를 상징하는 대표적 기업 중 하나가 테이크투다.

2018년 〈레드 데드 리뎀션 2〉는 게임 신규 발표 3일 만에 7.25억 달러의 매출을 올렸다. 할리우드 블록버스터 〈어벤져스: 인피니티 워〉의 기록을 능가한다. 게임과 영화가 매출 기록으로 경쟁하는 시대변화를 느낄 수 있는 대목이다. 게임이 영화화되고 영화가 게임화되는 세상이다. 참고로 〈GTA5〉는 역대 매출 기록 1위로 게임 발매 초기 3일 동안 10억 달러를 벌었다. 〈GTA5〉 또한 레전드 제조기 테이크투의 락스타게임즈가 개발사다. 아마도 향후 기존 기록은

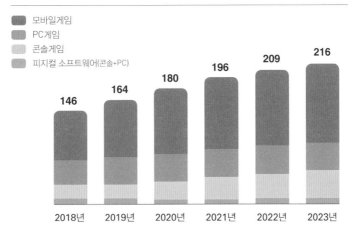

전 세계 게임 산업 규모 전망

단위:10억 달러

- 모바일게임
- PC게임
- 콘솔게임
- 피지컬 소프트웨어(콘솔+PC)

146 164 180 196 209 216

2018년 2019년 2020년 2021년 2022년 2023년

출처: 테이크투 홈페이지

〈GTA6〉가 깰 수 있을 듯하다.

　테이크투가 속한 게임 산업의 성장성은 견고한 우상향 추세를 보인다. 특히 바이러스 상황으로 게임 산업은 가파른 성장세를 나타낼 것이다. 테이크투는 스포츠 게임도 극도의 사실성으로 게이머들을 매료시키고 있다. 미국 NBA 농구 구단의 선수들을 게임으로 그대로 옮겨놓은 〈NBA 2K〉 시리즈는 테이크투의 안정적인 현금흐름을 보장한다. NBA농구를 좋아하는 게이머라면 한번 구입한 후, 매년 새로운 업데이트가 있을 때마다 재구매로 이어지기 때문이다. 〈NBA 2K19〉는 단일 게임으로 1,200만 카피가 판매되었다.

종이 계약서 시대의 종언을 고하다! 도큐사인

▌한번 사용하면 멈출 수 없다!

2019년 상반기부터 미국과 한국을 가리지 않고 주변의 많은 사람이 계약서를 도큐사인으로 진행하면 안 되냐고 요청했다. 처음에는 어색하고 불안했지만, 종이 서류를 출력하지 않아도 되고 해외 특급우편으로 발송하지 않아도 되는 편리함이 좋은 경험을 안겨줬다. 그래서 몇 번 사용한 후, 거꾸로 내가 도큐사인 사용을 제안하게 되었다. 우선 나의 습관을 바꿔놓는 데 성공한 기업이라 편리함과 범용성, 사용자 편의 등 솔루션의 장점에 대해서 확신했다.

2020년 2월 17일 유튜브 영상을 통해 계약서를 출력해서 도장을 찍고 날인된 계약서를 서로 주고받는 행위가 온라인 기반 클라우드 서비스로 변화할 것이라 전망했다. 그런 맥락에서 도큐사인은 퍼스트무버였고 미국의 대기업과 금융기관 다수가 이미 돈을 내며 사용

도큐사인 주가

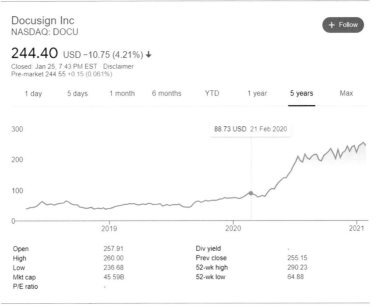

Docusign Inc
NASDAQ: DOCU

244.40 USD −10.75 (4.21%) ↓
Closed: Jan 25, 7:43 PM EST · Disclaimer
Pre-market 244.55 +0.15 (0.061%)

[+ Follow]

| 1 day | 5 days | 1 month | 6 months | YTD | 1 year | **5 years** | Max |

88.73 USD 21 Feb 2020

Open	257.91	Div yield	-	
High	260.00	Prev close	255.15	
Low	236.68	52-wk high	290.23	
Mkt cap	45.59B	52-wk low	64.88	
P/E ratio	-			

출처: 구글

하고 있는 상황이었다. 앞으로 글로벌 표준으로 자리 잡으면 그 과정에서 승수효과를 누릴 수 있을 것이라 예상했다. 당시 한국에서는 도큐사인이라는 미국 종목을 아는 사람은 드물었기에 큰 주목을 받지 못했다.

위의 주가 그래프에서 확인할 수 있는 것처럼 2020년 2월 17일 이후 도큐사인의 주가는 약 2배 상승했다. 습관의 변화를 리딩하는 데이터플랫폼 기업이 시대적 변화를 맞이하면 이러한 궤적이 가능하다. 2020년에 '언컨택트' 투자 콘셉트에 가장 부합하는 기업으로도 손꼽혔고, 바이러스 상황에서 견조하게 상승한 주식으로 화상채팅

줌과 함께 집중 조명받기도 했다.

도큐사인은 온라인기반 계약서 솔루션 분야에서 세계 1위 기업이다. 마이크로소프트, 아마존이 후발 주자로 잘할 것 같다는 우려가 나오지만, 요즘은 속도가 경쟁인 시대다. 앞서 더 많은 사용자를 확보하면 시장의 헤게모니를 장악한다. 도큐사인의 사용자 수는 대부분의 기업 수인 82만 2,000천 개로 숫자가 가지는 의미는 크다. 최근 실적 기준 도큐사인은 연간 매출 46%로 성장하는 고성장 기업이다. 영업마진율도 10%로 향후 규모성장을 너하면 수익성의 향상을 기대할 수 있다.

도큐사인은 단순히 계약서를 클라우드에서 체결하는 것에 그치지 않는다. 쌓인 데이터를 바탕으로 계약서의 주요 문구들을 검색하고, 맥락을 분석하는 인공지능 빅데이터 분석 솔루션도 제공한다. 향후 도큐사인이 클라우드 공간의 사내 변호사로도 진화할 수 있는 잠재력을 보여준다. 도큐사인의 애널라이저솔루션은 상대방이 초안으로 제시한 계약서에서 위험요인을 점수화해서 고객사에게 가이드를 준다.

확실한 것은 인류는 편리함을 선호하고, 이미 편하게 받아들여진 새로운 변화는 좀처럼 뒤로 다시 돌아가지 않는다는 사실이다. 기본적으로 사람은 게으르고 귀찮은 일을 비용을 들여서라도 안 하려는 습성이 있다. 따라서 도큐사인은 더 많은 사람이 사용할수록 편리해질 것이다.

하워드 막스의 《투자와 마켓 사이클의 법칙》

- 같은 정보를 다른 사람들과 같은 방식으로 분석해서 같은 결론에 도달하고, 이를 같은 방식으로 실행하면서 그 프로세스가 더 좋은 성과를 거두리라는 기대는 접어야 한다. 게다가 거시적 미래와 같은 영역들에서 남들을 계속 앞서가기란 매우 어렵다. 그러므로 나는 거시적 미래를 예측하려는 행동이 더 뛰어난 투자 성과를 달성하는 데 별 도움이 되지 않는다고 본다.

투자에 관심을 가진 많은 사람이 경제 동향에 관심을 갖는다. 주식이란 경제와 밀접한 관련이 있으므로 당연한 관심일 수 있다. 하지만 당장 다음 주, 한 달 후에 거시경제가 어떻게 변화할 것인지를 맞추려는 노력은 허망할 수 있다는 것을 하워드 막스는 경고하고 있는 것이다.

예측할 수 없다고 아무것도 알 수 없다는 것은 아니다. 모든 사물은 그 극에 달하면 원위치로 돌아온다는 물극필반物極必反의 원리처럼, 사계절의 변화가 반복되듯이 경제 현상 또한 하나의 반복되는 사이클로 이해할 수 있다는 것이 하워드 막스 주장의 핵심이다. 하워드 막스가 제시하는 사이클의 속성을 우선 느껴보자.

> • 사이클이 어느 한 극단을 향해 움직이면 에너지가 생기고 저장된다. 결국 무게가 증가해 중간지점에서 더 멀리 진전하기 어려워지고, 더 나아갈 수 없는 최고점에 도달한다. 결국 사이클은 한 방향으로 움직이던 것을 멈춘다. 그리고 일단 멈추면, 중력이 사이클을 중심 집중 경향이 일어나는 방향, 그러니까 중간지점으로 사이클을 끌어당기고, 그동안 축적된 에너지가 되돌림에 힘을 실어준다. 문제의 사이클이 극단에서 중간지점을 향해 움직일 때, 그 움직임은 사이클의 중간지점을 지나 반대쪽 극단을 향해 계속 나아갈 수 있는 추진력을 만들어낸다.

사이클은 마치 물리적 현상처럼 나름의 규칙성을 가지고 변화한다. 인간도 자연의 일부임을 생각해보면 인간들이 모여서 만들어내는 반복적인 현상은 자연 현상과 닮아 있는 것이 당연한 것일지도 모른다. 그래서 투자자로서 우리는 반복되는 사이클에 주목해야 한다.

> • 뛰어난 투자자는 사이클에 주의를 기울인다. 과거의 패턴이 반복되는 것처럼 보이는지 알아채고, 중요한 여러 사이클에서 자신의 위치를 파악하며, 그러한 것들이 자신의 행동에 영향을 미친다는 사실을 이해한다. 이렇게 그는 사이클과 사이클 내의 위치에 대해 유용한 판단을 할 수 있다.

- 뛰어난 투자자는 경향이나 확률을 이해한다. 그래서 병 속에 있는 공의 색깔에 대해 다른 사람들이 모르는 것을 알고 있다. 이길 가능성이 질 가능성보다 높은지 알고 있기 때문에 유리할 때는 더 투자하고 불리할 때는 덜 투자할 수 있다. 현재 상황을 관찰하고, 그것에 기초해서 이 모든 것들을 평가할 수 있다는 것이 중요하다. 나중에 보겠지만 이렇게 미래를 예측할 수는 없어도, 준비할 수는 있다.

예측은 못 하지만 준비는 할 수 있다는 하워드 막스의 말을 가슴에 새겨야 한다. 미리 준비된 자에게는 공포가 기회로 다가올 수 있기 때문이다. 하워드 막스는 독립적 판단, 거꾸로 생각하는 습관에 대해서도 강조한다.

- 투자자들이 침체되어 있고, 두려워하고 있다면 수익 전망은 좋아질 것이다. 반대로 투자자들이 도취되어 있고, 탐욕스럽다면 수익 전망은 나빠질 것이다.

주식 시장 참여자들의 단기기억 상실증에 대해 하워드 막스는 이렇게 이야기한다.

- 금융기업의 극단적인 단기성 때문에 시장 참여자들은 이런 패턴의 반복성을 인지하지 못하고, 그 결과 패턴의 필연성을 깨닫지 못하는 것이다.

그렇다. 막상 시장에 깊숙이 참여한 상태에서는 반복되는 사이클 속에서 '이번만은 달라', '뉴노멀'이란 말로 합리화하면서 최면을 거는 것이 시장이다.

★ ★ ★ ★

4장

글로벌
투자 실전

★ ★ ★ ★

투자 포트폴리오 절대 법칙

▌ 포트폴리오 구성 전략

3장에서는 실전으로 들어가서 어떻게 주식투자를 할 것인가에 대한 투자 전략을 이야기하겠다. 구슬이 서 말이라도 꿰어야 보배 아닌가. 돈 버는 법, 투자의 대가 이야기를 백날 들어도 내 손으로 직접 100만 원이라도 투자해보지 않는다면 투자의 실력을 쌓을 수 없다. 투자를 시작할 때, 첫 번째 고민은 '몇 종목을 나의 포트폴리오로 담을 것인가'이다.

나는 유튜브 채널 〈돈이되는투자〉를 1년 이상 운영해왔고 클래스101에서 온라인강의를 통해 수백 명의 수강생에게 실질적 투자에 대한 다양한 질문을 받았다. 가장 많은 질문 중 하나는 "저처럼 투자 금액이 적은 개인투자자도 분산투자해야 하나요?"였다. 이에 대한 나의 대답은 늘 같다. 수백, 수천 억을 운용하는 펀드도, 개인투자자가 운용하는 소액도 동일한 분산 투자의 원칙에 따라 운용해야 한다는 것이다.

▌한 종목과 사랑에 빠지지 말라

이유는 간단하다. 세상에 투자할 주식 종목이 수만 개다. 이렇게 다양한 자산 가운데 특정 종목 한두 개에만 나의 소중한 자산을 집중 투자한다는 것 자체가 이상한 의사결정이다. 또 다른 이유는 한 종목과 사랑에 빠지면 안 되기 때문이다. 투자가에게 가장 중요한 덕목은 냉철함이다. 한 종목과 사랑에 빠지면 차가운 이성과 거리가 멀어지고 하나의 기업과 너무 가까운 애착관계가 형성되게 된다. 최근 테슬라를 추앙하는 집단을 '테슬람'이라고 부른다. 나는 어떤 한 종목에 과도한 집중 투자와 확신은 이성적 판단을 그르치는 바람직하지 않은 투자 습관이라고 생각한다.

창업가 대비 투자가의 장점은 언제든지 다양한 종목에 분산투자하고 해당 산업의 전망이 안 좋아지고 기업 관련 리스크가 커질 경우 언제든 회수할 수 있다는 것이다. 한두 종목에 속칭 '몰빵'을 한다는 것은 창업가와 한배를 타는 것으로 투자가의 본질적인 장점을 스스로 포기하는 행위나 마찬가지다. 유능한 투자가라면 자신이 감내할 만큼 다양한 카드를 손에 쥐고 시대의 변화에 유연하게 대응할 수 있어야 한다.

▎최적의 포트폴리오 개수는? 10개 이상 40개 이하

적정 포트폴리오 개수는 10개 이상 40개 이하다. 처음부터 포트폴리오를 30~40개로 구성할 필요는 없다. 처음 시작은 10~15개 정도로 하고 차츰 저축하듯이 투자 금액과 종목을 자연스레 늘려나가는 것이 바람직하다. 처음 매수한 10~15개 종목이 향후 1~2년 이내에 큰 이변 없이 미리 세워놓은 가설대로 성장하고 있다면 해당 종목을 매도할 필요 없이 새로운 종목을 추가로 매수하기만 하면 된다. 꾸준히 신규 산업과 기업을 공부하면서 한 달에 1~2개 종목을 발굴하고 추가해가면 이론적으로 1년 후에는 초기 10~15개 종목이 20~30개 이상으로 늘어나게 된다.

포트폴리오를 최소 10개 이상 구성하라고 제시하는 이유는 간단하다. 특정 종목의 리스크로 인해 최악의 상황이 오더라도 전체 포트폴리오에 대한 리스크를 10% 미만으로 한정하기 위함이다. 주식시장에 어떤 사건이 닥칠지 아무도 모른다. 정부 규제로 투자한 기업이 하루아침에 최악의 상황에 닥칠 수 있고 내부 회계부정으로 상장폐지 위기에 빠질 수도 있다. 우리는 창업가도 회사 임원도 아니기에 한정적인 정보만으로 이러한 리스크를 알아차리고 자신을 보호할 역량이 없다. 기관투자가나 개인투자가나 감춰진 리스크에 노출되어 있기는 마찬가지다. 이러한 리스크를 줄이기 위한 방법은 10개 이상의 포트폴리오를 구성하는 방법밖에는 없다.

부의 레벨을 바꾸는 미국주식 중국주식

▌포트폴리오는 분산하고 섹터에 집중하라

10개 이상의 포트폴리오가 많다고 생각하는 독자를 위해 '섹터 집중 전략'을 추천하겠다. 기업은 10~30개 많은 종목에 분산할 수 있으나 투자하는 섹터는 가급적 5개 이하로 집중하는 것이 바람직하다. 그래야 더 깊이 볼 수 있고 서로 다른 종목을 공부할 때도 시너지가 발생하기 때문이다.

예를 들어 아마존, 알리바바, 핀듀오듀오, 징동상청을 투자하고 있다면 투자한 종목 수는 4개지만 투자한 산업 섹터는 전자상거래 하나다. 이렇게 섹터 집중 전략을 추구하면 서로 다른 종목으로부터 미국과 중국 시장을 가로지르는 '메가트렌드'를 느낄 수 있다.

참으로 신기한 것이 아마존과 알리바바는 미국과 중국 각각의 1등 전자상거래 기업이지만, 이들의 성장 전략과 생태계를 거대하게 구성해나가는 방식은 매우 유사하다는 것이다. 자체적인 물류시스템을 구축해서 온라인 상거래 소비자에게 극강의 소비 경험을 선사하고, 최근 신선제품 분야로 공격적으로 확장해나가는 전략 또한 같다. 따라서 아마존과 알리바바를 동시에 투자 포트폴리오에 담으면 상호보완적인 산업적 인사이트와 메가트렌드에 대한 방향성을 얻을 수 있다.

핀듀오듀오와 징동상청은 알리바바와 경쟁 관계에 있는 텐센트 계열의 중국 전자상거래 2위 기업으로 1등 알리바바의 빈틈을 찾아 점유율을 확대하고 있다. 특히 핀듀오듀오는 최근 2~3년간 알리바바보다 빠른 속도로 사용자 수와 시장점유율을 늘리고 있는데 핀듀오듀오의 빠른 성장 비결은 바로 전자상거래와 인플루언서, SNS, 게임 등을 하나로 융합시키는 새로운 시도에 있다. 경쟁자인 알리바바도 이제 핀듀오듀오로부터 자극받아 인플루언서를 판매에 개입시키고 라이브 스트리밍으로 물건을 판매하는 티몰라이브 등을 적극적으로 키우는 전략을 구사하고 있다.

이러한 움직임은 다시 미국의 아마존으로도 전염될 가능성이 높다. 하나의 섹터에 전 세계가 하나의 생태계로 상호 학습하는 구도가 형성되는 것이다. 따라서 섹터에 집중해서 종목을 분산할 경우 해당 산업 섹터에 대한 깊은 이해와 변화에 반보 앞서 투자할 수 있는 투자 인사이트도 덤으로 얻을 수 있다.

▌섹터 1등 기업에 투자하고 미래 종목을 유기적으로 발굴하기

산업 섹터 하나라도 제대로 안다는 것은 생각보다 어려운 일이다. 섹터를 이해하기 위해 가장 손쉬운 방법으로는 섹터를 대표하는 명실상부 1등 기업에 투자하는 방법이 있다. 안전 투자를 할 수 있고 산업의 트렌드를 리딩하는 키워드를 쉽게 알기 때문이다.

아마존은 전 세계 전자상거래 1등 기업이다. 아마존은 항공 물류를 장악하기 위해 최근 항공기 10여 대를 직접 구매하기도 했다. 미래 항공 물류의 방식으로 드론을 활용한 물류시스템을 시도하는 것이 아마존의 미래전략이다. 이러한 아마존의 전략을 보면 하늘길에서 이뤄지는 물류 경쟁이 치열해질 것을 예측할 수 있다. 여기서 자연스럽게 드론을 활용한 물류 솔루션과 사람의 이동 모빌리티 솔루션으로 상상력을 확장할 수 있다.

나는 이러한 맥락으로 미국 거래소에 상장된 중국의 유인드론 개발업체인 이항Ehang에 투자하기도 했다. 이 기업을 하늘의 테슬라로 바라보고 투자한 투자가도 있을 것이고, 땅의 모빌리티를 장악한 우버와 대척점에서 하늘의 모빌리티 서비스로 바라본 투자가도 있을 것이다. 하지만 나는 좀 더 빠르게 상용화를 주도할 분야로 200kg이 넘는 중형 물품을 배송하는 중형 드론을 활용한 전자상거래가 연계된 '항공 물류'로 바라봤다. 이러한 측면에서 가장 빠르게 혁신과 개발을 달성하는 이항의 미래를 보고 투자한 것이다.

▌성장 가능성이 높은 섹터에 장기 가치투자하라

주식시장은 향후 성장이 기대되는 산업을 좋아한다. 주식시장은 기본적으로 '리스크 온Risk On'이다. 위험을 감수하고 미래적 상상력을 가진 투자가에게 높은 성과를 안겨준다. 거꾸로 자신이 관리할 수 있는 수준의 리스크를 감내하지 않으면 어떠한 초과 수익도 없다는 것을 뜻한다.

이러한 리스크 선호 현상은 특히 기술변화가 가속화되고 4차 산업혁명으로 과거에 꿈꾸지 못한 새로운 혁신이 기존 전통 산업의 구도를 교란적으로 변화시키는 상황에서 심화하고 있다. 지금 시대에 과거와 같이 배당에 집착하고 안정적인 무언가에 기댄다면 시장

초과 수익률을 거두기는 어렵다. 안정 지향적 투자를 원한다면 주식시장이 아닌 부동산에서 답을 찾는 것이 맞다.

그래서 나는 주식투자에서 기대감과 상상력을 계속 공급해줄 수 있는 미래 분야에 투자한다. 그러한 산업에 에너지가 가득하고 창업가들도 러너스 하이Runner's High를 느끼면서 자기 일에 몰입해서 10배 성장의 꿈을 현실로 만들기 때문이다. 그러한 창업가와 미래를 함께 꿈꾸면서 투자하면 투자 수익도 높지만, 동시에 미래에 대한 변화 방향에 민감한 투자가로 역량이 길러지기도 한다. 관건은 내가 감수하고 있는 리스크를 얼마나 스스로 감내할 수 있는가다. 시장의 변동성에도 중용의 마음을 지키고 내가 투자한 창업가의 비전을 1~2년 긴 호흡으로 시장의 노이즈(대부분의 경제 뉴스들)를 걷어내고 기다려줄 수 있는가가 차이를 만든다.

미국의 크리스퍼테라퓨틱스Crispr Therapeutics는 유전자가위 분야에서 세계 대표적인 기업이다. 이 회사의 창업자인 에마뉘엘 샤르팡티에 박사는 유전자가위 기술 개발에 대한 업적을 인정받아 노벨상을 수상하기도 했다. 나는 노벨상을 수상한 소식을 듣고 당시 주가가 비싸다는 평가에도 투자했고 이후 기업가치는 지속 상승해서 97달러에서 165달러로 약 70% 수익을 기록하고 있다. 충분히 분산투자의 원칙을 지키고 있다면, 미래 지향적이고 향후 공부해야겠다고 결심이 선 분야에 남들보다 과감하게 정찰병을 보내보자.

유전자편집을 통해서 사람의 병을 낫게 하는 과감하고 혁신적인 아이디어는 여전히 초기 단계고 상당히 많은 위험요인도 내포하고 있기 때문에 전체 포트폴리오의 10% 이상인 두 자릿수 비중으로 가

크리스퍼테라퓨틱스 주가

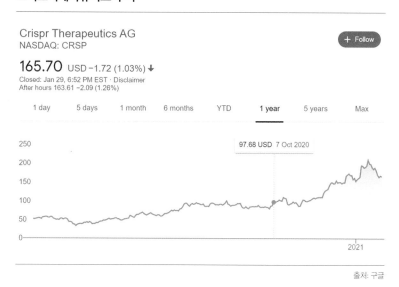

Crispr Therapeutics AG
NASDAQ: CRSP

165.70 USD −1.72 (1.03%) ⬇
Closed: Jan 29, 6:52 PM EST · Disclaimer
After hours 163.61 −2.09 (1.26%)

| 1 day | 5 days | 1 month | 6 months | YTD | **1 year** | 5 years | Max |

97.68 USD 7 Oct 2020

250
200
150
100
50
0

2021

출처: 구글

져가면 관리하기 어려워진다. 나는 위험도와 성장성이 동시에 매우 높은 고위험군 기업은 전체 포트폴리오의 5% 이하로 담는다.

리스크 온을 하는 것은 좋지만, 그것을 먼발치에서 동요 없이 지켜보려면 감내할만한 리스크여야만 한다는 것을 잊지 말아야 한다. 미래 기대감으로 가득 찬 섹터에 투자하면 짜릿한 상승장과 함께 민감한 하락장도 각오해야 한다. 항상 대세 상승장에 투자하리란 보장이 없다. 세상에 밀물이 있으면 썰물이 있는 것처럼 내가 투자한 자산의 가치도 세상의 유동성 변화에 따라 오르기도 하고 내리기도 한다. 이러한 변동성을 감내하기 위해서는 역시나 충분한 종목 분산의 원칙을 지켜야 하고 동시에 미래적 섹터에 대한 집중이 필요하다.

▌성공적 투자에는 왕도가 없다

꾸준한 정보 습득과 학습습관은 투자가에게 가장 중요한 핵심이다. 워런 버핏도 업무 시간의 대부분을 책이든 기업의 사업보고서든 무언가를 읽는 행위에 할애한다고 한다. 나 또한 회사 차원에서 비상장 한국, 중국, 미국 기업에 투자하는 업무를 수행하고 있다. 역시나 대부분의 시간에 구글을 띄워놓고 집중하는 산업과 주제를 검색한다. 검색하고, 읽고, 보고, 느끼고, 생각하면서 투자 아이디어를 매일 구체화한다.

투자를 안 하는 사람은 투자가를 '돈 넣고 돈 버는 불로소득자'로 오판하기 쉽다. 하지만 투자가의 노동 강도는 높다. 대부분의 노동이 정신적, 지적 노동이어서 겉으로 땀 흘리는 모습이 안 보일뿐 머릿속에서 벌어지는 새로운 영역에 대한 탐색과 마음속에서 벌어지는 찬성과 반대의 치열한 갈등은 직접 겪어보지 않으면 이해하지 못하는 고강도 노동이자 고뇌다. 하지만 그러한 강도 높은 스트레스와 압박을 겪으면서 투자가는 단단한 '투자 근육'을 키우고 강한 역량을 지닌 투자가로 진화한다고 믿는다.

▌포트폴리오는 매주 직접 업데이트하라

다음의 포트폴리오 구성표는 초심자의 이해를 위해 하나의 사례로 제시하는 것이다. 투자의 권유나 절대적 포트폴리오 구성 제안으

섹터별 지역별 분산 포트폴리오 구성 예시

섹터	지역	종목	비중	매수가격	현재가격	수익금액	수익률
전자상 거래	미국	아마존	10%				
	중국	알리바바	5%				
	중국	핀듀오듀오	5%				
	중국	징동상청	5%				
콘텐츠	미국	넷플릭스	10%				
	미국	테이크투	5%				
	중국	후야	5%				
	중국	빌리빌리	5%				
	중국	텐센트	10%				
스마트 모빌리티	중국	니오	5%				
	중국	이항	5%				
헬스케어	미국	인슐릿	5%				
	미국	아이리듬	5%				
	중국	알리건강	5%				
	중국	우시앱텍	10%				
	중국	이노벤트	5%				
	중국	바이오로직스	5%				
			100%				

출처: 직접 작성

로 받아들이지 않기를 바란다. 이 책에서는 정답을 알려주기보다는 고기 잡는 방법을 안내하려 한다. 방법을 알아야 자신만의 실력을 키울 수 있으니 말이다. 우선 컴퓨터에서 엑셀 파일을 열어 '내 포트폴리오'라고 이름 짓고 나의 투자에 대한 모든 것을 기록하라.

엑셀 파일에 위 표와 유사하게 자신이 집중할 섹터와 지역, 종목별 비중, 매수가격, 현재가격 등을 입력해서 지속 관리하면 자신의 포트폴리오 수익률을 꾸준히 관리할 수 있다. 파일을 한번 만들고 업데이트하지 않으면 헛수고다. 일주일 단위로 매주 포트폴리오 수

유튜브 〈돈이되는투자〉 채널 2020년 1분기 포트폴리오 캡처화면

중국 본격 상승장을 대비하라! 돈투 중국 투자 포트폴리오

10,753 views • Streamed live on Mar 18, 2020

익률을 점검하고 업데이트 상황을 기록하는 것은 좋은 투자 습관을 만드는 데 필수다. 엑셀표 하단에 탭 추가 기능을 활용하면 주간 단위로 업데이트할 때 유용하다.

위 캡처 화면은 〈돈이되는투자〉 유튜브 채널을 통해서 공개했던 나의 2020년 1분기 중국 투자 포트폴리오다. 2020년 3월 18일 자였으니 코로나바이러스 여파가 가장 심해 전 세계 금융시장이 바닥을 치던 시기였다. 미래에 나에게 보여주기 위한 목적으로 일부러 공포를 무릅쓰고 포트폴리오 비중과 종목까지 모두 공개했다.

당시 공포를 매수하는 투자의 기본기를 따라서 적극적인 투자 포트폴리오 구성을 외쳤고, 특히 경기 회복이 빠를 것으로 예상되는

S&P500지수

S&P 500
INDEXSP: .INX

+ Follow

3,714.24 −73.14 (1.93%) ↓
Jan 29, 5:12 PM EST · Disclaimer

| 1 day | 5 days | 1 month | 6 months | YTD | **1 year** | 5 years | Max |

2,398.10 18 Mar 2020

*2020년 3월 18일은 S&P500지수가 최악의 상황이었다.

출처: 구글

중국 기업에 대한 투자를 적극적으로 늘려야 한다고 주장했다. 하지만 2020년 3월 18일 당시 투자 심리는 그야말로 10년 이래 최악의 수준이었다. 공포를 조장하는 L자형 불황 장기화에 대한 말도 안 되는 이야기가 세상을 뒤덮고 있었다.

돌이켜보면 세상에 L자형 불황이 과연 있기는 했나 싶다. 탐욕이 일으킨 리먼브라더스 위기도 인간은 2년도 채 되지 않아 극복했기 때문이다. 인간은 탐욕에 취약하고 진짜 위기에 강한 근성이 있다고 믿고 있던지라 바이러스에 대한 경제 회복력은 더 강할 것이라고 확신했다. 그래서 L자형 불황보다는 V자형 반등을 강조한 것이었다.

이후 V자 반등은 무서운 기세로 전 세계 증시를 강타했다. 실물 경제는 여전히 어려움에 있었지만, 불황을 막기 위해 세계 각국이

빌리빌리 주가

Bilibili Inc - ADR
NASDAQ: BILI
✓ Following

113.89 USD −5.11 (4.29%) ↓
Closed: Jan 29, 7:58 PM EST · Disclaimer
After hours 113.80 −0.090 (0.079%)

| 1 day | 5 days | 1 month | 6 months | YTD | **1 year** | 5 years | Max |

150
21.01 USD 18 Mar 2020
100
50
0
2021

출처: 구글

풀어놓은 역대급 유동성이 증시에 불을 붙이는 휘발유 역할을 한 것이다. 여기에 중국은 예상대로 바이러스 방역에 성공적인 모습을 보여줬고 보복적 소비로 인해 중국 내수 소비 시장은 2020년 하반기에 급성장했다. 이러한 여파로 중국 Z세대의 콘텐츠 소비 트렌드를 리딩하고 있던 빌리빌리는 440%대 상승률을 기록하며 포트폴리오 실적에 크게 기여했다.

중국판 배달의 민족인 중국 배달앱 1위 메이투안은 3월 18일 이후 370% 상승을 기록했다. 물론 모든 포트폴리오가 빌리빌리와 메이투안 같지만은 않았다. 중국판 스타벅스를 꿈꾸던 루이싱커피는 2020년 4월 초에 매출 부풀리기 회계 부정 이슈가 터지면서 주가가 26달러에서 1달러까지 수직 낙하하기도 했다. 분산투자의 중요성이

메이투안의 최근 1년간 주가

출처: 구글

극적으로 강조되는 맥락이다.

충분히 분산했다면 위험도 높은 루이싱커피는 5% 비중이었으므로 최악의 상황에서 주가가 0으로 수렴하더라도 포트폴리오 전체 손실은 5%에 불과하다. 반면에 주식에서 손실은 투자 원금에 한정되지만, 수익은 한계가 없으므로 메이투안과 빌리빌리의 수익이 루이싱커피 손실을 충분히 상쇄하고도 남게 된다.

다행인 것은 중국인의 오프라인 소비습관을 통째로 온라인으로 바꾼 주역인 메이투안을 알아보고 투자 비중을 10%로 한 것이 커다란 투자수익을 안겨줬다는 것이다. 예를 들어 2020년 3월 18일 기준 루이싱커피에 100만 원을 투자했고, 메이투안에 200만 원을 투자했다면 루이싱커피 투자금 중 원금의 10분의 1 토막인 10만 원만 간

루싱커피 주가

Luckin Coffee Inc - ADR
OTCMKTS: LKNCY

10.87 USD −1.81 (14.27%) ↓
Closed: Jan 29, 4:28 PM EST · Disclaimer
After hours 10.87 0.00 (0.00%)

| 1 day | 5 days | 1 month | 6 months | YTD | **1 year** | 5 years | Max |

출처: 구글

신히 회수하더라도 메이투안 투자금액은 원금 대비 4.7배 상승해서 940만 원이 된다. 총 300만 원을 투자해서 950만 원의 수익을 얻을 수 있는 것이다. 극단적인 사례지만, 분산투자가 얼마나 중요한지 강조하기 위한 예시다.

앞으로도 루이싱커피와 같은 회계 부정 이슈가 없을까? 자본주의와 증권거래소가 존재하는 이상 회계 부정은 중국뿐 아니라 미국, 한국 어디에서나 언제든지 발생할 수 있는 근본적 리스크다. 창업자와 경영진이 작정하고 주주들을 속여서 단기적 이득을 취하겠다고 마음먹으면 사전에 이러한 리스크를 감지하는 것은 불가능하다. 따라서 역시나 분산투자가 답이다. 이러한 회계 이슈가 십여 개의 기업에 동시다발적으로 일어날 확률은 매우 낮기 때문이다.

▌포트폴리오 조정은 스윙 매매와 다르다

포트폴리오는 정적이지 않다. 끊임없이 시대와 경영 환경의 변화에 따라 변경하며 비중을 조정해야 한다. 하지만 포트폴리오 조정이 무릎에 사고 어깨에 파는 '스윙 매매'의 트레이딩 기법이 되어서는 안 되며 장기 가치투자의 기본 원칙에 근거해서 변경해야 한다.

초심자는 스윙 매매와 포트폴리오 조정의 차이가 무엇인지 감이 잡히지 않을 수 있다. 가장 중요한 차이는 가치투자자는 그래프를 바라보지 않고 비즈니스 현장을 바라본다는 데 있다. 비즈니스의 본질적 잠재력을 1~2년 정도 기다리는 가치투자의 습관을 지닌 투자자는 자신의 투자 가설을 스스로 깨트리지 않는다.

투자한 기업의 성장 과정이 나의 주가 상승 가설과 일치한다면 포트폴리오 변경은 불필요하다. 외부적 금융 유동성 변화는 기업의 비즈니스 환경과 크게 상관없다. 마치 불황이 오더라도 동네 설렁탕 맛집은 항상 장사가 잘되는 것과 마찬가지다. 따라서 기업의 주가 하락과 상승은 시그널이 아니다.

결국 가치를 만들어내는 것은 비즈니스 현장에서 소비자의 마음을 비가역적으로 바꿔놓는 기업가들의 실행력에 달려있다. 이에 대한 뉴스에 촉각을 곤두세우고 얼마나 사업이 잘되고 있는지 파악하는 것이 핵심이라 할 수 있다. 장기 가치투자의 방법론은 주가 변화에서 시그널을 알아채 저점에 매수하고 고점에 매도하는 트레이딩 습관의 투자와는 근본적으로 다른 접근법임을 다시 한번 강조하겠다.

섹터를 확장하라

▌ 섹터 확장 1: 중국판 테슬라를 주목하라!

2020년 3월 18일 이후 포트폴리오에 추가된 섹터를 먼저 살펴보 겠다. 2020년 2분기에 들어서면서 중국 정부에서는 바이러스로 인한 불황을 극복하기 위한 방책으로 대대적인 정부 투자 카드를 내놓는다. 과거 후진타오 시절에 리먼브라더스 위기를 고속철도로 상징되는 도시화 투자로 극복했었다. 마찬가지로 이번 바이러스로 인한 경제 위기를 중국 정부는 새로운 시대에 걸맞은 기간투자인 '뉴인프라'로 컨셉을 잡았다.

뉴인프라에 대한 중국 정부의 투자 영역 중에 전기차 분야가 가장 눈에 띄었다. 중국은 환경오염 이슈가 가장 큰 나라이자 자동차 판매대수 1등인 국가다. 따라서 전기차로의 대대적인 전환이 절실하다는 것이 느껴졌다. 또한 내연기관 자동차에서 독일을 따라잡기

부의 레벨을 바꾸는 미국주식 중국주식

니오 주가

Nio Inc - ADR
NYSE: NIO

+ Follow

57.00 USD −1.37 (2.35%) ↓
Closed: Jan 29, 7:59 PM EST · Disclaimer
After hours 57.25 +0.25 (0.44%)

| 1 day | 5 days | 1 month | 6 months | YTD | **1 year** | 5 years | Max |

14.97 USD 24 Aug 2020

80
60
40
20
0

2021

출처: 구글

힘든 상황에서 전기차로의 빠른 전환을 통해 도약을 꿈꾸지 않을까 하는 생각이 들었다. 스마트폰 시장에서 세계를 놀라게 했던 중국 기업들처럼 말이다.

그래서 2020년 3월 18일에 생각지도 않았던 중국 전기차 분야로 투자 섹터를 확장했다. 2020년 8월 22일 〈815머니톡〉 유튜브 채널에 출연해서 모두가 테슬라를 주목하지만, 중국 시장에서 중국판 테슬라인 니오, 엑스펑, 리오토와 같은 로컬 브랜드 전기차 기업의 성장성이 높다고 주장했다. 니오, 엑스펑, 리오토 중에 텐센트 계열인 니오를 가장 우선순위에 소개했다. 이중 니오를 1순위로 놓은 이유로는 대대주 텐센트의 강력한 정치력, 배터리 스왑방식의 혁신적 에너지 활용 솔루션, 출시한 지 가장 오래되었다는 점에서 안전에 대한 신뢰도를 등이 있다.

니오의 주가는 반년도 안 되는 기간 동안 280%, 3.8배 지속 상승했고 시가총액 890억 달러로 미국 GM보다도 시가총액이 높은 자동차 회사로 성장했다. 8월 중순만 해도 니오를 주목하던 한국 투자가는 많지 않았다. 하지만 이후 주가가 상승하면서 시장의 주목을 받았고, 글로벌 투자가도 니오에 관심을 가지면서 전 세계 전기차 시장에서 테슬라 다음으로 가장 주목받는 기업이 되었다.

기업이 주목받지 않거나 딜 주목받을 때, 투사하면 가장 높은 수익률을 실현할 수 있다. 지금에서야 니오의 주가가 몇 배 상승했지 2020년 8월 중순만 해도 이미 저점 대비 6배가량 급등한 상황이었다. 고점은 아닌지 공포를 느끼며 종목을 매수하는 것은 상당한 위험에 노출되는 일이다.

▌신고가에 투자하는 것을 꺼리지 말라

나는 오랜 투자 경험으로 신고가에 투자하는 것이 편안하다. 저점 대비 몇 배 상승한 기업이라도 해당 기업이 앞으로 얼마나 더 성장할지에 따라서 추가로 성장할 가능성이 남아 있기 때문이다. 신고가에 투자하기를 꺼리는 투자가는 "주식은 쌀 때 사는 게 제맛"이라는 말을 한다. 하지만 그런 투자가는 대세로 상승할 기업을 매수할 기회를 계속해서 놓치고 만다. 저점 매수 타이밍을 주지 않고 계속 주가가 상승하기 때문이다. 산업의 큰 변화가 기업에 큰 기회를 줄 것이라는 확신이 생기면 오늘 내일의 가격 변동은 큰 변수가 아니라고 생각하라. 비싸든 싸든 내 포트폴리오에 담아놓으면 그만이다. 그래서 나는 비싼 주식을 마다하지 않는다. 오히려 싼 게 비지떡이라는 생각에 비싼 주식이 더 비싸지는 것을 상상하며 투자한다. 다시 강조하지만, 빠른 변화의 시대에 리스크 온하는 습관은 수익의 증폭에 도움을 준다.

지금도 중국 스마트 전기차 포트폴리오에 니오와 엑스펑이 있다. 아마도 향후 12개월 이상의 기간 동안 중국 스마트 전기차 분야에 대한 투자는 변함없을 것이다. 중국의 뉴인프라 정책에 따른 막대한 자금투자가 실제로 이뤄지고, 이 과정에서 니오와 엑스펑이 사업적 수혜를 누리기까지는 여전히 시간이 많다고 보기 때문이다.

주가는 미래를 먹고 살기에 기대감을 미리 반영하는 측면도 분명 있다. 하지만 아직 도래하지 않은 미래가 불쑥 현실로 다가오고, 그 결과가 회계상 재무제표에 숫자로 나타나면 다시 주가가 상승하는 경우가 많다. 그러므로 비즈니스 현장에 긍정적인 시그널이 꾸준하게 많은 경우에는 장기간 매도하지 않고 엉덩이 무겁게 들고 가는 전략이 가장 좋은 선택일 경우가 많다.

스마트 전기차에서 방점은 '스마트'에 두어야 한다고 믿는다. 스마트폰이 인간과 인간 사이를 온라인으로 연결하는 매개체였다면 스마트 전기차는 자율주행 기술에 힘입어 가장 비싼 사물인터넷 기기로 변환하는 과정에 있다고 본다. 앞으로 긴 호흡으로 메가트렌드가 현실로 다가올 때까지 기다릴 계획이다.

▌섹터 확장 2: 원격진료와 약의 전자상거래에 투자하라

2019년 연말에 중국의 헬스케어 산업에서 가장 핵심이 되는 세부 산업 섹터가 무엇일까 생각했을 때, 핑안헬스케어와 알리건강이 가장 먼저 떠올랐다. 중국 정부는 지난 2~3년간 중국 대건강_{大健康}이라는 정책 키워드를 바탕으로 헬스케어 진흥 정책을 추진 중이었다.

중국 대건강 정책은 제약, 바이오, 약 유통, 원격진료, DNA 분석 분야를 총망라한 헬스케어 산업 신흥 정책이다. 가상 시급히 개선해야 할 분야이면서 동시에 텐센트, 알리바바와 같은 거대 데이터플랫폼 기업이 인터넷플러스의 연장선상에서 확장할 분야는 바로 원격진료와 온라인 약 유통이었다. 빅데이터와 유사한 개념인 빅헬스케어는 2020년 중국 데이터플랫폼 기업의 격전지로 결국 원격진료와 약의 전자상거래 유통에서 생성되는 헬스케어 데이터들이 바이오 기업들의 성장 발전에도 기반이 될 것이기 때문이었다.

핑안헬스케어는 2019년 말에도 3억 명이 넘는 사용자를 보유한 세계 최대 원격진료 플랫폼이었다. 늦은 밤에도 유명 대학병원 의사에게 화상통화로 진료받을 수 있고, 원격진료로 받은 처방전을 업로드하면 하루 이틀 사이에 약을 배송받을 수 있는 세상이 중국에서 이미 이뤄진 상황이었다.

알리건강은 대도시 지역에 약을 30분 만에 배송하는 물류 시스템을 구축했다. 알리건강은 이제는 오프라인 약국 수천 개를 통으로 인수해서 그야말로 중국 최대 약국 체인 회사가 되었다. 데이터로 약 유통을 투명하게 관리한다는 명목으로 정부로부터 전폭적인 지원도 받고 있다. 정부 입장에서 불투명한 약의 암거래가 항상 골 칫거리였는데, 전자상거래로 약 유통의 투명성이 재고되니 고마울 따름이다. 핑안헬스케어의 원격진료는 중국인이 고질적으로 느끼던 병원 시스템에 대한 불신과 온종일 병원에서 대기하던 불편함을 단번에 해결했다.

아직도 한국에서 원격진료는 먼 이야기다. 하지만 중국은 기존 전통 의료 시스템에 문제가 많았기에 거꾸로 4차 산업혁명의 혁신을 과감하게 추진할 수 있었다. 핑안헬스케어 본사에는 수천 명의 전문 의료진이 상주하면서 콜센터 역할을 하고 있다. 이제 핑안헬스케어는 자체적인 오프라인 병원을 건설하기에 이르렀고, 이를 '인터넷병원'이라고 부른다. 병원이 오프라인에 존재하지만 운영, 예약, 관리 모든 것이 인터넷에서 이뤄지기 때문이다. 병원의 진료 처방 데이터는 모두 클라우드에 저장, 관리, 분석된다.

▌섹터 확장 3: 중국발 바이오붐에 투자하라

중국 대건강 정책의 맥락에서 2020년 중국 바이오 섹터를 새로 추가했다. 지난 2~3년간 중국의 바이오산업을 꾸준히 주목해왔는데, 미국과 한국에 불어온 뜨거운 바이오 투자 열풍이 중국에도 시간차를 두고 반드시 올 것이라는 전망에서였다.

진시황제가 불로장생을 꿈꾸면서 수은중독으로 사망했던 일화는 유명하다. 중국인은 내세보다는 현세를 중시하는 성향이 있고 돈과

국가별 GDP 대비 헬스케어 지출 비중

단위: 달러(좌), %(우)

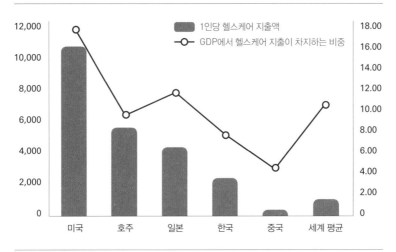

출처: THE WORLD BANK

장수를 추구한다. 중국은 빠른 속도로 중산층이 늘어나고 노령화가 진행되고 있다. 오래 살려는 욕망이 세계 어느 지역보다 강한 나라가 중국이다. 중국의 급속한 노령화와 세계평균에 한참을 못 미치는 헬스케어 지출을 근거로 보면 중국발 바이오붐 현상을 빅트렌드로 예측한다.

중국은 GDP 규모면에서 미국을 추격하며 빠르게 성장하고 있다. 대도시 중상층을 중심으로 건강하게 오래 살려는 수요가 늘어남에 따라 헬스케어 산업의 전망은 밝아 보인다. 중국의 헬스케어 산업의 성장은 선택이 아닌 필연이며 중국발 바이오붐은 시기의 문제이지 언젠가 다가올 미래다.

▎ 중국 바이오산업의 인프라, 우시바이오와 우시앱텍

나는 중국 바이오산업의 인프라에 해당하며 바이오약품의 위
탁생산을 담당하는 중국 CDMO 분야 1위 업체인 우시바이오Wuxi
Biologics에 2018년부터 투자했고 우시바이오의 모회사인 우시앱텍Wuxi
Apptec을 2020년 5월 20일 매수했다. 우시앱텍은 중국 임상실험 위탁
연구 CRO 분야 1위 업체로 중국 바이오산업 성장과정에서 바이오
벤처기업에 가장 중요한 임상실험을 담당하고 있다.

이런 측면에서 우시앱텍은 중국 바이오산업의 기간산업으로 느
껴졌다. 우시바이오와 우시앱텍은 중국발 바이오붐에 대한 마중물
로 가장 안전한 베팅이라는 생각이 들었고 바이오산업의 텐센트 같

우시앱텍 주가

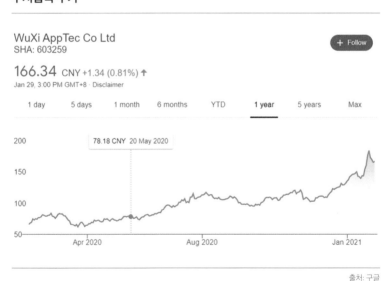

출처: 구글

은 존재로 느껴졌다.

2020년 5월 20일 이후 우시앱텍의 주가는 112%, 2배 이상 지속 상승해왔다.

나는 대학교에서 정치외교학을 전공하고 대학원은 중국에서 경영대학원MBA을 졸업했다. 전형적인 문과라서 이과생과는 사고의 구조가 다르고, 기술 자체보다는 스토리라인을 이해하는 데 능하다. 거꾸로 말하면 바이오산업을 이해하기에 자질이 부족하다. 그래서인지 중국발 바이오붐이 분명 올 것 같지만, 화학식이 난무하는 바이오산업을 공부하는 데 두려움이 앞섰다. 하지만 집중하고 절대적인 시간을 하나의 분야에 투입하면 못할 것도 없었다. 우리에게는 역사상 가장 강력한 정보의 원천인 구글이 있지 않은가? 이 구글 창에 검색어 2~3개만 잘 조합해서 넣으면 원하는 정보를 얻을 수 있다.

▌중국 바이오시밀러 산업, 이노벤트 바이오로직스

구글로 검색하다 보면 예기치 않게 보물들을 만나게 된다. 나의 추정을 확신으로 만들어줄 촉매제가 나타난다. 〈맥킨지 리포트〉에 따르면 중국 바이오시밀러 산업의 전체 사이즈는 2018~2025년까지 7년 사이에 연평균 20~25%로 4배 가량 성장할 전망이다. 세계 어느 시장보다 중국 바이오시밀러 시장의 성장 잠재력과 사이즈가

바이오시밀러[1]
오리지널 약품의 특허가 종료되어 제3회사에서 생산되는 제네릭 generic(복제약) 중 화학적 방식이 아닌 생물학적 방식으로 생산되는 약품.

부의 레벨을 바꾸는 미국주식 중국주식

중국 바이오시밀러 산업의 성장성

단위:10억 달러

중국 20~25% 8.1 / 2.0

브라질 25~30% 1.9 / 0.3

인도 15~20% 1.4 / 0.4

러시아 20~25% 1.0 / 0.2

멕시코 10~15% 0.5 / 0.2

기타 10~15% 1.3 / 0.5

터키 10~15% 0.5 / 0.2

인도네시아 10~15% 0.13 / 0.05

베트남 10~15% 0.13 / 0.05

이집트 10~15% 0.13 / 0.05

2025년　2018년

출처: 〈맥킨지 리포트〉

크다는 증거였고, 향후 중국의 노령화와 바이오 약물에 대한 해외 의존도를 낮추기 위한 중국 정부의 노력이 중국 로컬 바이오시밀러 기업들에는 커다란 기회가 될 것이라는 분석이었다. 〈맥킨지 리포트〉는 중국 바이오산업 중에서도 생물학적 복제약인 바이오시밀러 분야를 집중해서 봐야겠다고 다짐을 한 계기가 되었다.

이노벤트바이오로로직스Innovent Biologics는 상장 전부터 피델리티 인베스트먼트Fidelity Investments, 일라이릴리Lilly, 테마섹Temasek, 블랙록Blackrock, 세쿼이아캐피탈 등 글로벌 투자가들이 대거 투자했다. 역시나 돈 냄새는 글로벌 자본가들이 가장 빠르게 맡는다. 상장 공모 시에만 21억 달러를 조달했고, 상장 후에도 3차례 유상증자를 통해서 9억 달러 이상의 추가 자금 조달에 성공한 기업이다.

일라이릴리, 로슈Roche, 인사이트Incyte, 한미약품과 같이 글로벌 제

이노벤트바이오로직스의 투자 기업 리스트

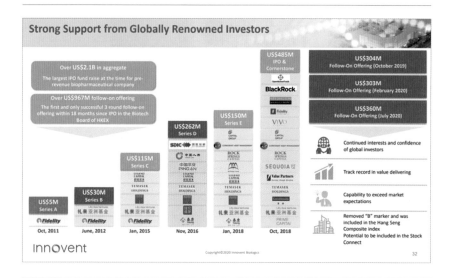

출처: 이노벤트바이오로직스 홈페이지

약·바이오 기업들과 협업도 활발하게 하면서 글로벌 제약사의 물질을 중국 시장에 도입하는 역할과 이노벤트바이오로직스가 개발한 약물을 중국을 제외한 지역에 수출하는 협업을 진행하고 있었다. 협업의 사례는 바로 호재로 나타났다. 이노벤트바이오로직스에 투자한 이후 8월 말에 기존 전략적 투자자이자 글로벌 제약사인 릴리와 이노벤트바이오로직스가 공동개발한 항PD-1 항체 치료제인 티비티Tyvyt에 대한 라이선스 확대 계약을 체결한 것이다. 계약 규모 총 10억 2,500만 달러에 달하는 대형 파트너십이었다.

사업 호재에 이노벤트 바이오로직스의 주가는 상승했다. 중국판 셀트리온, 중국 리딩 바이오시밀러기업인 이노벤트바이오로직스에

이노벤트바이오로직스 주가

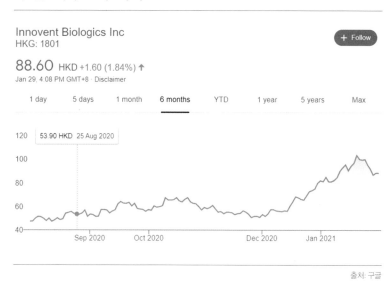

출처: 구글

대한 투자 가설을 실제 비즈니스 현장에서 확인한 후 기존 가설에 변함이 없다면 기다리고 응원하면 그만이다. 따라서 높아진 주가 수준에도 섣불리 매도하지 않을 수 있다.

중국의 바이오시밀러 산업은 맥킨지의 전망처럼 장기적 성장을 지속하는 추세다. 이러한 큰 흐름을 제대로 느끼고 수익으로 연결하려면 섣불리 몇십%의 수익에 만족하며 매도하는 것이 아니라 1~2년의 긴 흐름에서 자신의 투자 가설과 회사의 사업 전개 상황을 비교하면서 검증해나가는 자세가 필요하다.

중국 바이오 섹터에 대한 투자는 우시바이오, 우시앱텍, 이노벤트바이오로직스에서 그치지 않았다. 특히 바이오 섹터 자체가 순이익이 발생하지 않고 현금흐름이 마이너스일 수밖에 없는 재무적으로 취약한 구조이므로 더더욱 리스크를 분산해야 한다고 판단했다. 따라서 다른 섹터보다 포트폴리오를 분산했고, 이에 따라 추가된 종목들은 베이진Beigene, 자이랩Zailab, 버닝락Burning Rock Biotech, 아이맵I-Mab Biopharma 등 7~8개 종목이 있다.

물론 모든 종목이 아름다운 우상향만 기록한 것은 아니다. 하락해서 손실구간에 있는 종목도 있고, 2배 이상 상승해서 수익을 안겨주는 종목도 있다. 하지만 역시나 기억해야 하는 것은 '분산 효과'다. 상승에는 한계가 없고, 하락은 원금까지로 한정되어 있기에 여러 배 상승한 종목의 수익이 하락한 종목의 손실을 충분히 만회해주고도 남는 상황이다.

미지의 섹터를 발굴하고 자신의 섹터로 만들어가는 과정을 예시로 보여주고 싶어서 투자 일지를 상세하게 공유했다. 항상 새로운 영역을 공부하고 투자하는 것은 두렵고 떨리는 일이다. 이러한 이유로 투자가는 영원히 겸손할 수밖에 없고 그동안 이룩한 수익에 도취해 한시도 나태해질 수 없는 것이다. 투자는 끊임없는 배움의 과정이다.

재무분석 기본기 다지기

▍텐센트 사례를 통해 재무분석 기본기 기르기

주식투자에 있어서 기본기 중 하나가 재무분석이다. 매출과 영업이익, 영업현금흐름과 같은 기본적인 재무제표를 확인하지 않고 투자하는 것은 눈 감고 운전하는 것과 마찬가지다.

재무제표에서 가장 먼저 확인해야 하는 것은 손익계산서다. 기업의 성장성과 수익성을 확인하기 위함이다. 손익계산서의 매출 총액도 중요하지만 사업부문별 매출파악을 통해서 사업 모델 변화도 확인할 수 있다.

다음 페이지의 손익계산서는 2020년 2분기 텐센트의 수치다. 영어로 기재된 Revenue는 매출액, Gross Profit은 매출총이익, Operating Profit은 영업이익으로 나타난다. 2020년 2분기의 3개월간 실적을 보여주는 수치로 전년 대비 매출액 29%, 매출총이익 36%, 영업이익

텐센트의 2분기 손익계산서

단위: 100만 위안

		Unaudited Three months ended				
		30 June 2020	30 June 2019	Year-on-year change	31 March 2020	Quarter-on-quarter change
Revenue		114,883	88,821	29%	108,065	6%
Gross profit		53,210	39,126	36%	52,794	1%
Operating profit		39,311	27,521	43%	37,260	6%
Profit for the period		32,454	24,684	31%	29,403	10%
Profit attributable to equity holders of the company		33,107	24,136	37%	28,896	15%
Non-IFRS Profit attributable to equity holders of the company		30,153	23,525	28%	27,079	11%
EPS	Basic	3,491	2,550	37%	3,049	14%
	Diluted	3,437	2,520	36%	2,999	15%
NON-IFRS EPS	Basic	3,180	2,486	28%	2,858	11%
	Diluted	3,130	2,456	27%	2,817	11%

출처: 텐센트 홈페이지

*Revenue: 매출액, Gross profit: 매출총이익, Operating profit: 영업이익,
Profit for the period: 당기순이익,
Profit attributable to equity holders of the company: 주주귀속 순이익
Non-IFRS Profit attributable to equity holders of the company: 조정주주귀속 순이익,
EPS: 주당순이익, Basic EPS: 기본 주당순이익, Diluted EPS: 희석 주당순이익,
NON-IFRS EPS: 조정주당순이익, Basic Non-IFRS EPS: 조정 기본 주당순이익
Diluted Non-IFRS EPS: 조정 희석 주당순이익

43% 성장한 것을 보여준다. 매출액 성장보다 영업이익이 성장이 큰 것을 보아 수익성이 좋아졌다는 것을 확인할 수 있다.

사업부문별로 매출액을 살펴보면 부가서비스와 핀테크가 매출 비중이 높은 주요 사업이다. 온라인광고 비중은 16%로 높지 않다. 사업부문별 매출액 비중 분석이 중요한 이유는 회사가 돈을 버는 방식을 이해할 수 있기 때문이다. 텐센트란 회사가 인터넷 광고로 돈을 버는지 아니면 핀테크 금융사업으로 돈을 버는지 이해하는 것

텐센트의 2분기 사업부문별 매출액

단위: 100만 위안

	Unaudited Three months ended			
	30 June 2020		30 June 2020	
	Amount	% of total Revenues	Amount	% of total Revenues
VAS	65,002	57%	48,080	54%
Fin Tech and Business Service	29,862	26%	22,888	26%
Online Advertising	18,552	16%	16,409	18%
Others	1,467	1%	1,444	2%
Total revenues	114,883	100%	88,821	100%

*VAS: 인터넷부가서비스, Fin Tech and Business Service: 핀테크와 비즈니스 서비스, Online Advertising: 온라인광고, Others: 기타 수익, Total revenues: 합계, Amount: 매출, % of total Revenues: 매출액 중 비율

출처: 텐센트 홈페이지

은 텐센트를 전망할 때 필수적인 부분이다.

5년 전만 해도 텐센트에서 핀테크 사업부문이 차지하는 비중이 미미했다. 하지만 최근 몇 년 사이 핀테크 사업부문이 약 30%에 육박하며 가파르게 성장했다. 결국 중국 금융산업 분야에서 텐센트의 핀테크 사업부문과 알리바바의 앤트파이낸셜이 핀테크라는 무기로 경쟁하고 있는 것이다. 2021년은 핀테크 중원 싸움에서 텐센트의 상대적 우위가 점쳐진다. 이유는 모두가 알다시피 마윈 회장의 정치적 발언 자충수로 앤트파이낸셜의 역대급 상장이 무기한 연기되었고, 앤트파이낸셜의 사업에 대한 정부의 전방위적 압박이 빠르게 진행되고 있기 때문이다. 텐센트 핀테크 사업부문은 앤트파이낸셜의 자살골로 반사 이익을 누리는 상황이다.

텐센트의 시가총액에서 핀테크가 차지하는 비중은 최소 3분의 1 정도는 된다. 최근 1,000조 원에 육박하는 시가총액을 기록하고 있

텐센트의 사업부문별 매출액

단위: 100만 위안

Revenue from Contracts with Customers	Unaudited Three months ended 30 june		Unaudited Six months ended 30 june	
	2020년	2019년	2020년	2019년
VAS	**65,001**	48,080	**127,431**	97,054
Online Games	**38,288**	27,307	**75,586**	55,820
Social Network	**26,714**	20,773	**51,845**	41,234
Fintech and Business Services	**29,862**	22,888	**56,337**	44,677
Online Advertising	**18,552**	16,409	**36,265**	29,786
Media Advertising	**3,290**	4,400	**6,411**	7,879
Social and Others Advertising	**15,262**	12,009	**29,854**	21,907
Others	**1,467**	1,444	**2,915**	2,769
	114,883	88,821	**222,948**	174,286

출처: 텐센트 홈페이지

는 텐센트이기에 금융사업부문 기업가치만으로도 300조 원에 달하는 대형금융그룹사라고 바라볼 수 있는 근거가 바로 이 매출액 비중에 나타나 있는 것이다.

다음 표는 사업부문별 매출액을 좀 더 자세히 구분한 자료다. 전체 부가서비스의 상세 내역은 결국 게임과 SNS로 나뉜다. 2019년 대비 2020년에 많이 성장한 부문이 온라인 게임이라는 것을 확인할 수 있다. 게임은 수익성이 높고 돈을 벌기 시작하면 효자 노릇을 하는 사업인데 그동안 중국 정부의 규제로 인해 주춤했었다. 이런 상황에서 2020년 2분기 바이러스 상황에서 게임사업이 호전되고 있다는 신호는 앞으로 텐센트의 전반적인 수익성이 향상될 것으로 볼 수 있는 포인트다.

부의 레벨을 바꾸는 미국주식 중국주식

텐센트의 유동성과 재무적 자원

단위: 100만 위안

	Unaudited	
	30 June 2020	30 June 2020
Cash and cash equivalents	173,718	135,270
Term deposits and others	107,368	85,314
Borrowings	(147,089)	(140,566)
Notes Payable	(126,785)	(85,734)
Net cash / (debt)	7,212	(5,716)
Fair value of our stakes in listed investee companies (excluding subsidiaries)	726,244	410,299

출처: 텐센트 홈페이지

재무제표 하단에도 부가적으로 다양한 정보들이 나와 있기에 주석을 놓치지 말고 꼼꼼히 봐야 한다. 다음 표는 텐센트의 유동성과 재무적 자원을 나타내고 있다. 쉽게 말해 텐센트가 현금을 얼마나 보유하고 있는지를 나타내는 것으로 현금, 현금등가물, 단기 저축 합계가 약 47조 원에 달한다. 여기에 바로 현금화할 수는 없지만, 투자한 상장사 지분으로 보유하고 있는 지분가치 합계가 121조 원에 달한다. 심지어 계열사 지분은 제외한 수치다. 즉, 텐센트가 마음먹고 현금화하면 언제든지 인출해서 쓸 수 있는 47조 원에 매도 가능한 상장사 지분 가치 121조 원을 더하면 총 168조 원이 유동할 수 있는 자산이 된다. 텐센트가 얼마나 재무적으로 탄탄한 회사인가를 느낄 수 있는 맥락이다.

재무제표를 볼 때 반드시 확인해야 하는 것이 현금흐름표다. 손익계산서는 발생기준 회계원칙에 따르지만, 현금흐름표는 현금 기

텐센트의 현금흐름표

단위: 100만 위안

	Unaudited Six months ended 30 june	
	2020년	2019년
Cash flows from operating activities		
cash generated from operations	**111,478**	63,986
Income tax paid	**(12,753)**	(10,182)
Net cash flows generated from operating activities	**98,725**	53,804
Net cash flows used in investing activities	**(92,927)**	(36,300)
Net cash flows generated from financing activities	**34,498**	7,252
Net increase in cash and cash equivalents	**40,296**	24,756
Cash and cash equivalents at beginning of the period	**132,991**	97,814
Exchange gains on cash and cash equivalents	**431**	268
Casf and cash equivalents at end of the period	**173,718**	122,838

출처: 텐센트 홈페이지

준으로 기재된다. 보다 직관적으로 회사에 실질적으로 현금이 얼마나 늘었고 줄었는지, 연말에 현금을 얼마나 보유하고 있는지를 현금흐름표를 통해서 확인할 수 있는 것이다.

Net cash flows generated from operating activities란 영업활동으로 인한 현금흐름으로 987억 위안화에 달하는 것으로 보인다. Net cash flows used in investing activities란 투자활동으로 인한 현금유출액으로 929억 위안화에 달하는 것으로 보아 영업활동으로 벌어들인 대부분을 투자했다는 것을 확인할 수 있다.

월가의 매체들은 텐센트를 소프트뱅크와 유사한 투자 홀딩스로 바라보기도 한다. 게임과 핀테크, 온라인광고로 투자의 재원을 마련

부의 레벨을 바꾸는 미국주식 중국주식

해서 매년 수십 개의 기업에 전략적 지분투자를 하는 기업으로 바라봐도 무방할 정도다. 텐센트의 투자는 미래와 생태계 확장을 위한 전략적 투자다. 11억 명의 사용자를 보유한 텐센트는 투자한 기업에 수억 명의 사용자를 선물하며 생태계 확장과 투자 수익 두 마리 토끼를 한 번에 잡을 수 있는 것이다.

Net cash flows generated from financing activities란 재무활동에 의한 현금 유출입이 어디에서 얼마나 조달했는지를 묻는 것이다. 텐센트는 344억 위안화를 외부에서 자금조달을 했으며 벌어들인 돈의 약 3분의 1에 해당하는 조달금액으로 부담되는 수준은 아니다. 영업으로 번 돈은 대부분 투자하고 일부는 외부에서 조달해서 2020년도 2분기 말 기준 1,737억 위안화의 현금을 보유하고 있다는 것을 Cash and cash equivalents at end of the period인 기말 현금 및 현금 등가물에서 확인할 수 있다.

기업가치평가법

▌이익을 내야 회사지!, PER 바로 알기

PER	주가 / 주당순이익
간편계산 PER	시가총액 / 당기순이익
TTM PER	시가총액 / 최근 12개월 순이익 합계
Forward PER	시가총액 / 내년 예상 당기순이익

　기업가치평가의 기본적인 개념 중의 하나인 주가수익비율PER에 대해 알아보자. PER은 주가를 주당순이익으로 나눈 것인데, 간편하게 계산하기 위해 선호하는 방법은 시가총액을 당기순이익으로 나누는 것이다. 구글에서 주식을 검색하면 주가와 함께 PER도 PE Ratio로 나타나기 때문에 대부분의 경우 직접 구할 필요 없이 검색 결과를 확인하면 된다.

야후파이낸스에는 TTM PER이 나타나는데, Trailing Twelve Months PER의 줄임말이다. 직전 12개월 PER로 번역할 수 있다. 이 수치는 시가총액을 최근 12개월 순이익 합계로 나눈 것을 의미한다. 최근 4개의 분기 순이익을 합산해서 12개월 누적 순이익을 구하면 된다.

TTM PER은 최대한 최근 재무수치를 반영해서 PER을 구할 때 필요하다. 예를 들어 2020년 3분기 PER을 산출할 때, 2019년 연말 수치는 이미 6개월 이상 오래된 숫자가 되어서 현재 기업 상황을 제대로 반영하지 못한다. 따라서 2019년 3분기, 4분기, 2020년 1분기,

2분기, 이렇게 4개의 분기 순이익을 합산해서 TTM PER을 산정하면 보다 시의적절한 수치를 산출할 수 있어 유용하다.

테슬라의 TTM PER은 1,517배이다. 직관적으로 말해서 테슬라의 순이익을 1,517년 모아야 시가총액이 된다. 우주적인 기업가치라고 할 수 있다. 요즘 PER로 기업가치를 평가하는 것이 얼마나 어려운 일인가를 보여주는 단면이다.

Forward PER은 시가총액을 내년 예상 당기순이익으로 나눠주는 값을 의미한다. 그래서 구글이나 야후파이낸스에 검색되지 않고 내 손으로 직접 산출해야 하는 값이다. Forward PER을 구하기 위해서 반드시 내 손으로 직접 재무추정을 해야 한다. 재무추정을 위해서 다양한 변수들을 복합적으로 고려하고 투자할 기업에 대해서도 다각도로 분석해야 한다. 매출, 마진율, 판관비 등 다양한 재무적 추정을 정교하게 해야만 내년도 당기순이익을 예상할 수 있기 때문이다.

그럼 PER의 의미는 무엇일까? 이익이 없으면 PER을 구할 수 없기 때문에 기업은 반드시 이익을 내야 한다는 것을 전제로 한다. 여기에 이익 창출 능력이 기업역량의 핵심이라는 가설이 담겨 있다. PER은 당기순이익을 몇 년 모아야 현재 시가총액이 될 수 있는가를 의미한다.

예를 들어 PER이 10배라는 것은 10년간의 이익이 모여야 해당 기업의 시가총액이 된다는 것이다. 전통적인 재무분석의 사고방식에서는 10배, 20배가 싸다와 비싸다의 기준치였다. Low Teen, High Teen으로 10대 초반이면 싸고 10대 후반이면 비싸다는 평가가 팽배했다.

하지만 인터넷 모바일 서비스의 확산 가운데 이익은 상당 기간 포기하고 더 빠른 성장을 추구하는 유니콘 기업, 스타트업들이 투자의 주류로 편입되면서 마이너스 손실이 나더라도 기업가치가 높게 인정되는 사례들이 나오고 있다. 간신히 이익이 나더라도 그 이익의 50배, 100배 PER을 인정받는 기업들이 다수 존재하고 빠른 성장을 통해 시장을 장악한 페이스북, 구글, 아마존과 같은 기업들로 증명이 된 것이다. 따라서 현재에는 PER이 100배가 되더라도 회사의 미래 성장성을 보고 투자하는 경우가 많아졌다.

▌매출이 빨리 늘어나는 게 중요해, PSR 이해하기

PSR	주가 / 주당매출액
간편계산 PSR	시가총액 / 매출액
TTM PSR	시가총액 / 최근 12개월 분기 매출 합계
Forward PSR	시가총액 / 내년 예상 매출액

그렇다면 순이익이 마이너스를 기록하고 있는 기업의 경우 PER을 산정하지 못하는 문제가 발생한다. 순이익이 마이너스라도 매출은 발생하기 때문에 매출액을 기준으로 기업가치를 산정하는 방법론이 필요하다. 그래서 등장한 것이 주가매출액비율, 즉 PSR이다.

주가를 주당매출액으로 나눈 수치로 간단하게 계산하기 위해서 역시나 시가총액을 매출액으로 나누는 것으로 대체할 수 있다. 역시나 TTM PSR은 최근 12개월 분기 매출 합계로 시가총액을 나눈 수치가 되겠다. Forward PSR은 앞서 Forward PER과 마찬가지로 내년 예상 매출액 추정치로 시가총액을 나눈 값이다.

그렇다면 PSR의 의미는 무엇일까? 기업은 매출액 규모를 전제로 한다. 순손실이 발생하더라도 매출이 빠르게 성장하면 회사는 좋은 상황이라는 것이다. 매출이 빨리 커져서 시장 지배적 사업자가 된 이후에는 아마존처럼 빠르게 성장하며 이익도 창출하는 게 가능하다는 믿음이 있는 것이다.

이런 믿음에 부합한 대표적인 기업으로 메이투안을 들 수 있다. 메이투안은 순이익이 발생한 지 얼마 안 되었다. 순손실을 기록하는 기간에 메이투안의 왕싱 회장은 빠른 성장과 동시에 순이익도 달성할 것이라 호언장담했는데 그 약속은 결국 지켜졌다. PSR로만 평가받던 메이투안이 순이익을 기록하면서 드디어 PER로도 평가받게 된 것이다.

아마존과 메이투안은 데이터플랫폼 기업이 초기 순이익을 포기하고 빠른 성장, 압도적 지배력을 선점한 이후에 순이익을 추구해도 충분히 좋은 성과를 나타낼 수 있다는 것을 검증한 실제 사례. 단순히 PER, PSR을 숫자로 계산하지 말고 숫자 너머의 이야기를 들춰보면 입체적으로 사고할 수 있다.

▎ 시대에 맞는 보조지표를 발굴하라

시대는 빠르게 변화한다. 변화의 속도에 보조를 맞춰서 기업가치 평가 방법론도 변화해야 적응할 수 있다. 자산이 중요한 시대에는 PBR, 이익이 중요한 시대에는 PER, 매출의 성장세가 중요한 시기에는 PSR을 사용한다. 아마존, 핀듀오듀오와 같은 전자상거래 기업 매출의 근간에는 거래대금이 있다. 매출액은 플랫폼에서 거래되는 거래대금에 수수료율을 곱한 값이기 때문이다. 많은 사람이 플랫폼에 참여해서 많은 금액을 결제하면 매출액은 늘어난다. 따라서 전자상거래 기업의 기업가치를 평가할 때 보조적인 지표로 총거래대금Gross Merchandise Value, GMV을 활용할 수 있는 것이다. 한 수준 더 올라가면 월간 활동 사용자 수Monthly Active User, MAU 또한 성장성을 가늠하는 보조지표로 활용할 수 있다.

분기 실적발표 기간 사이에 재무실적을 확인할 방법은 없는데 GMV나 MAU 수치가 현저히 상승하거나 하락할 경우 미리 매출 추정에 참조할 수 있어 이러한 지표가 특히 유용하다. 재무제표만 기다리는 투자가들보다 선제적으로 매출 성장과 하락을 사전에 예상하고 대응할 수 있기 때문이다.

실제로 나는 넷플릭스의 매출 지속 성장의 근거로 유료 구독자 수를 주요 지표로 삼고 있다. 매출액으로 보면 가늠하기 힘든 잠재력을 유료 구독자 수 2억 명으로 느낄 수 있기 때문이다. 세계 인구가 70억 명이고 페이스북의 MAU가 25억 명이 넘는데 넷플릭스의 유료 가입자가 언젠가 5억 명이 될 가능성이 충분하지 않을까? 핀듀오듀오의 가파른 성장을 이해할 수 있었던 지표 또한 MAU에 기인한다. 핀듀오듀오는 불과 2년 전 3억 명 수준에서 현재 알리바바의 턱밑까지 추격해서 7억 명에 가깝게 급속도로 성장했다.

이러한 가치평가 방법을 위한 보조지표를 꾸준히 상상력을 동원해서 발굴하는 것이 생각의 상자에 갇히지 않고 남들과 차이를 만들어내는 탁월한 투자가의 자질이라 믿는다. 교과서에 나온 방법에만 매몰되어 회계 수치에서만 답을 찾는다면 탁월함을 만들어내기 어렵다.

▌넷플릭스의 숨겨진 자산

넷플릭스는 이 시대를 대표하는 콘텐츠 플랫폼이기에 자세히 들여다볼 필요가 있다. 넷플릭스가 연간 콘텐츠에 투자하는 비용은 과거 2조 5,000억 원 수준에서 최근에는 15조 원이 넘는 수준으로 지속 증가하고 있다.

넷플릭스가 콘텐츠에 투자한 금액의 상당 부분을 연간으로 나눠서 회계적인 비용으로 인식을 하는데 이것을 콘텐츠 무형자산상각 amortization이라고 한다. 이 금액도 연간 10조 원이 넘는다. 실제 비즈니스 현장을 생각해보면 콘텐츠에 투자한 콘텐츠 회사가 콘텐츠 투자금액을 3~4년 내에 다 비용으로 인식하는 것이 맞을까? 물론 보수주의 회계원칙에 따라서 올바른 회계처리임에는 틀림이 없다. 하지만 나는 재무제표 너머에 숨겨진 가치를 생각해야 좋은 투자를

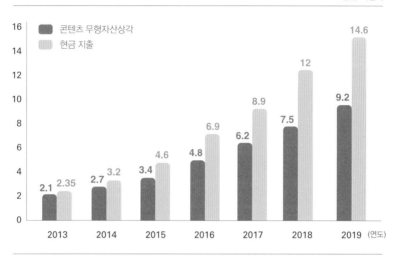

넷플릭스의 연간 콘텐츠 투자 금액

단위: 억 달러

콘텐츠 무형자산상각
현금 지출

Next Level Finance

할 수 있다는 믿음을 가지고 있기 때문에 현재의 회계기준이 미래 콘텐츠플랫폼의 가치를 제대로 반영하지 못하는 것 아닌가 생각한다. 실제 콘텐츠 자산은 공중으로 증발하는 것이 아니라 축적되고 쌓여 시너지를 낸다.

실제로 수십 년 전에 제작된 〈프렌즈〉라는 미국드라마는 넷플릭스에서 스테디셀러다. 영어 공부를 위해서, 추억에 빠지기 위해서 등 다양한 목적으로 예전에 봤던 프로그램을 다시 시청한다. 이 경우 〈프렌즈〉란 콘텐츠는 영속적으로 현금을 창출하는 자산이 되는 것이다.

하지만 이미 대부분 회계적으로 비용으로 인식했기에 매출이 추가적인 투자 없이 툭 하고 하늘에서 떨어지는 것처럼 나타나게 된다. 그만큼 현재 넷플릭스의 콘텐츠 자산에 대한 회계 인식이 보수적이다. 따라서 이러한 숨겨진 잠재적 자산에 대한 아이디어도 기업 가치평가에 활용할 수 있다. 물론 PER이 90배를 넘어서는 넷플릭스는 전통적인 PER 기준으로 보면 비싼 회사임이 틀림없다. 하지만 나는 이러한 숨겨진 자산을 보고 넷플릭스를 포트폴리오에 담고 있다.

당연히 투자는 입체적인 분석이 필수적이므로 무형자산상각 하나의 요인만으로 평가하지는 않는다. 미국 이외 지역으로의 글로벌 확산 기대감, 넷플릭스 창업자 리드 헤이스팅스 회장에 대한 절대적인 신뢰감, 완벽주의 기업문화 등 종합적인 정략적·정성적 평가를 바탕으로 기업의 전망, 성장성, 상대적 경쟁력 등을 긍정적으로 바라보는 것이다.

▌골드만삭스가 제시한 테슬라의 가치평가 방법론

기업가치평가에도 통념을 벗어난 창조적 상상력이 필요하다고 믿는 사람으로서 깜짝 놀랐던 가치평가 방법론이 있었다. 바로 2016년 세계 최고 투자은행인 골드만삭스에서 내놓은 테슬라에 대한 가치평가 분석보고서였다. 골드만삭스는 내부적으로 아무리 테슬라를 전통적인 개념으로 가치평가 해보려 해도 답이 없었는지 나름의 독창적인 가치평가 방법론을 제시하기에 이르렀다.

2016년 당시 테슬라는 매출이 많은 것도 아니고 이익이 날 가능

골드만삭스의 테슬라 가치평가 분석보고서

	혁신기술	범주	역사적 참고 기간	기업가치 시장규모 연평균 성장률 (2013-2025)	2025년 국제 기업 가치 시장	주당 현재 가치	시나리오 가능성
일론 머스크가 스티브 잡스라면	아이폰	가전 제품	2007~2016E	42%	4,357	$414	11.7%
일론 머스크가 헨리 포드라면	Ford Model T (역사상 최초로 대량생산된 차량)	자동차	1901~1917	46%	5,974	$485	11.7%
일론 머스크가 수리공이라면	세탁기/ 식기세척기/ 냉장고	내구 소모제	1916~1924/ 1947~1955/ 1930~1938	39%	3,317	$343	11.7%
기본 케이스	EV/Model 3: 테슬라 차량 모델	자동차	2017~2025E	33%	2,020	$125	45.0%
단점	EV/Model 3: 테슬라 차량 모델	자동차	2017~2025E	31%	1,633	$61	20.0%
				자동차 사업부문의 가치		$213	
				주당 테슬라 에너지 가치		$37	
				사업부문 6개월 목표 가격		$250	Upside: 22%

출처: 〈골드만삭스 리포트〉

성도 작아서 가치평가하기 어려웠다. 그래서 골드만삭스에서 내놓은 묘안은 테슬라의 기업가치 분석에 테슬라가 아니라 창업가 일론 머스크를 핵심 변수로 넣은 것이다. 일론 머스크가 스티브 잡스급이라면, 일론 머스크가 헨리 포드급이라면, 일반적인 고성장 기업이라면 등 5가지 시나리오를 통해서 테슬라의 기업가치를 평가했다.

결과적으로 일론 머스크가 스티브 잡스 정도라고 가정하면 전기차 시장 자체를 크게 키울 수 있다는 가정이 가능하다. 100년에 한

번 나오는 시대적 흐름을 창조한 시대 창조자가 되는 것이다. 이에 따라 추정된 주가도 헨리 포드로 가정했을 때가 제일 높고 스티브 잡스로 가정했을 때가 그다음이다. 5가지 시나리오를 종합적으로 가중 평균치를 도출했을 때가 213달러였다. 참으로 흥미로운 가치 평가 방법론이었다.

재무분석 교과서에서 전혀 보지 못했던 새로운 방식의 가치평가 리포트를 보고 깜짝 놀랐다. 이후 얼마나 가격 적중력이 있는지 추이를 살펴봤다. 흥미로운 점은 이후 테슬라의 주가가 200~300달러 박스권에서 몇 년째 머물렀다는 것이다. 테슬라는 아무리 어려운 상황에 봉착해도 200달러 이하로는 내려가지 않았다. 이것이 의미하는 바가 무엇인가?

골드만삭스는 미국인의 마음속까지 들여다보며 테슬라의 기업가치를 평가한 것이었다. 테슬라를 보면 대중적 인기에 기반한 가치도 무시할 수 없다는 것을 느끼게 된다. 결과적으로 미국인들이 일론 머스크를 헨리 포드로 보느냐 스티브 잡스로 보느냐에 따라서 주가가 변한다는 게 독창적인 가치평가 방법론이다.

▍박스를 벗어난 생각을 하는 투자가가 되자

다시 강조하지만, 기업가치평가에서도 '박스를 벗어난 생각think out of the box'이 중요하다. 투자는 그래프나 숫자에 갇혀서는 안 된다. 경제를 자연현상처럼 기업을 사람의 인격체처럼 유기체적인 관점에서 바라보아야 한다. 투자는 내가 1~2년 동안 함께할 기업의 창업가와 좋은 팀을 찾는 일이다. 파트너를 만난다는 마음으로 투자대상을 찾으면 생각의 틀도 다양하고 넓어진다.

무언가를 새롭게 공부한다는 것은 쉬운 일이 아니다. 미국과 중국주식에 대한 투자 또한 독자에게 새로운 탐험일 것이다. 이 책은 그러한 여정의 시작점이 되었으면 하는 마음이고 독자가 스스로 꾸준히 미국과 중국의 산업 변화, 기업과 창업가에 대해 리서치를 해나가면서 학습의 깊이와 폭을 넓혀나가길 바라는 마음이다. 꾸준한 자가 투자에서 승리한다.

글로벌 주식투자에 유익한 웹사이트

▌1. 구글

투자는 새로운 정보를 빠르게 취득하는 것이 핵심이다. 스스로 정보를 찾고 자유자재로 활용할 수 있는 역량이 필수적이다. 따라서 반드시 알아야 하는 투자에 유익한 웹사이트를 소개하겠다.

G2 투자에 있어서 가장 유용한 사이트 하나를 꼽으라면 단연 구글이다. 구글은 모르는 게 없고 활용하기도 쉽다. 구글에서 영문 회사명 뒤에 stock만 입력하면 주가와 티커ticker, 주가 그래프가 등장한다. NASDAQ: AMZN은 아마존이란 기업이 나스닥 거래소에 상장되어 있고 검색을 위한 티커가 AMZN이란 것을 의미한다.

그 아래 카테고리는 기간에 따른 주가 추이를 보여준다. 1 year 옆으로 나란히 보이는 5 years를 클릭하면 직전 5년간 그래프가, Max를 클릭하면 아마존의 상장 이후 현재까지 주가 추이가 등장한다.

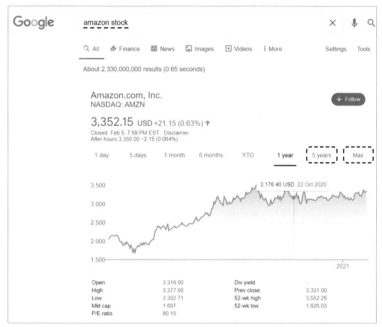

출처: 구글, 2021. 2. 5 기준

YTD는 Year to date의 줄임말로 2021년 올해 1월 1일부터 오늘까지의 주가를 나타낸다.

상단의 금융Finance을 클릭하면 아마존에 대한 보다 자세한 투자 정보가 등장한다.

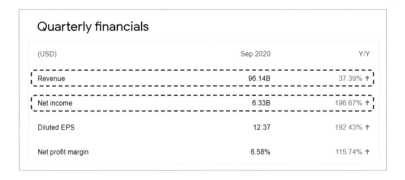

아래로 조금만 스크롤해서 내려보면 분기 재무성보를 연간으로 비교한 수치가 등장한다. 직관적으로 최근 분기에 이 회사가 얼마나 성장하고 있는지 추세를 파악하기 좋은 기능이다. 매출액Revenue은 37%, 순이익Net income은 196%로 얼마나 성장했는지를 확인할 수 있다. 매출 성장세보다 더 무섭게 순이익이 늘어나고 있는 상황이 아마존의 최근 재무 현황이다.

비교Compare를 클릭하고 돋보기 창에 비교하기 원하는 기업명 혹은 티커를 영문으로 기입하면 아마존과 비교 주가 추이도 파악할

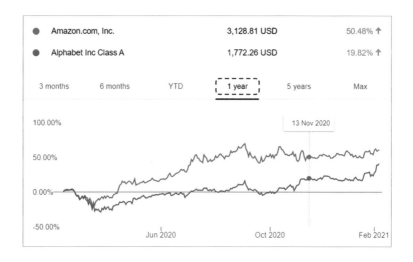

수 있다. 아마존과 구글의 주가 추이를 지난 1년간 비교한 그래프는
위와 같다.

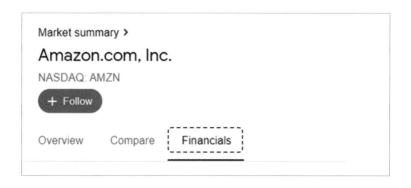

구글파이낸스 메인화면 상단에서 재무Financials를 클릭하면 아래와
같이 최근 4분기의 재무수치를 각각 확인할 수 있다. 매출, 순이익,
마진, 영업이익, 순현금의 증감, 현금 보유량 등이 확인 가능하다. 핵
심적 재무 수치를 간명하게 잘 요약해서 더 유용하다. 항상 느끼지
만 구글은 정말 똑똑하다.

Quarterly financials

	SEP 2020	JUN 2020	MAR 2020	DEC 2019
(USD)			Sep 2020	Y/Y
Revenue			96.14B	37.39% ↑
Net income			6.33B	196.67% ↑
Diluted EPS			12.37	192.43% ↑
Net profit margin			6.58%	115.74% ↑
Operating income			6.19B	105.1% ↑
Net change in cash			-7.64B	1397.11% ↓
Cash on hand			29.93B	28.7% ↑
Cost of revenue			57.11B	38.26% ↑

▎2. 야후파이낸스

야후는 1994년에 시작된 1세대 인터넷 검색엔진의 대명사다. 하지만 구글에 압도당하며 2017년에 버라이즌Verizon에 인수되면서 서비스의 명맥만 간신히 유지하는 수준이다. 하지만 야후파이낸스만큼은 공짜 서비스 중에 압도적인 유용성, 사용자 편의성을 통해 여전히 리딩 포지션을 가져가고 있다. 구글의 파이낸스 기능은 최근 2~3년 사이에 강화되었고, 전통의 금융 정보 강자는 야후 파이낸스다. 그럼 야후파이낸스의 기능을 하나씩 살펴보자.

출처: Yahoo Finance

우선 구글에서 야후파이낸스Yahoo Finance를 검색해서 메인화면 상단의 검색창에 회사명 Amazon을 입력해보면 자동으로 티커 AMZN이 검색 결과에 나타난다. 구글보다 금융 정보에 특화된 것을 시작부터 느낄 수 있다. 나는 이동 중에 스마트폰으로 검색할 때는 구글을 활용하고, 책상에 앉아서 PC로 제대로 분석하고자 할 때는 무조건 야후파이낸스를 사용한다. 더 깊이 있고 입체적인 내용을 보여줘 작업 효율이 한껏 올라가기 때문이다.

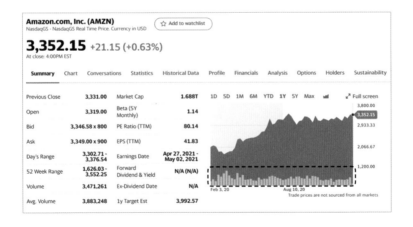

야후파이낸스를 이용하면 주가 그래프와 함께 거래량도 파악할 수 있다. 하단의 옅은 연두색 막대그래프는 거래량을 나타낸다. 주가가 상승하고 하락할 때 주가를 거래량과 함께 보는 것은 중요하다.

시장에 열기와 공포가 얼마나 강력한지 파악하기 좋은 지표이기 때문이다. 주가가 급락 혹은 급등할 때, 통상 거래량도 동시에 증가한다. 그만큼 관심에 따라 사고파는 행위가 활발해지기 때문이다.

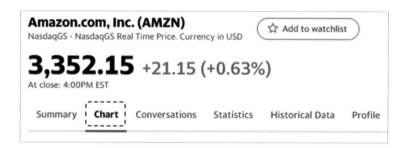

야후파이낸스의 주가 그래프를 확인하기 위해서 두 번째 탭인 차트Chart를 클릭한다. 야후파이낸스의 주가 그래프는 활용도가 높다. 그래프 위에서 마우스를 오른쪽으로 왼쪽으로 움직이면 과거 특정 기간의 그래프로 쉽게 이동할 수 있다. 마우스 왼쪽 버튼을 누른 상태에서 그래프를 왼쪽으로 쭉 이동시키면 1997년부터 2001년 기간의 아마존 주가를 확인할 수 있다. 아래 표는 2000년도 닷컴버블의 흥분과 공포를 한눈에 느낄 수 있는 그래프다.

1997년 6월에는 1.5달러 하던 아마존 주가가 1999년 12월 10일 106달러까지 상승한다. 그야말로 주가 백배 상승의 신화를 쓴 것이다. 하지만 이후 닷컴버블이 붕괴하면서 2001년 초에는 8달러대까지 폭락한다. 날개 없이 추락한 주가와 함께 아마존은 닷컴버블 공포를 상징하는 기업으로 월가에 트라우마를 남겼다.

과도한 흥분과 공포는 기술 진보와 상관없이 자본시장 역사에 항상 반복되는 루틴이다. 어쩌면 인류의 본성에 각인된 불가피한 패턴인지도 모른다. 만약 그렇다면 우리는 과거의 기록을 되새기며 다시 음미하고 다가올 닷컴버블에 대비해야 하는지도 모른다. 그런 맥락에서 야후파이낸스의 과거 주가 추이를 구간별로 추적할 수 있는 기능을 자주 사용해야겠다.

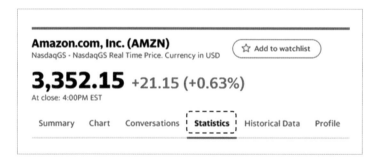

야후파이낸스의 각종 재무 분석 수치를 확인하기 위해서 아래 네 번째 탭인 통계Statistics를 클릭한다. 재무분석 수치 화면에 가장 먼저 등장하는 내용은 기업 가치평가Valuation Measures에 대한 내용이다. 기업 가치평가에 사용되는 각종 지표의 계산 값이 친절하게 제공된다.

Amazon.com, Inc. (AMZN)

NasdaqGS - NasdaqGS Real Time Price. Currency in USD

☆ Add to watchlist

3,352.15 +21.15 (+0.63%)

At close: 4:00PM EST

Summary　Chart　Conversations　**Statistics**　Historical Data　Profile　Financials　Analysis　Options　Holders　Sustainability

Currency in USD

Valuation Measures		Trading Information	
Market Cap (intraday) [5]	1.69T	**Stock Price History**	
Enterprise Value [3]	1.7T	Beta (5Y Monthly)	1.14
Trailing P/E	80.14	52-Week Change [3]	57.09%
Forward P/E [1]	50.76	S&P500 52-Week Change [3]	15.95%
PEG Ratio (5 yr expected) [1]	1.73	52 Week High [3]	3,552.25
Price/Sales (ttm)	4.37	52 Week Low [3]	1,626.03
Price/Book (mrq)	18.05	50-Day Moving Average [3]	3,231.53
Enterprise Value/Revenue [3]	4.42	200-Day Moving Average [3]	3,193.73
Enterprise Value/EBITDA [6]	35.41	**Share Statistics**	
		Avg Vol (3 month) [3]	3.88M

앞서 본문에서 살펴보았던 PER은 이 표에 Trailing P/E로 등장한다. 한국에서는 주가수익비율을 PER로 보통 표기하고 미국에서는 P/E Ratio로 표기한다. 야후파이낸스에서는 가장 최근의 재무실적 4분기 순이익을 합산하여 가장 싱싱한 수치를 제공하겠다는 의지를 담아 Trailing PER 수치를 제공하고 있다. 누적 4분기의 순이익을 합산하는 작업을 직접 한다면 30분 이상 소요되는 귀찮은 작업이다. 하지만 야후파이낸스에서는 이러한 누적 수치 합산 작업이 자동화되어 결과물을 보여주고 있어 편리하고 유익하다.

아마존의 Trailing P/E는 80배에 달하지만 Forward P/E 수치는 50배로 뚝 떨어지는 것을 확인할 수 있다. 80과 50의 차이는 무엇을 이야기하는가? Forward P/E는 향후 실적 전망치에 근거한 수치다. 향후 아마존의 순이익이 빠르게 상승할 것이란 전망이 시장에 팽배하므로 현재 주가는 미래에는 더 싸게 느껴질 것으로 예상된다는 메시지가 담겨 있다.

하지만 Forward P/E의 기초가 되는 수익 추정치는 역시나 시장 컨센서스Consensus에 기반한 것이므로 맹신할 것은 못 된다. 아마존은 앞서 살펴본 것처럼 예측치를 초과 달성했다. 거꾸로 어떤 기업은 시장 예측치 기대에 못 미치는 실적을 낼 수도 있다. 항상 강조하지만, 주식 분석 전문가들의 추정치는 참고하되 맹신하지 말아야 한다. 애널리스트가 당신의 자산을 책임져주지 않기 때문이다. 자산은 스스로 지키는 것이고 따라서 스스로 분석하는 습관을 기르기 위해 지금 우리는 투자 정보를 다양하고 쉽게 얻을 방법을 익히고 있는 것이 아니겠는가?

Price/Sales는 시가총액을 매출액으로 나눠준 PSR 수치를 나타낸다. 아마존의 기업가치는 매출액의 4.3배 정도다. 데이터플랫폼 기업 중 분야별 1등 기업들의 평균적인 PSR 수치는 3~10배 정도에서 분포한다. 참고로 알리바바 PSR은 7 정도다. 아마존을 PER 측면에서 바라보면 여전히 비싸다고 느낄 수 있지만, 글로벌 유사 기업과 대비해서 아마존의 PSR 수준은 그리 높지 않다.

Profitability	
Profit Margin	5.53%
Operating Margin (ttm)	5.93%

Management Effectiveness	
Return on Assets (ttm)	5.24%
Return on Equity (ttm)	27.44%

야후파이낸스의 재무분석 수치 화면 중간에 수익성 지표가 등장한다. Operating Margin은 영업이익률인데, 아마존의 영업이익률이 5.93%로 그리 높지 않은 것을 확인할 수 있다. 성장성이 강조되는 기업임을 확인할 수 있는 대목이며 향후 현재의 성장성이 유지되는 가운데 시장 지배적 위치에 기반하여 영업이익률이 상승한다면 주가는 다시 한 번 재평가될 가능성도 있는 것을 생각해볼 수 있다.

얼마나 경영을 잘하는지 보여주는 경영진의 효율성Management Effectiveness 지표도 있다. 자기자본이익률Return on Equity, ROE은 주주의 몫인 자기자본을 활용하여 채권자의 몫인 이자 비용을 포함한 각종 비용 및 세금을 제하고 얼마나 많은 당기순이익을 창출하는가를 판단하는 지표다. 아마존의 ROE가 27.4%란 이야기는 아마존의 자본이 20%대의 높은 수익률로 효율적으로 활용되고 있다는 것을 의미한다. 회사가 잘 돌아간다는 이야기다. 거꾸로 세상에 공짜가 없으니 높은 수익을 추구하는 기업인만큼 사업적 리스크를 과감하게 감내하고 있다는 것을 의미하기도 한다.

단순히 수치만으로 ROE가 높은 기업을 찾는 것은 위험한 일이다. 부채를 공격적으로 활용해서 ROE가 높아진 기업일 경우 자칫 재무적 리스크로 인해 사업적 위험에 노출될 가능성도 있기 때문이다. 절대 ROE 수치 하나만을 보고 판단해서는 안 되며 최대한 입체적으로 현상을 바라봐야 한다.

야후파이낸스의 강력한 기능 중 하나는 순이익 추정치와 실제 수치를 나타내는 시계열 그래프다. 아마존의 순이익이 2020년 1분기에는 애널리스트들의 예상보다 못 미쳤고Missed, 2020년 2분기 이후

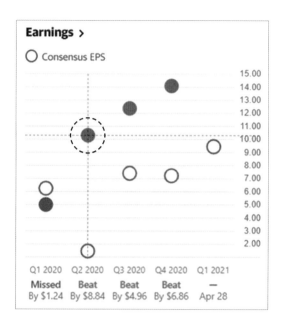

부터 지속 예측치보다 높은 실적을 기록해온 것을 확인할 수 있다. 특히 2020년 2분기는 시장의 예상보다 가장 큰 폭으로 놀라운 순이익을 나타내어 어닝 서프라이즈를 달성했다는 것을 알 수 있다.

아마존의 주가 그래프(최근 1년)를 보면 2020년 연중 2분기에 가장 큰 폭으로 상승했다. 주식에서 실적이 가장 중요한 시그널임을 재차 알 수 있다.

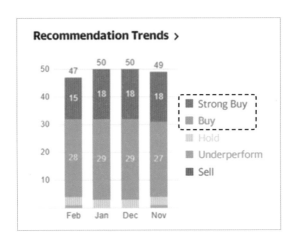

야후파이낸스는 애널리스트의 의견을 집계해서 보여주기도 한다. 일종의 인기투표라고 할 수도 있는데, 아마존을 강력매수하라는 의견을 가진 애널리스트는 18명, 매수하라는 의견은 27명이다. 매도하지 말고 보유만 하라는 의견도 있고 소극적 매도 의견도 있지만 극소수다. 절대다수의 애널리스트들이 아마존 주가의 미래 전망을 좋게 보고 있다는 것을 알 수 있다.

매수 의견의 강도를 나타낸 지표로 1에 가까우면 강력추천, 5에 가까우면 강력매도의 의미를 지닌다. 현재 아마존은 1.7로 강력추천 과 추천 사이에 있다.

아마존을 분석하는 주식 애널리스트들의 목표가 평균값도 나타 낸다. 현재 주가는 3,352달러고 목표가 평균은 3,992달러다. 목표가 대비 약 19% 상승 여력이 있는 것으로 보이나 애널리스트 목표가 역시 수시로 변하므로 현재 19% 상승 여력은 절대적인 지표가 아니 다. 참고용으로 '애널리스트가 현재 상황에서 이 정도 상승은 편안하 게 생각하는구나'라고 이해하고 넘어가면 된다.

위에 설명한 내용 이외에도 야후파이낸스의 기능은 더욱 많다. 시간 내서 본인의 포트폴리오 기업에 대한 정보를 하나씩 쭉 살펴 보면 흥미로운 사실들을 알게 될 것이다.

▎3. 기업의 정보 제공, IR

미국과 중국 상장 기업들 대부분이 공식 홈페이지에 하나의 별도 섹션으로 투자자에게 정보를 제공하는 IR 공식 홈페이지를 운영하고 있다. IR 홈페이지에는 실적 발표, 각종 사업적 중요 공식 뉴스, 재무 회계 공시자료, 전략발표 등이 누적적으로 올라와 있다. 기업에 대한 뉴스 기사 내용은 IR 홈페이지에 기반한다. 따라서 가감 없이 생생한 정보를 얻기 위해 IR 홈페이지를 자주 방문해야 한다. 투자한 기업의 공식 자료도 확인 안 한다면 자신의 투자 자산에 대한 책임을 포기하는 것과 같다.

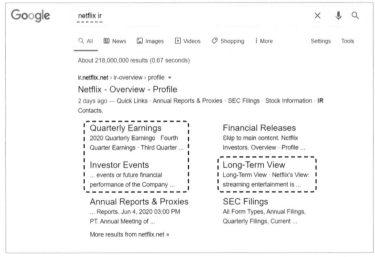

출처: 구글

IR 홈페이지 검색은 간단하다. 구글창에서 영문 회사명 뒤에 IR만 입력하면 IR 홈페이지 링크가 나타난다. 넷플릭스의 IR 자료가 많다보니 구글에서 알아서 분류해서 보여준다. 분기 실적이 궁금하면 Quarterly Earnings, 회사 실적 발표 영상이 알고 싶으면 Investor Events, 장기 전략이 궁금하면 Long-Term View를 클릭하면 된다. 여기서 꼭 봐야 할 내용은 장기 전략이다. Logn-Term View를 클릭하면 아래와 같은 화면이 나온다.

Netflix's View: streaming entertainment is replacing linear TV

People love movies and TV shows, but they don't love the linear TV experience, where channels present programs only at particular times on non-portable screens with complicated remote controls. Now streaming entertainment - which is on-demand, personalized, and available on any screen - is replacing linear TV.

Changes of this magnitude are rare. Radio was the dominant home entertainment media for nearly 50 years until linear TV took over in the 1950's and 1960's. Linear video in the home was a huge advance over radio, and very large firms emerged to meet consumer desires over the last 60 years. The new era of streaming entertainment, which began in the mid-2000's, is likely to be very big and enduring also, given the flexibility and ubiquity of the internet around the world. We hope to continue being one of the leading firms of the streaming entertainment era.

넷플릭스 보기: 스트리밍 엔터테인먼트는 선형 TV를 대체한다

사람들은 영화와 TV 프로그램을 좋아하지만, 채널이 복잡하고 리모컨이 있는 비휴대용 화면에서 특정 시간에만 프로그램을 제시하는 선형 TV 경험을 좋아하지 않습니다. 이제 모든 화면에서 주문형, 개인화 및 어디서든 볼 수 있는 스트리밍 엔터테인먼트가 선형 TV를 대체하고 있습니다.
 이 정도 규모의 변화는 드뭅니다. 라디오는 선형 TV가 1950~1960년대에 장악할 때까지 거의 50년 동안 지배적인 홈 엔터테인먼트 미디어였습니다. 가정에서 선형 비디오는 라디오를 통한 큰 발전이었고, 매우 큰 기업은 지난 60년 동안 소비자의 욕망을 충족하기 위해 등장했습니다. 2000년대 중반에 시작된 스트리밍 엔터테인먼트의 새로운 시대는 전 세계 인터넷의 유연성과 보편성을 감안할 때, 크고 오래 지속될 것입니다. 우리는 스트리밍 엔터테인먼트 시대의 선도적인 기업 중 하나가 될 수 있도록 노력하겠습니다.

출처: 넷플릭스 홈페이지

역시 미국의 글로벌 리딩 회사는 다르다. 라디오가 1900년대 초반 50년을 지배했고, 유선 TV가 그 후 60년을 지배했다. 그리고 지금은 유선 TV를 스트리밍 엔터테인먼트 산업이 대체하는 시대로 규정한다. 미국의 혁신 창업가들의 습성은 이렇다. 일류를 추구하기보다는 인류를 고민한다. 인류의 미래는 어떠한 모습일지 고민하며 변화를 창조하는 기업이 되려고 노력한다. 자연스럽게 미션이 크고 뚜렷하다. 단순히 돈을 많이 벌었다고 혁신의 에너지가 감소하지 않는 이유다.

IR 홈페이지에 기업이 얼마나 진솔하게 충분히 많은 정보를 공유하는가도 투자자로서 좋은 기업을 판단하는 기준 중 하나다. 한국 대기업들은 사실 투자자에게 전략을 깊이 있게 공유하지 않는다. 반면 미국의 혁신 기업들은 투자자들에게 열정과 진심을 담아 자신이 믿는 미래 방향을 과감하게 주장한다. IR 홈페이지에서 창업가들의 마음을 느낄 수 있을 정도다. 수년간 한 기업의 성장 궤적, 창업가의 주장과 시장의 의심을 동시에 느끼면서 사업 성장에 함께하다 보면 일종의 연대감, 인간적 애정도 생길 정도다.

아마존의 제프 베조스, 넷플릭스의 리드 헤이스팅스, 메이투안의 왕싱. 이들 창업가를 수년간 지켜보면서 공통적으로 미래를 앞서 살아가는 사람들, 인류 습관의 변화를 창조하는 사람들이란 확신을 갖게 되었다. 그러한 인간적 믿음을 갖게 되니 자연스레 사업 본질이 더 잘 보이게 되었다. 결과적으로 어떤 공포가 와도 창업가들을 믿고 진득하게 매도하지 않을 수 있는 담력이 생기게 된 이유도 사람이었다. IR 홈페이지 정보에서 실적만 확인하지 말고 기업을 만드는 사람들의 열정과 진심을 느껴보자.

▌ 4. 미국 공시자료

미국 나스닥, 뉴욕거래소 상장 기업들은 반드시 공시자료를 미국
증권거래위원회 SEC, Securities and Exchange Commission에 제출
해야 한다. SEC의 공시시스템 이름은 EDGAR이다.

EDGAR시스템 검색창에 기업명을 입력하면 공시자료들이 최근
순서대로 리스트화 되어 나타난다. EDGAR 결과 화면은 편의성이
매우 떨어진다. 20년 전 웹검색 결과처럼 글씨뿐이다. 법적으로 공
시해야 하는 모든 공시내용이 있어 투자에 핵심적이지 않은 내용도
많다. 따라서 공시자료의 유형을 사전에 알고 있으면 좋은데, 만약
본인이 회사의 연간 사업보고서를 검색하고 싶다면 10-K로 유형이
분류된다. 수많은 공시자료 중에서 Filings 형태가 10-K인 것을 클릭
하면 된다.

4	Documents	Statement of changes in beneficial ownership of securities Acc-no: 0001065280-21-000060 Size: 4 KB
4	Documents	Statement of changes in beneficial ownership of securities Acc-no: 0001065280-21-000059 Size: 4 KB
4	Documents	Statement of changes in beneficial ownership of securities Acc-no: 0001065280-21-000058 Size: 4 KB
4	Documents	Statement of changes in beneficial ownership of securities Acc-no: 0001082906-21-000002 Size: 5 KB
SC 13G/A	Documents	[Amend] Statement of acquisition of beneficial ownership by individuals Acc-no: 0000834237-21-004869 (34 Act) Size: 13 KB
10-K	Documents Interactive Data	Annual report [Section 13 and 15(d), not S-K Item 405] Acc-no: 0001065280-21-000040 (34 Act) Size: 8 MB
4	Documents	Statement of changes in beneficial ownership of securities Acc-no: 0001065280-21-000039 Size: 8 KB
8-K	Documents Interactive Data	Current report, items 2.02 and 9.01 Acc-no: 0001065280-21-000037 (34 Act) Size: 701 KB
4	Documents	Statement of changes in beneficial ownership of securities Acc-no: 0001065280-21-000036 Size: 5 KB
4	Documents	Statement of changes in beneficial ownership of securities Acc-no: 0001065280-21-000035 Size: 4 KB
4	Documents	Statement of changes in beneficial ownership of securities Acc-no: 0001065280-21-000034 Size: 4 KB
4	Documents	Statement of changes in beneficial ownership of securities Acc-no: 0001065280-21-000033 Size: 5 KB
4	Documents	Statement of changes in beneficial ownership of securities Acc-no: 0001065280-21-000032 Size: 5 KB

▎ 5. 홍콩 공시자료

홍콩증권거래소 공시자료는 HKEXnews라는 웹사이트에서 검색 가능하다. 메인 화면의 Stock Code/Stock Name 창에 회사명 'Tencent'를 입력하면 티커와 함께 자동으로 회사명이 입력완성된다.

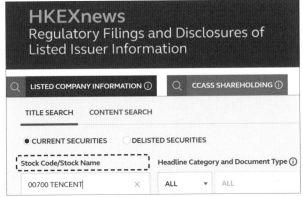

출처: hkexnews.hk

부의 레벨을 바꾸는 미국주식 중국주식

이후 우측에 Search 버튼을 클릭하면 위와 같은 텐센트의 공시자료를 확인할 수 있다.

역시 딱 필요한 공시자료를 솎아보려면 노력이 필요하다. 2020년 반기보고서인 〈Interim Report 2020〉이 중간에 눈에 띈다. 클릭하면 PDF 형식의 반기보고서 원문 114페이지를 확인할 수 있다. 텐센트 홈페이지의 IR 홈페이지에서도 확인할 수 있지만, 모든 기업이 텐센트처럼 성실하게 IR 홈페이지를 관리하지는 않는다. 중요한 공시자료가 홈페이지에 누락되는 경우도 있다. 그러나 공시사이트에 업로드하지 않으면 규정 위반으로 처벌받기 때문에 공시사이트에는 빠짐없이 자료가 올라와 있다. 따라서 IR 홈페이지 관리 수준이 낮은 기업의 경우 반드시 HKEXnews 공시사이트를 통해서 중요한 공시 내용을 꾸준히 확인해야 한다.

티커

개별주식에 부여되는 특정코드(숫자, 라틴문자 등)로 외국기업의 경우 기업명의 표기에 혼동이 있을 경우가 많아 정확히 자신이 투자하고자 하는 종목을 찾기 위해서 정확한 확인이 필수적이다.

Release Time	Stock Code	Stock Short Name	Document	Hide Headline
			CHANGE OF NAME OF PRINCIPAL SHARE REGISTRAR AND TRANSFER OFFICE IN THE CAYMAN ISLANDS (139KB) PDF	
18/09/2020 18:00	00700	TENCENT	Announcements and Notices - [Date of Board Meeting] DATE OF BOARD MEETING (135KB) PDF	
04/09/2020 18:34	00700	TENCENT	Monthly Returns Monthly Return of Equity Issuer on Movements in Securities for the month ended 31 August 2020 (165KB) PDF	
26/08/2020 20:45	00700	TENCENT	Circulars - [Other] NOTIFICATION LETTER AND REQUEST FORM TO NON-REGISTERED HOLDERS (214KB) PDF	
26/08/2020 20:42	00700	TENCENT	Circulars - [Other] NOTIFICATION LETTER AND CHANGE REQUEST FORM TO SHAREHOLDERS (217KB) PDF	
26/08/2020 20:38	00700	TENCENT	Financial Statements/ESG Information - [Interim/Half-Year Report] INTERIM REPORT 2020 (4MB) PDF	
21/08/2020 19:28	00700	TENCENT	Announcements and Notices - [Share Option Scheme] GRANT OF OPTIONS (145KB) PDF	
12/08/2020 16:45	00700	TENCENT	Announcements and Notices - [Interim Results] ANNOUNCEMENT OF THE RESULTS FOR THE THREE AND SIX MONTHS ENDED 30 JUNE 2020 (275KB) PDF	
07/08/2020 22:37	00700	TENCENT	Announcements and Notices - [Clarification of News or Reports - Qualified] CLARIFICATION ANNOUNCEMENT (145KB) PDF	

▎ 6. 투자에 유익한 뉴스 매체

블룸버그Bloomberg

세계 최대 금융 단말기 업체이자 금융 매체다. 금융 기관마다 블룸버그 단말기는 필수적인 정보 터미널로 받아들여지고, 워낙 연간 사용료가 수천만 원에 달할 정도로 비싸서 속칭 '블대리'로 불린다. 실제 블룸버그 단말기의 금융 정보 수집 업무 실력은 웬만한 대리 몇 명보다 효율적일지도 모른다.

〈블룸버그〉의 뉴스 특징은 생생함이다. 시장 분위기를 실시간으로 투명하게 전달한다. 투명하다는 말은 칭찬인 동시에 한계도 담고 있다. 그만큼 자신의 관점이 부족하고 시장의 공포와 흥분을 여과 없이 전달한다. 그래서 주로 속보는 블룸버그 기사에 의존한다. 모바일앱도 사용성이 뛰어나다. 포트폴리오 구성에서 자산 변동 및 주가 추이를 추적하고 모의투자 포트폴리오 시뮬레이션 구성에도 좋은 앱이다. 태블릿으로 활용하면 사용성이 극대화된다.

월스트리트저널WSJ

세계에서 가장 인사이트가 풍부한 경제매체는 당연히 월스트리트저널이 아닐까 싶다. 이 매체는 단순히 현상만을 전달하지 않고 심층 분석을 통해 현상의 이면을 보려고 노력한다. 코로나바이러스의 공포감이 극에 달하고, 유가마저 마이너스를 기록했던 2020년 2~3월에 〈월스트리트저널〉은 단순히 공포에 휩쓸리기보다는 미국 주가 인덱스가 하루에도 8~9%씩 요동치는 상황 이면의 시스템 알고리즘 트레이딩에 근거한 헤지펀드의 역할도 분명히 있다는 내용의 분석기사를 내보냈다. 즉, 과거 불황의 공포 시기와 달리 현재의 금융시장에는 사람과 기계가 공존하면서 투자의사 결정을 내리기 때문에 사람의 합리성을 벗어난 변동성을 기계의 알고리즘 트레이딩 투자 패턴이 극대화한다는 분석이었다.

당시 나는 분석기사를 보고 인덱스의 급등락폭에 집중하기보다는 시장에 팽배한 과도한 공포감을 먼발치에서 바라볼 수 있는 일종의 여유를 갖게 되었다. L자형 불황보다 V자형 반등을 확신할 수 있는 논거로 삼아 2020년 3월에 공격적으로 공포를 이기는 투자를 할 수 있었다. 주식시장의 사상 초유의 변동성은 오히려 기회 요인이 될 수 있다는 실마리를 월스트리트저널 기사의 맥락에서 찾을 수 있었던 것이다. 월스트리트 저널 기자들은 동일한 현상이라도 독립적인 관점에서 분석하며 참신한 기사를 쓰곤 한다. 그들의 수준은 그야말로 월드클래스고 한 분야를 깊이 파고드는 '덕후'다.

시킹알파 Seeking Alpha

정통 매체라기보다는 전문가 혹은 개인의 투자 블로그를 모아 놓은 사이트다. 정통 금융매체와 트위터, 페이스북과 같은 SNS의 중간 형태라고 생각하면 맞다. 내가 좋아하는 분석가를 팔로우할 수 있고 물론 뉴스도 볼 수 있다. 글 쓰는 사람들이 전문기자는 아니지만, 기자나 애널리스트보다 더 깊이 있는 분석을 쓰는 경우도 많다. 인기 저자를 분류하고 나의 포트폴리오에 맞는 인기 분석가들을 추천해 주기도 한다. 모바일앱과 웹사이트 모두 사용하기 편리해서 포트폴리오를 관리하고 관련 뉴스를 검색하고 추천받기에 좋은 도구다.

차이신글로벌Caixin Global

중국 기업 관련 영문 매체 중에서 가장 글로벌 수준에 있는 매체다. 중국 내에서도 신뢰도가 높고 중국 산업과 기업, 경제 정책 동향에 대해서는 역시나 미국 언론보다 중국 로컬 언론이 깊이 있고 정확한 이야기를 한다. 중국 산업, 기업에 대한 분석은 중국 매체를 보는 것이 맞다. 아직 기사의 빈도가 로컬 중국어 경제 매체보나는 훨씬 적은 수준이지만, 중요도가 높은 내용 위주로 업데이트해 기사별 퀄리티는 상당히 높다. 읽을 만한 심층 분석 기사도 종종 등장한다.

사우스차이나모닝포스트SCMP

중국의 정통 민영 매체다. 영문본의 내용이 정치·경제·외교 등 다양한 분야에 풍성한 기사들이 꾸준히 생산된다. 산업에 대한 리서치를 별도로 수행하기도 하고 이를 수백만 원의 비싼 유료 보고서로 판매하기도 한다. 〈차이신글로벌〉과 마찬가지로 중국 국내 산업과 기업에 대한 분석은 미국과 유럽의 매체보다 깊이 있고 생생하다. 참고로 이 매체의 주인은 알리바바 마윈 회장이다. 아마존 제프 베이조스가 워싱턴포스트를 인수한 것과 유사한 맥락이다. 데이터플랫폼 공룡 기업의 수장이 보유한 언론사인 〈사우스차이나모닝포스트〉는 가장 볼 만한 중국 매체 중 하나다.

▎투자 정보 습득을 위한 영어 학습의 필요성

글로벌 투자를 위해 영어 독해 능력은 필수다. 만약 독해 능력이 부족하다면 시간을 갖고 영어 독해 실력을 기르길 추천한다. 정보 습득은 투자의 핵심 역량인데 언어 장벽으로 정보 습득이 어렵다면 막막할 수밖에 없기 때문이다.

물론 구글 번역기의 번역 수준이 최근 2~3년간 현저히 개선되어서 거의 인간 번역사 못지않다. 하지만 본인이 직접 이해한 내용과 번역기가 번역한 내용이 똑같을 수는 없다. 행간에서 맥락을 찾아내려면 가급적 투자 정보를 확인할 수준의 영어 독해 실력을 갖추면 좋다.

투자를 위해 영어 원문으로 뉴스를 자주 접하다 보면 저절로 영어 실력이 향상될 것이다. 돈이 달린 독해라 생각하면 집중도 잘되고 흥미가 생겨 학습 속도도 빨라질 것이다. 오늘이라도 늦지 않았다. 자신이 투자한 기업의 최신 영문 뉴스를 읽으면서 막히는 단어에 밑줄 긋고 암기하면서 영어 공부를 해보라. 유익하고 재미있고 투자 수익도 더 좋아질 것이다.

▎ 켄 피셔의 《주식시장은 어떻게 반복되는가》 ▎

우리는 투자할 때, 신문과 뉴스를 많이 참조한다. 하지만 대부분의 뉴스 보도는 투자에 공포감과 흥분감을 증폭시킬 뿐 투자 의사 결정에 큰 도움을 주지 못한다. 오히려 우리는 과거 반복되어왔던 주식시장의 패턴을 역사 속에서 확인하고, 현재의 뉴스를 독립적이고 비판적인 시각으로 바라볼 필요가 있다. 그래야 남과 다른 의사 결정을 할 수 있고, 탁월한 수익을 달성할 수 있기 때문이다.

아래는 켄 피셔가 우리에게 들려주는 조언이다. 2012년에 출간된 책이지만, 지금 읽어도 오늘의 조언이라고 할 수 있을 만큼 생생하고 적절하다.

- 사람들은 잊는다. 매우 많이, 매우 자주, 매우 빠르게 잊는다! 얼마 지나지 않은 일도 자주 잊는다. 이 때문에 투자에서 실수를 저지른다. 터무니없는 실수를 자주 저지른다. (중략) 우리는 사건, 원인, 결과, 심지어 기분까지도 잊는다. 이렇게 잊는 탓에 지금 이곳에서 벌어지는 일에 대해서만 외골수로 집중하는 경향이 생긴다. (중략) 인류의 이러한 근시안적인 성향은 우연의 결과가 아니라 진화의 소산이다. 인류는 고통을 빨리 잊도록 진화했다. (중략) 고통을 잊는 습성은 생존 본능이다. 그런데 안타깝게도 우리는 교훈마저 잊는다. 그러나 시장은 잊지 않는다. (중략) 투자자는 과거에 커다란 공포감이나 도취감에 휩싸였던 사실도 기억하지 못한다. 과거에도 부채, 적자, 어리석은 정치인, 고유가, 저유가, 과도한 소비 지출, 빈약한 소비 지출 등에 대해 똑같은 공포를 느꼈다는 사실을 기억하지 못한다. 그러나 시장은 기억한다. 각각의 세부 사항은 바뀌어도 투자자의 전반적인 행태는 바뀌지 않는다는 사실을 분명하게 기억한다.

투자 전문가 중에는 시장의 폭락과 불황의 도래, 버블의 붕괴를 걱정하는 부류가 훨씬 많다. 이러한 전문가들을 매체를 통해서 만나게 되면 훨씬 전문적인 판단 능력을 갖춘 것처럼 느껴지고, 사려 깊고, 대중이 알지 못하는 깊은 통찰이 있는 듯한 느낌이 든다. 대부분의 투자가는 이러한 투자 전문가들의 비관론적 우려에 휩쓸려서 자신이 설정한 기업과 산업에 대한 가설을 싹 잊은 채 매도 버튼을 너무나 쉽게 누르는 우를 범하기도 한다. 이에 대한 켄 피셔의 이야기를 들어보자.

- 투자자 중에는 낙관론자보다 비관론자가 많다. 물론 단호한 비관론자마저 행복감에 젖어 낙관론자로 바뀔 때가 있지만(이는 흔히 시장에 위험 신호가 된다), 전반적으로 보면 비관론자가 낙관론자보다 압도적으로 많다. 그러나 주가는 하락할 때보다 상승할 때가 훨씬 많다(상승 빈도가 2분의 2 이상이다). 이 때문에 많은 사람이 원하는 실적을 얻지 못한다. 그래서 "남들이 탐욕을 부릴 때는 두려워하고, 남들이 두려워할 때는 탐욕을 부려야 한다"는 워런 버핏의 말이 유명해졌다.

증시 하락 시 경제 뉴스에서 "이번에는 다르다"는 말로 공포감을 극대화시키는 경우가 빈번하다. 항상 겪는 오류지만, 대중은 항상 똑같은 이유로 이 오류에서 벗어나지 못한다. 우리가 사는 시대가 너무나 특별하게 느껴지지만, 긴 역사의 시간에서 바라보면 그다지 특별하지 않은 평범한 시기다.

- 만일 당신이 '이번에는 다르다'라고 생각한다면 십중팔구 그 생각은 완전히 틀릴 뿐 아니라 값비싼 대가까지 치르게 될 것이다. (중략) 경기 침체를 예로 들면, '다소 차이는 있지만 과거에 우리가 경험한 것과 크게 다르지 않다'는 의미다. (중략) 우리가 독특한 새 시대에 살고 있다는 믿음은 오만에 불과하다. 우리가 살아가는 시대도 이전 세대의 시대와 다르지 않다. 그래서 템플턴 경은 반드시 역사를 공부하고 기억해야 한다고 믿었다. 역사라는 기준점이 없으면 우리는 현재 자신의 위치를 파악할 수 없으며 미래를 합리적으로 예측할 수도 없다.

부의 레벨을 바꾸는 미국주식 중국주식

켄피셔의 주장은 뮤추얼펀드의 선구자였던 존 템플턴 경의 말에 살을 붙인 것이다. 뉴스가 아닌 역사 속에서 지혜를 배우라는 조언을 수십 년의 성공적 투자 경험을 지닌 투자의 현인들이 우리에게 뚜렷한 메시지로 전달해주고 있다. 하지만 우리는 매일 경제 뉴스의 홍수 속에서 이러한 조언을 또다시 잊게 되고, 시장의 공포와 탐욕의 감정에 휘말리게 되는 것이다.

이러한 악순환에서 벗어나서 심리적 자유를 누리고, 수익을 창출하는 투자 근육을 키우고, 궁극의 경제적 자유를 누리기 위해서는 다시 투자의 고전을 가슴에 새기고 이를 통해 부화뇌동하지 않는 단단한 멘탈을 지켜야 할 것이다.

5장

2021년 투자 포트폴리오 37

2021년 투자 포트폴리오 37 활용법

이 책의 마지막 구성으로 미국과 중국의 포트폴리오 기업들에 대한 리스트를 준비해보았다. 미국과 중국주식투자에 대한 책을 썼으니 저자로서 투자할 만한 기업들의 리스트를 제시하는 것은 어찌 보면 당연한 일이다. 40여 개의 종목 중에서 초보자의 경우는 투자의 위험도가 높은 종목은 가급적 투자하지 않거나 전체 포트폴리오에서 비중이 낮게(5% 미만) 매수할 것을 추천한다(참고로 주가는 2021년 2월 기준이다).

방법은 간단하다. 중국 바이오 섹터에 투자하고 싶다면 전체 포트폴리오에서 중국 바이오 섹터 기업의 비중을 약 20% 정도로 한계를 설정하고, 그 20% 내에서 5~7개 종목으로 나눠서 투자하면 위험이 적절히 분산되면서도 중국 바이오산업 성장의 과실을 누릴 수 있을 것이다.

중국 포트폴리오를 구성한다면 대장주에 해당하는 텐센트, 메이투안디엔핑, 알리바바, 징동상청과 같은 기업들을 기본으로 담고, 그 위에 원하는 포트폴리오를 추가로 얹어가는 방식이 바람직하다. 중국 보험산업의 혁신을 좋게 본다면 중안보험을, e스포츠와 스트리밍 산업의 성장을 좋게 본다면 빌리빌리와 후야를 추가하면 된다.

미국 포트폴리오 또한 마찬가지다. 아마존, 알파벳, 넷플릭스와 같이 전 세계인이 이미 생활 속에서 사용하고 있는 플랫폼 기업의 경우 이 시대의 데이터 안전자산 느낌으로 반드시 담아야 할 종목이다. 미국 포트폴리오의 30~50%를 이 세 기업으로 일단 채우고, 그 위에 좀 더 위험하지만 미래적인 가치를 내포하고 있는 종목들로 포트폴리오를 쌓아가면 되겠다.

자율주행과 인공지능 시대에 필수적인 반도체 기업인 엔비디아, 메타버스 시대의 수혜주인 테이크투를 추가할 수 있다. 미래를 남들보다 좀 더 일찍 준비하고 싶다면 리스크와 오랜 투자 기간에도 불구하고 아주 작은 비중으로 크리스퍼테라퓨틱스와 슈뢰딩거를 투자하는 것도 가능하다. 하지만 이런 미래 기대감을 먹고 사는 초고위험군 종목에 높은 비중을 투자하는 것은 과도한 리스크에 노출되는 것이므로 절대 유의해야 한다.

항상 강조하지만, 투자는 가설을 수립하고 검증하기 위해 하는 것이다. 단기적으로 한 방을 노리기 위해 투자하면 투기심만 커질 뿐 투자근육의 성장에는 방해만 된다는 것을 명심해야 한다. 지속 가능한 수익이 여러분의 무형자산이다. 투자가로서 좋은 태도와 건전한 마음가짐을 갖는 것이 당장 내일의 수익 몇 푼보다 몇십 배 중요하다.

여기에 제시된 포트폴리오 종목들은 독자들의 투자에 참조하라고 제시하는 것일 뿐 투자 종목 선정과 투자 의사결정은 전적으로 개인의 책임임을 다시 한번 밝힌다. 자, 이제 나만의 포트폴리오를 만들어 보자.

단계별 포트폴리오 구성법

아래 PSR-G 그래프는 기업가치를 매출액으로 나눈 값인 PSR과 기업의 연간 성장률을 나타낸 것이다. 우측 상단의 영역은 고성장하면서 고평가를 받는 영역이고, 좌측 하단의 영역은 성장성도 낮고 평가도 낮은 기업의 영역이라 할 수 있다. 투자자들의 투자에 대한 자신감과 경험치에 따라 위 그래프에서 각기 다른 투자전략을 추구할 수 있다.

PSR-G 그래프

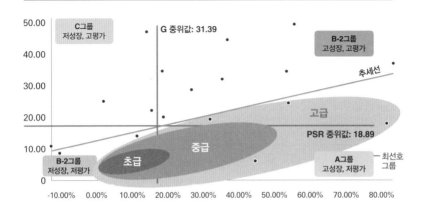

PSR-G 그래프 활용법

초급의 영역에서 중급, 고급의 영역으로 순차적으로 투자를 확장하라. 추세선 상단의 기업들도 예의주시하면서 추세선 하단 이동 예상 시 매수하라. 추세선 상단의 기업은 고평가 상황이다. 하지만 향후 기업의 성장성이 현재보다 더 좋다고 예상된다면 충분히 추세선 하단으로 이동 가능하다. 매출 성장세를 실적 발표에서 매번 확인하면서 그래프상에서 이동하는 궤적을 추적하는 것도 좋은 방법이다.

투자 초급자

너무 높은 위험은 부담된다. 비교적 안전한 투자로 시작하라.	
투자 경력	2년 미만
포트폴리오 개수	15~20개
연간 평균 수익률 타깃	10~12%

성장성은 다소 낮지만, 기업가치 평가 또한 PSR 10배 이하의 비교적 안전한 투자로 포트폴리오를 구성하라. 시장 흐름에 신경 쓰지 말고 농사한다고 생각하며 오랜 기간 흔들림 없을 종목들로 2년 이상 장기 보유하는 것이 좋다. 매수·매도를 빈번히 하지 않도록 유의하고, 가급적 거시경제와 금융시장 유동성 관련 뉴스에서 멀어질 필요가 있다. 미국·중국의 안정성이 높은 거대 데이터플랫폼 위주로 투자한다면 투자 안정성 및 장기적 수익성 측면에서 우상향의 결과를 안정적으로 기대할 수 있다.

투자 중급자

스스로 수익을 낼 수 있다. 새로운 영역 탐색을 꾸준히 해나가야 한다.	
투자 경력	2년 이상, 5년 미만
포트폴리오 개수	20~30개
연간 평균 수익률 타깃	15% 이상

초급자 포트폴리오에서 확장하여 PSR 20배까지 감내하며 투자하라. 다소 비싸지만, 성장성 높은 주식도 일부 포트폴리오에 추가하는 것을 추천한다.

투자 고급자

위험을 관리할 능력이 있다. 남보다 빠르게 새로운 산업에서 진주를 발견하라.	
투자 경력	5년 이상
포트폴리오 개수	30개 이상
연간 평균 수익률 타깃	20% 이상

중급자 포트폴리오에서 확장하여 PSR 30배 수준까지도 감내하며 투자하라. 무서운 속도로 성장하는 영역에도 위험 무릅쓰고 투자하며 종목별 투자원금의 상당한 손실도 감내 가능하다. 충분한 분산을 통해 동적으로 위험을 관리하고, 투자 종목수가 30개 이상이므로 높은 위험의 종목에서 큰 이슈가 발생하더라도 손실이 제한적이다.

기업명	텐센트	사업성장성	★ ★ ★ ★
티커	0700	투자위험도	★
거래소	홍콩거래소	기업문화	★ ★ ★ ★
시가총액	7조 2,560억 HKD	섹터	데이터플랫폼
PER (TTM)	49.51	국가	중국
PSR (TTM)	13.31	주가	757.0 HKD

	투자 하이라이트
1	텐센트는 중국의 종합 인터넷 기업으로서 주요 사업영역은 온라인게임, 핀테크, SNS, 온라인광고다. 2020~2025년의 동안 온라인게임시장은 313억 USD로 (CAGR 8%)[1], 핀테크시장은 19조 6,000억 USD로(CAGR 23.6%)[2], SNS시장은 708억 USD로(CAGR 18%)[3] 성장할 것으로 전망된다.
2	동사는 LoL, 발로란트, 왕자영요 등 글로벌 메가히트 게임들을 퍼블리싱하는 세계 최대의 게임기업이다. 직접 퍼블리싱하지 않더라도 수많은 게임에 자금투자한 만큼 글로벌 게임시장 성장의 수혜를 온전히 받을 수 있다.
3	위챗은 중국 1위 SNS로 동사는 이에 위챗페이를 연동하여 '핀테크-SNS 연계 생태계'를 구축했다. 지속적인 서비스 개선으로 젊은 층의 충성도를 제고하고 트래픽을 유지함으로써 고객을 텐센트의 생태계에 락인하는 효과를 가져온다. 이에 따라 시장의 성장에 발맞춰 안정적인 성장세를 이어갈 것이 확정적이다.
4	동사는 직접사업 외에도 다양한 분야의 지분투자를 통해 성장동력을 유지한다. 메이투안(18.1%), 핀듀오듀오(16.5%), 징동닷컴(17.9%) 등의 지분을 매입해 전략적 제휴를 가져감으로써 지속적으로 생태계를 넓혀가고 있다.
5	동사는 TTM PER 49.5를 기록했다. 명백한 저평가는 아니지만 2020년 순이익 증가율이 30%에 달할 것으로 가정하면 PEG 1.5~1.6 수준의 매력적인 밸류에이션을 보유했다.
6	**리스크 요인** 밸류에이션도, BM도 모두 훌륭하다. 굳이 리스크를 꼽자면 중국이 알리바바의 불공정거래행위에 대해 반독점조사에 착수한 만큼 정치적 리스크를 감안할 필요가 있다.

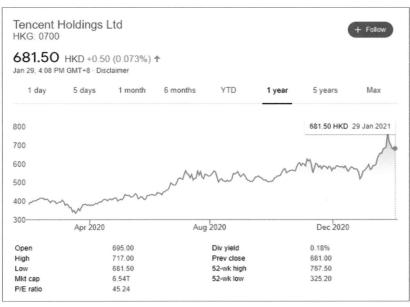

出처: 구글

Breakdown	TTM	12/31/2019	12/31/2018	12/31/2017
› Total Revenue	377,289,000	377,289,000	312,694,000	237,760,000
Cost of Revenue	209,756,000	209,756,000	170,574,000	120,835,000
Gross Profit	167,533,000	167,533,000	142,120,000	116,925,000
› Operating Expense	70,961,000	70,961,000	64,109,000	46,478,000
Operating Income	84,127,000	96,572,000	78,011,000	70,447,000
› Net Non Operating Interest Inc...	-1,376,000	-1,376,000	-329,000	880,000
Pretax Income	109,400,000	109,400,000	94,466,000	88,215,000
Tax Provision	13,512,000	13,512,000	14,482,000	15,744,000
› Net Income Common Stockhold...	88,908,000	93,310,000	78,719,000	71,510,000
Average Dilution Earnings	-708,000	-708,000	-	-
Diluted NI Available to Com Stock...	92,602,000	92,602,000	78,719,000	71,510,000
Basic EPS	-	0.0099	0.0083	0.0076

出처: 야후파이낸스

기업명	알리바바	사업성장성	★★★★
티커	BABA	투자위험도	★★★
거래소	나스닥	기업문화	★★★
시가총액	7,396억 USD	섹터	전자상거래
PER (TTM)	29.38	국가	중국
PSR (TTM)	7.26	주가	254 USD

투자 하이라이트	
1	중국 B2C 이커머스 시장은 2020~2024년의 동안 연평균 31% 성장하여 3조 8,510억 USD에 달할 것으로 전망된다.[4]
2	동사는 2019년 중국 이커머스 소매시장의 56%를 보유한 과점기업으로[5] 매출의 84%가 이커머스에서 발생했다. 중국 이커머스 시장의 가장 큰 수혜를 받을 수밖에 없는 기업이다. FY2017~FY2020의 매출액 성장률은 연평균 48%다. 이커머스 역량을 강화하고자 국내외 물류경쟁력을 강화하고 있다는 점에서 지속적인 경쟁력을 확보할 것으로 판단된다.
3	클라우드 매출은 10%로 이커머스에 이은 두 번째 매출원이다. A주 상장사의 60%가 동사의 고객이라는 점에서 중국 내 클라우드 경쟁력은 분명하며 1H21 내에 EBITDA Margin이 흑자전환할 것으로 기대되는 만큼 추가적인 성장이 기대된다.
4	동사는 TTM PER이 29.7 수준으로 동종업계와 비교해봐도 현저한 저평가 구간이다. FY2016~2020 순이익 성장률은 연평균 20%로 PEG 1.5의 매우 매력적인 가격에 있다.
5	**리스크 요인** 1. 동사는 중국당국의 반독점제재의 첫 번째 조사대상으로 선정되었다. 당국의 제재에 따라 입점업체들과의 교섭력이 약화될 경우 사업의 성장성과 수익성이 타격을 받을 수 있다. 2. 2위인 징동닷컴과 3위인 핀듀오듀오와의 격차는 여전히 크지만, 중소형 업체들의 성장이 워낙 빠르므로 알리바바의 시장점유율은 차츰 영향을 받을 수 있다.

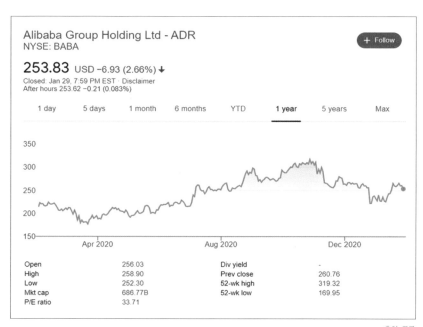

Alibaba Group Holding Ltd - ADR
NYSE: BABA

+ Follow

253.83 USD −6.93 (2.66%) ↓
Closed: Jan 29, 7:59 PM EST · Disclaimer
After hours 253.62 −0.21 (0.083%)

| 1 day | 5 days | 1 month | 6 months | YTD | **1 year** | 5 years | Max |

Open	256.03	Div yield	-
High	258.90	Prev close	260.76
Low	252.30	52-wk high	319.32
Mkt cap	686.77B	52-wk low	169.95
P/E ratio	33.71		

출처: 구글

| Summary | Chart | Conversations | **Statistics** | Historical Data | Profile | Financials | Analysis | Options | Holders | Sustainabi |

Currency in USD

Valuation Measures

Market Cap (intraday) [5]	689.02B
Enterprise Value [3]	685.4B
Trailing P/E	27.26
Forward P/E [1]	20.45
PEG Ratio (5 yr expected) [1]	47.88
Price/Sales (ttm)	N/A
Price/Book (mrq)	10.24
Enterprise Value/Revenue [3]	N/A
Enterprise Value/EBITDA [6]	N/A

Financial Highlights Currency in CNY.

Trading Information

Stock Price History

Beta (5Y Monthly)	0.99
52-Week Change [3]	19.11%
S&P500 52-Week Change [3]	14.32%
52 Week High [3]	319.32
52 Week Low [3]	169.95
50-Day Moving Average [3]	246.66
200-Day Moving Average [3]	268.88

Share Statistics

Avg Vol (3 month) [3]	27.12M
Avg Vol (10 day) [3]	15.62M

출처: 야후파이낸스

기업명	메이투안디엔핑	사업성장성	★★★★
티커	3690	투자위험도	★★
거래소	홍콩거래소	기업문화	★★★★★
시가총액	2조 5,200억 HKD	섹터	데이터플랫폼
PER (TTM)	306.57	국가	중국
PSR (TTM)	19.98	주가	355.8 HKD

	투자 하이라이트
1	중국 온라인 식품배달 시장은 2021년 569억 USD에서 연평균 5.9% 성장하여 2024년 676억 USD에 달할 것으로 전망된다.[6] 중국 온라인 식료품 시장은 2020년 655억 USD에서 2026년 2,190억 USD로 연평균 22% 성장할 것으로 예상된다.[7]
2	동사의 3Q20 매출액은 354억 위안으로 YoY 28.8% 조정순이익은 21억 위안화로 YoY 5.8% 성장했다. 매출 비중은 음식배달 58.5%, 예약서비스 18.3%, 신사업(요우쉬엔Youxuan, 지역공동구매 등) 23.2%로 구성된다. 연간 거래고객 수(4억 7,600만 명)와 가맹점 수(650만 개) 모두 YoY 9% 대의 성장을 보이며 긍정적인 업황을 보인다. 배달원 수도 400만 명으로 1H 대비 100만 명 증가한 데서 성장 기대감을 읽을 수 있다.
3	배달서비스 외에도 메이투안의 요우쉬엔이라는 물류 신사업을 통해 차세대 성장 동력을 확보했다. 본 서비스는 핀둬둬의 둬둬오마이차이DuoDuo Maicai와 경쟁구도에 있는 서비스로 3Q20 기준 YoY 40% 성장했다. 지역사회 밀착형 서비스를 위해 창고와 밸류체인 전반에 투자하고 3선 이하 도시 공략을 통해 연내 서비스 지역을 1,000개까지 확대할 계획이다.
4	**리스크 요인** 동사의 매출액에서 가장 큰 비중을 차지하는 음식배달 서비스는 수익성이 낮다는 단점이 있다. 고부가가치를 창출할 수 있는 신사업 분야의 성장이 요구되는데, 핀둬둬와 다다넥서스 등의 경쟁자가 있다는 점은 리스크 요인이 될 수 있다.

출처: 구글

기업명	징동상청	사업성장성	★ ★ ★
티커	JD	투자위험도	★ ★ ★
거래소	나스닥	기업문화	★ ★ ★
시가총액	1,584억 5,000만 USD	섹터	전자상거래
PER (TTM)	36.79	국가	중국
PSR (TTM)	1.53	주가	99.31 USD

	투자 하이라이트
1	중국 B2C 이커머스 시장은 2020~2024년의 기간 동안 연평균 31% 성장하여 3조 8,510억 USD에 달할 것으로 전망된다.[8]
2	징동상청은 2019년 중국 이커머스 시장의 16.7%를 보유한 2위 업체다.[9] 2016~2019년 동안 매출액은 연평균 31% 성장하였는데, 이는 유사한 기간동안 1위 업체인 알리바바의 성장률(48%) 대비 낮은 수치다. 동사의 3Q20 기준 연간활동고객은 4억 4,000만 명으로 YoY 32.1% 증가했으며, 알리바바(7억 5,000만 명), 핀둬둬(7억 3,000만 명) 대비 확장잠재력이 더욱 남아 있다는 점에서 긍정적이다. 알리바바가 반독점제재를 받을 경우 2위 업체인 징동닷컴은 반사이익을 볼 가능성이 있다.
3	동사는 20년 광군절에 주문 물량의 93%를 24시간 이내에 배송완료할 만큼 강한 물류경쟁력으로 고객 만족도를 제고하여 2,000만 명 이상의 멤버십(JD Plus) 고객을 유치했다. 중장기적으로 이커머스 2인자의 입지를 강화할 수 있을 것으로 판단된다.
4	다다넥서스, 징동건강JD Health은 상장완료했고 징동디지츠JD Digits, 징동물류 JD Logistics 등의 자회사를 연이어 상장하면서 JD Digital Economy 구축에 적극적으로 나서고 있다. 이커머스 강자에서 멀티플랫폼으로 진화할 경우 추가적인 성장잠재력을 기대할 수 있다.
5	동사는 TTM PER이 36.79로 알리바바(29.38) 대비 고평가되어 있다.
6	**리스크 요인** 다다넥서스, 징동건강, 징동물류 모두 대규모 투자 대비 본격적인 수익이 발생하기 전까지 시간차가 존재하는 상황이다. 몇 년 내에 가시적인 실적이 나오지 않을 경우 높은 밸류에이션을 의심받으며 주가가 하락할 가능성이 있다.

出처: 구글

Breakdown	TTM	12/31/2019	12/31/2018	12/31/2017
> Total Revenue	602,012,634	576,888,484	462,019,759	362,331,754
Cost of Revenue	513,239,738	492,467,391	396,066,126	311,516,831
Gross Profit	88,772,896	84,421,093	65,953,633	50,814,923
> Operating Expense	80,262,409	77,088,699	67,935,789	50,806,952
Operating Income	8,510,487	7,332,394	-1,982,156	7,971
> Net Non Operating Interest Inc...	1,251,386	1,060,562	1,263,383	1,566,748
> Other Income Expense	-2,205,032	5,299,576	-1,654,905	-1,453,759
Pretax Income	7,556,841	13,692,532	-2,373,678	120,960
Tax Provision	1,849,244	1,802,440	426,872	139,593
> Net Income Common Stockhold...	5,937,843	12,184,155	-2,491,633	-152,257
Diluted NI Available to Com Stock...	5,937,843	12,184,155	-2,491,633	-152,257

출처: 야후파이낸스

2021년 투자 포트폴리오 37

269

기업명	핀듀오듀오	사업성장성	★ ★ ★ ★
티커	PDD	투자위험도	★ ★ ★ ★
거래소	나스닥	기업문화	★ ★ ★ ★
시가총액	2,410억 USD	섹터	전자상거래
PER (TTM)	n/a	국가	중국
PSR (TTM)	36.71	주가	196.59 USD

투자 하이라이트	
1	중국 B2C 이커머스 시장은 2020~2024년 동안 연평균 31% 성장하여 3조 8,510억 USD에 달할 것으로 전망된다.[10]
2	동사는 2016년에 설립되어 2019년 중국 이커머스 시장의 7.3%를 점유한 3위 업체다.[11] 2017년부터 20년(4Q19~3Q20)까지의 기간 동안 매출액은 연평균 193% 성장하였는데, 이는 1위 업체인 알리바바의 성장률(48%) 대비 압도적으로 높은 수치다. 동사는 엔터테인먼트적 요소를 가미한 '라이브커머스'를 통해 창업한 지 몇 년 되지 않아 확고한 지위를 확보했다. 연간활동고객은 3Q20 기준 7억 3,000만 명으로 YoY 36% 성장한 만큼 중국 이커머스 중 가장 빠른 성장세를 보인다. 추가로 알리바바가 반독점제재를 받을 경우 3위 업체인 핀듀오듀오는 반사이익을 볼 가능성이 있다.
3	3Q20의 지배주주 순이익이 처음으로 흑자전환했다. 판관비의 매출 대비 비중도 지속적으로 감소하고 있는 만큼 기존 예상보다 빠른 수익의 확보가 기대된다.
4	동사는 TTM PSR 36.7을 기록하여 알리바바(7.33), 징동상청(1.67) 대비 상당히 고평가되어 있다. 연간활동고객이 7억 3,000만 명으로 성장 한계에 가까워지고 있다는 점은 고민이 필요한 부분이다.
5	**리스크 요인** 창업주 콜린 황의 사임으로 경영 전략이 변할 수 있다. 알리바바 못지않게 사용자 수가 많아 중국 정부의 대형 플랫폼 사업자에 대한 규제 대상이 될 가능성이 있다. 과감한 신선제품 분야에 대한 투자가 단기간에 재무적으로 부담을 줄 수 있다.

Pinduoduo Inc - ADR
NASDAQ: PDD

165.71 USD −3.65 (2.16%) ↓
Closed: Jan 29, 7:57 PM EST · Disclaimer
After hours 166.00 +0.29 (0.18%)

| 1 day | 5 days | 1 month | 6 months | YTD | **1 year** | 5 years | Max |

151.29 USD 13 Nov 2020

Open	169.60	Div yield	-
High	175.35	Prev close	169.36
Low	165.15	52-wk high	195.11
Mkt cap	203.21B	52-wk low	30.20
P/E ratio	-		

출처: 구글

| Summary | Chart | Conversations | **Statistics** | Historical Data | Profile | Financials | Analysis | Options | Holders | Sustainabilit |

Currency in USD

Valuation Measures

Market Cap (intraday) [5]	203.22B
Enterprise Value [3]	198.28B
Trailing P/E	N/A
Forward P/E [1]	338.18
PEG Ratio (5 yr expected) [1]	89.82
Price/Sales (ttm)	N/A
Price/Book (mrq)	48.28
Enterprise Value/Revenue [3]	N/A
Enterprise Value/EBITDA [6]	N/A

Financial Highlights Currency in CNY

Trading Information

Stock Price History

Beta (5Y Monthly)	1.59
52-Week Change [3]	363.01%
S&P500 52-Week Change [3]	14.32%
52 Week High [3]	195.11
52 Week Low [3]	30.20
50-Day Moving Average [3]	163.80
200-Day Moving Average [3]	113.07

Share Statistics

| Avg Vol (3 month) [3] | 9.94M |
| Avg Vol (10 day) [3] | 6.15M |

출처: 야후파이낸스

기업명	웨이몹Weimob	사업성장성	★ ★ ★ ★ ★
티커	2013	투자위험도	★ ★ ★ ★
거래소	홍콩거래소	기업문화	★ ★ ★ ★
시가총액	670억 HKD	섹터	CRM Cloud, 마케팅
PER (TTM)	n/a	국가	중국
PSR (TTM)	32.14	주가	29.4 HKD

	투자 하이라이트
1	중국 서비스형 소프트웨어 SaaS 클라우드 시장은 2016년 127억 5,000만 위안에서 2020년 473억 4,000만 위안으로 연평균 39% 증가했다. 2020년대에도 글로벌 클라우드 시장의 성장에 맞춰 고성장을 이어갈 것으로 판단된다.[12]
2	2020년 상반기 표적 마케팅Targeted Marketing 서비스의 이용자는 YoY 33.5%, ARPU는 92.1% 증가했다. 서비스형 소프트웨어 서비스의 유료이용자 수는 YoY 26.4% 증가하였으며 ARPU는 10.2% 증가했다. 표적 마케팅의 재광고율은 67.2%로 YoY 10.5%p 증가했다는 점 또한 긍정적인 비즈니스 시그널이다. 웨이몹의 서비스는 대기업뿐만 아니라 SMB 또한 타깃으로 삼고 있다는 점에서 SMB의 온라인 진출 가속화에 가장 큰 수혜를 받을 기업이다. 동사는 2017년 텐센트 내 제3자서비스공급자 중 1위를 기록했다.[13]
3	동사는 TTM PSR 32.14를 기록했다. 41.3%의 2년간 연평균 매출성장률을 고려하면 정당화될 수 있으나, 세일즈포스가 24%의 성장률로 TTM PSR 11.2를 기록한다는 점을 참조할 필요가 있다.
4	**리스크 요인** 산업의 성장성이 확실하고 위협적인 경쟁자가 없는 만큼 사업상 리스크는 크지 않다.

출처: 구글

기업명	다다넥서스	사업성장성	★ ★ ★ ★ ★
티커	DADA	투자위험도	★ ★ ★
거래소	나스닥	기업문화	★ ★ ★ ★
시가총액	10억 1,000만 USD	섹터	배달 서비스
PER (TTM)	n/a	국가	중국
PSR (TTM)	18.89	주가	44.56 USD

	투자 하이라이트
1	중국 온라인 식료품 시장은 2020년 655억 USD에서 2026년 2,190억 USD로 연평균 22% 성장할 것으로 전망된다.[14] 2019년 중국의 슈퍼마켓 소비판매 규모는 5,000억 USD로 향후 3년간 연평균 9% 성장이 전망되나 주문형 배달서비스의 침투율은 1.4%에 불과했다. 동사는 슈퍼마켓 주문형 배달 서비스의 침투율이 10.6%까지 성장할 것으로 추정했다. 결제액 기준 연평균 70%의 성장이 기대되는 산업이다.
2	3Q20 다다넥서스의 매출은 YoY 85.5% 증가했고, 적자는 지속되지만 YoY와 QoQ 적자폭을 줄여나가는 모습을 보였다. 동사는 4Q20에 대해서도 QoQ 70~80%의 매출성장을 가이던스로 제시했다. 비슷한 성장세를 보였던 핀듀오듀오가 흑자전환 이전부터 강한 주가흐름을 보였음을 감안한다면 다다넥서스의 주가흐름도 강세를 이어갈 것으로 판단된다. 동사의 비즈니스는 식료품배달플랫폼 Dada Now와 온라인리테일플랫폼 JDDJ로 나뉘며, 각 서비스의 3Q20 누적 해당시장 점유율은 24%다.
3	동사는 TTM PSR 18.9를 기록하고 있다. 절대적으로는 높은 수치나 마찬가지로 폭발적인 시장에 자리잡은 핀듀오듀오(36.71), 니오(49.9), 엑스펑(64.8)에 비해서는 매력적인 수준이다.
4	**리스크 요인** 산업의 성장성은 뛰어나나 그만큼 경쟁이 치열해지고 있는 시장이다. 연평균 구매고객 수 7억 3,000만 명을 기록한 플랫폼인 핀듀오듀오가 지방 3, 4선 도시를 위주로 빠르게 성장하고 있으며, 음식 배달서비스의 압도적인 경쟁자인 메이투안과도 언제든지 경쟁구도에 놓일 수 있다. 텐센트가 징동, 메이투안, 다다넥서스 모두에 투자하고 있기에 파멸적인 경쟁으로 이어질 가능성은 낮다고 판단된다.

출처: 구글

Breakdown	TTM	12/31/2019	12/31/2018	12/31/2017
> Total Revenue	3,672,845	3,099,698	1,922,015	1,217,965
Cost of Revenue	3,322,019	2,845,872	2,044,139	1,592,664
Gross Profit	350,826	253,826	-122,124	-374,699
> Operating Expense	2,043,312	2,003,545	1,854,351	1,212,064
Operating Income	-1,692,486	-1,749,719	-1,976,475	-1,586,763
> Net Non Operating Interest Inc...	72,195	84,276	49,989	22,500
> Other Income Expense	-	-13,370	20,614	101,060
Pretax Income	-1,620,279	-1,678,813	-1,905,872	-1,463,203

출처: 야후파이낸스

기업명	텐센트뮤직	사업성장성	★ ★ ★ ★
티커	TME	투자위험도	★ ★
거래소	뉴욕거래소	기업문화	★ ★ ★ ★
시가총액	44억 2,000만 USD	섹터	음원
PER (TTM)	73.7	국가	중국
PSR (TTM)	10.49	주가	26.36 USD

	투자 하이라이트
1	중국 음원 스트리밍 시장은 2021~2025년 동안 연평균 11.3% 성장하여 34억 USD에 달할 것으로 전망된다. 스트리밍 서비스의 침투율은 2021년 12.2%에서 2025년 18.1%까지 성장할 것으로 예상된다는 점에서 꾸준한 성장여력이 남아 있다고 예상된다.[15]
2	동사는 중국 음원 스트리밍 시장의 1~3위인 쿠거우뮤직Kugou Music(M/S 37%), QQ뮤직QQ Music(29%), 쿠워뮤직Kuwo Music(14%)을 보유한 독과점 사업자다. 2018년 3사 합계 점유율은 80% 수준이다. 5위 사업자였던 알리바바의 씨아미 뮤직Xiami Music이 시장철수를 결정함에 따라 주요 플레이어는 텐센트와 넷이즈 (12%)만 남아 있는 상황이다. 중국 음원 스트리밍 시장의 성장은 텐센트의 성장이라고 봐도 과언이 아니다. 글로벌 레이블과 전략적 제휴를 통해 지속적으로 IP를 확보하여 서비스 품질을 개선하려 노력 중이다.
3	동사는 TTM PSR 10.5에 거래 중이다. 지난 2년 매출성장률은 21.7%으로 음원 시장성장률을 뛰어넘는 만큼 합리적인 수준의 밸류에이션이다.
4	리스크 요인 점유율이 너무나 압도적인 만큼 반독점 규제의 대상이 될 수 있으나, 소비자 입장에서는 별다른 선택지가 없는 상황이므로 비즈니스에 영향은 제한적일 것이라 판단된다.

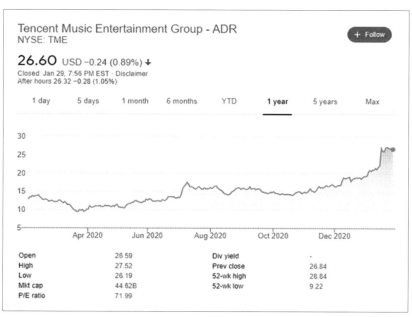

Tencent Music Entertainment Group - ADR
NYSE: TME

26.60 USD −0.24 (0.89%) ↓
Closed: Jan 29, 7:56 PM EST · Disclaimer
After hours 26.32 −0.28 (1.05%)

| 1 day | 5 days | 1 month | 6 months | YTD | **1 year** | 5 years | Max |

Open	26.59	
High	27.52	
Low	26.19	
Mkt cap	44.62B	
P/E ratio	71.99	

Div yield	-	
Prev close	26.84	
52-wk high	28.84	
52-wk low	9.22	

출처: 구글

Breakdown	TTM	12/31/2019	12/31/2018	12/31/2017
> Total Revenue	28,111,000	25,434,000	18,985,000	10,981,000
Cost of Revenue	19,018,000	16,761,000	11,708,000	7,171,000
Gross Profit	9,093,000	8,673,000	7,277,000	3,810,000
> Operating Expense	5,183,000	4,612,000	3,920,000	2,404,000
Operating Income	3,910,000	4,061,000	3,357,000	1,406,000
> Net Non Operating Interest Inc...	553,000	551,000	282,000	93,000
> Other Income Expense	73,000	-72,000	-1,636,000	98,000
Pretax Income	4,536,000	4,540,000	2,003,000	1,597,000
Tax Provision	532,000	563,000	171,000	278,000
> Net Income Common Stockhold...	4,000,000	3,982,000	1,833,000	1,326,000
Diluted NI Available to Com Stock...	4,000,000	3,982,000	1,833,000	1,326,000
Basic EPS	-	0.0024	0.0012	0
Diluted EPS	-	0.0024	0.0012	0
Basic Average Shares	-	1,677,533	1,538,157	1,635,451

출처: 야후파이낸스

기업명	빌리빌리	사업성장성	★ ★ ★ ★ ★
티커	BILI	투자위험도	★ ★ ★ ★
거래소	나스닥	기업문화	★ ★ ★ ★
시가총액	528억 9,000만 USD	섹터	영상 스트리밍
PER (TTM)	n/a	국가	중국
PSR (TTM)	34.67	주가	153.12 USD

	투자 하이라이트
1	중국 영상 스트리밍 시장은 2021년 119억 USD에서 2025년 221억 USD로 연평균 16.7% 성장할 것으로 전망된다. 유저 침투율은 2021년 20.8%에서 2025년 29.1%로 성장할 것으로 예측된다.[16]
2	동사는 모바일 게임과 영상 스트리밍(및 연관매출)의 사업구조를 보유했다. 3Q20 매출액은 4억 7,510만 USD로 YoY 74% 성장했다. 모바일 게임 매출액은 동기 대비 37% 성장에 그쳤으나 영상 스트리밍 관련매출이 빠르게 성장했다. 영상스트리밍의 매출비중은 60%이며 지속적으로 늘어나고 있다.
3	동사는 콘텐츠를 자체개발하지 않고 콘텐츠 공급자들을 통해 공급받는다. 결국 이들을 플랫폼에 Lock-in 시키는 것이 핵심경쟁력이 된다. 동사는 2018년 7월 콘텐츠 공급자들이 플랫폼 내에서 직접 상품을 팔 수 있는 기능을 제공하였으며 외부 브랜드들이 플랫폼을 통해 콘텐츠공급자들과 파트너십을 체결할 수 있도록 지원한다. 8%의 지분을 보유한 알리바바와도 협업하여 콘텐츠공급자들이 타오바오를 빌리빌리와 연동할 수 있도록 지원한다. 스트리밍과 커머스의 융합에 집중하고 있다.
4	동사는 TTM PSR 34.7을 기록해 핀듀오듀오와 유사한 수준의 밸류에이션을 지녔다.
5	리스크 요인 틱톡, 콰이쇼우 등 숏비디오 플랫폼들과의 경쟁이 심화됨에 따라 콘텐츠 공급자들을 유치하기 위한 경쟁 또한 치열해져 수익성이 타격받을 수 있다.

Breakdown	TTM	12/31/2019	12/31/2018	12/31/2017
> Total Revenue	10,166,618	6,777,922	4,128,931	2,468,449
Cost of Revenue	7,872,651	5,587,673	3,273,493	1,919,241
Gross Profit	2,293,967	1,190,249	855,438	549,208
> Operating Expense	4,951,517	2,685,424	1,584,411	773,480
Operating Income	-2,657,550	-1,495,175	-728,973	-224,272
> Net Non Operating Interest Inc...	16,030	116,239	68,706	1,483
> Other Income Expense	89,537	111,233	121,234	47,920
Pretax Income	-2,551,983	-1,267,703	-539,033	-174,869
Tax Provision	45,534	35,867	25,988	8,881
> Net Income Common Stockhold...	-2,566,746	-1,288,973	-616,325	-312,994
Diluted NI Available to Com Stock...	-2,566,746	-1,288,973	-616,325	-312,994
Basic EPS	-	-0.004	-0.0026	-0.0013
Diluted EPS	-	-0.004	-0.0026	-0.0013
Basic Average Shares	-	323,162	233,048	237,084
Diluted Average Shares	-	323,162	233,048	237,084
Total Operating Income as Reported	-2,657,550	-1,495,175	-728,973	-224,272
Total Expenses	12,824,168	8,273,097	4,857,904	2,692,721
Net Income from Continuing & Dis...	-2,566,746	-1,288,973	-551,720	-183,750

기업명	후야	사업성장성	★★★★
티커	HUYA	투자위험도	★★★
거래소	뉴욕거래소	기업문화	★★★★
시가총액	80억 USD	섹터	콘텐츠 스트리밍
PER (TTM)	67.43	국가	중국
PSR (TTM)	5.13	주가	34.01 USD

투자 하이라이트	
1	중국 게임 스트리밍 시장은 2017년 81억 위안에서 2019년 178억 위안으로 2년간 연평균 48% 성장했다. 이후 3년간 연평균 24% 성장해 2022년 342억 위안에 달할 것으로 전망된다.[17]
2	동사는 중국 게임 스트리밍 대표기업으로서 3Q20 매출액은 28억 1,000만 위안으로 YoY 24.3%, 순이익은 2억 5,300만 위안으로 YoY 105.3% 성장했다. 1억 7,300만 명으로 YoY 18.3%, 유료결제 회원수는 6백만 명으로 YoY 13.2% 증가했다. 유료결제 비율은 3.5%이며 ARPU의 증가율은 5% 수준으로 수익성에서 큰 강점을 보인다고 판단할 수는 없다.
3	동사는 20년 10월 게임 스트리밍 기업인 도우위의 지분을 100% 인수함으로써 합병을 발표했다. 합병 후 결합점유율은 80%를 넘어설 것으로 전망됨에 따라 동사는 중국 게임 스트리밍 시장의 성장을 온전히 누릴 것으로 판단된다.[18]
4	동사는 TTM PSR 5.13을 기록했다. 도우위와의 합병이 2021년 상반기 중으로 완료되면 동사의 성장하단은 게임 스트리밍 시장의 성장일 것이다. 현재의 주가는 매력적인 수준이라고 판단된다.
4	**리스크 요인** 합병 완료 시 명실상부한 독점적 지위자나, 마땅한 경쟁자도 없을뿐더러 불공정 거래행위가 없는 이상 반독점제재로 인한 리스크는 제한적일 것으로 판단된다.

HUYA Inc - ADR
NYSE: HUYA

+ Follow

25.89 USD +0.16 (0.62%) ↑
Closed: Jan 29, 6:29 PM EST · Disclaimer
After hours 25.60 −0.29 (1.12%)

| 1 day | 5 days | 1 month | 6 months | YTD | **1 year** | 5 years | Max |

Open	25.60	Div yield	-
High	26.66	Prev close	25.73
Low	25.49	52-wk high	30.62
Mkt cap	6.09B	52-wk low	11.78
P/E ratio	50.25		

출처: 구글

Breakdown	TTM	12/31/2019	12/31/2018	12/31/2017
› Total Revenue	10,391,502	8,374,501	4,663,440	2,184,816
Cost of Revenue	5,382,047	6,892,579	3,933,647	1,929,864
Gross Profit	2,136,966	1,481,922	729,793	254,952
› Operating Expense	1,497,737	1,220,544	703,131	349,818
Operating Income	639,229	261,378	26,662	-94,866
› Net Non Operating Interest Inc...	327,719	304,491	156,549	14,049
› Other Income Expense	-5,474	1,157	-2,285,172	-
Pretax Income	961,474	567,026	-2,101,961	-80,817
Tax Provision	167,098	96,078	-50,943	0
Earnings from Equity Interest Net ...	-3,709	-2,775	113,329	-151
› Net Income Common Stockhold...	790,667	468,173	-2,506,312	-80,968
Diluted NI Available to Com Stock...	790,667	468,173	-2,506,312	-80,968
Basic EPS	-	0.0022	-0.015	0
Diluted EPS	-	0.002	-0.015	0

출처: 야후파이낸스

기업명	베이커자오팡Beike Zhaofang	사업성장성	★ ★ ★ ★ ★
티커	BEKE	투자위험도	★ ★ ★
거래소	뉴욕거래소	기업문화	★ ★ ★ ★
시가총액	793억 6,000만 USD	섹터	온라인 부동산
PER (TTM)	n/a	국가	중국
PSR (TTM)	8.51	주가	67.32 USD

투자 하이라이트

1	2019년 중국 주거용부동산 시장은 22조 3,000억 위안으로 2024년까지 연평균 6.6%의 속도로 성장할 것으로 전망된다.[19] GDP 대비 22.5%의 시장임에도 거래방식은 현대화되지 않아 낮은 효율성을 보였다.
2	동사는 중국 부동산중개시장 1위 플랫폼으로서 3Q20 총거래대금은 1조 500억 위안으로 YoY 87.2% 상승하였으며 조정순이익은 19억 위안으로 YoY 211% 상승했다. MAU는 4,790만 명으로 YoY 82.1%, 등록중개인 수는 47.8만 명으로 YoY 51% 증가했다. 동사의 가장 큰 경쟁력은 고객지향형 서비스다. 중국 온라인 부동산중개시장은 동사 등 메이저플레이어 이외에도 중소형 경쟁사들이 난립한 상태며, 보증금 사기가 일어나는 등 소비자들의 불안감이 큰 시장이다. 동사는 허위매물 신고제도, 소비자의 중개인 선택권리 보장, 중개료 투명화, 중개인 랭킹시스템에 따른 인센티브 지급 등 고객지향형 서비스를 갖추고 공급자 간의 공정경쟁을 유발하는 시스템을 보유했다.
3	동사는 대부분의 매출이 도시에서 발생하는 특징을 갖고 있으나, 베이징과 상하이에 대한 매출의존도는 2017년 48%에서 2020년 상반기 32.3%까지 빠르게 줄어들었다. 특정도시에 대한 의존도를 줄이고자 청두, 텐진 등 2선 도시들의 오프라인 부동산프랜차이즈와 제휴를 맺어 시장을 개척하고 있다. 전체 시장의 성장보다 빠른 성장이 기대되는 이유다.
4	동사는 TTM PSR 8.51을 기록했다. 최근 2개년의 평균 매출성장률인 47.33%와 앞으로의 성장세를 고려하면 저평가 구간으로 판단된다.
5	리스크 요인 1. 동사는 부동산시장의 거래규모에 큰 영향을 받으므로 경기와 정부정책 등의 변화에 대해 항상 리스크가 노출돼 있다. 2. 각 지역별 부동산 프랜차이즈들과 원활한 제휴가 이뤄지지 않을 경우 신규지역 진출에 난항을 겪을 수 있다.

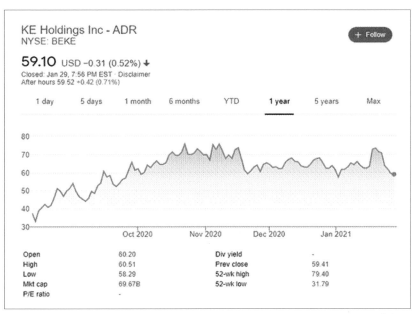

出처: 구글

Breakdown	TTM	12/31/2019	12/31/2018	12/31/2017
› Total Revenue	62,191,875	46,014,906	28,646,499	25,505,698
Cost of Revenue	48,008,477	34,746,862	21,776,523	20,737,641
Gross Profit	14,183,398	11,268,044	6,869,976	4,768,057
› Operating Expense	15,386,459	12,708,773	7,752,479	5,333,760
Operating Income	-1,203,061	-1,440,729	-882,503	-565,703
› Net Non Operating Interest Inc...	220,887	230,339	121,374	81,171
› Other Income Expense	440,245	-65,374	262,064	346,194
Pretax Income	-541,929	-1,275,764	-499,065	-138,338

出처: 야후파이낸스

기업명	중안보험	사업성장성	★ ★ ★ ★
티커	6060	투자위험도	★ ★
거래소	홍콩거래소	기업문화	★ ★ ★ ★
시가총액	815억 7,000만 HKD	섹터	온라인 보험
PER (TTM)	n/a	국가	중국
PSR (TTM)	4.06	주가	55.0 HKD

	투자 하이라이트
1	글로벌 인슈어테크 시장은 2020년 27억 2,000만 USD에서 2028년까지 연평균 48.8% 성장할 것으로 전망된다.[20]
2	동사는 중국 인슈어테크의 대표기업으로서 2020년 242만 9,000명의 MAU를 기록하며 보험서비스분야 앱 랭킹 1위에 올랐다. 2016년의 MAU가 28.7만 명이었음을 고려하면 연평균 71% 상승했다.[21] 코로나바이러스를 거치며 보험서비스에 대해서도 언택트 전환이 선호됨에 따라 동사의 성장도 탄력을 받았다. 중안보험은 플랫폼을 통해 보험 외에도 금융, 재테크, 생활서비스 등의 서비스를 함께 제공함으로써 유저들이 3~4일마다 한 번씩 방문하는 유저 활성도를 기록한다. 전자상거래 반송보험이나 항공기 지연보험, 고객의 건강습관에 따라 보험료가 변동되는 건강보험 등 기존업계와는 차별화된 서비스를 제공하여 소비자들의 마음을 사로잡았다.
3	동사는 2020년 12월 자회사 ZA Tech Global을 통하여 인도네시아 전자지갑 기업인 OVO와 인슈어테크JV를 설립하기로 발표했다. 동월 AIA와는 말레이시아 시장공략을 위한 협력도 발표했다. 2019년에는 그랩Grab과 조인트벤처JV를 설립해 온라인 보험상품을 판매하기 시작했다. 동남아시장은 인구 6억 명, 평균나이 30세로 인슈어테크에 적합하면서도 싱가포르를 제외한 보험 침투율이 3.26%에 불과해 향후 성장이 기대됨(세계평균은 6%).
4	동사는 2H19~1H20 실적 기준 4.1의 PSR을 기록 중이다. 2018년 이후 매출액 성장률이 연평균 32.3%를 감안하면 부담 없는 밸류에이션이다.
5	**리스크 요인** 중안보험은 당초 알리바바, 텐센트, 평안보험이 공동출자하여 설립한 회사다. 텐센트가 2017년 힐하우스 캐피탈 등과 손을 잡고 홍콩에 합자회사를 설립한 것처럼 출자 플랫폼들이 자신만의 보험사를 운영할 경우 경쟁이 심화될 수 있다.

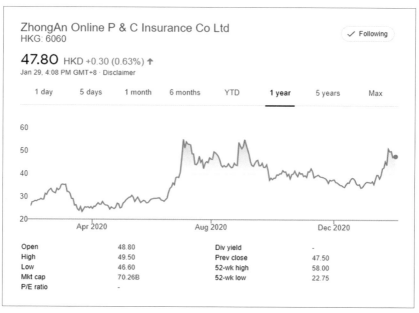

ZhongAn Online P & C Insurance Co Ltd
HKG: 6060

47.80 HKD +0.30 (0.63%) ↑
Jan 29, 4:08 PM GMT+8 · Disclaimer

| 1 day | 5 days | 1 month | 6 months | YTD | **1 year** | 5 years | Max |

Open	48.80	
High	49.50	
Low	46.60	
Mkt cap	70.26B	
P/E ratio	-	

Div yield	-	
Prev close	47.50	
52-wk high	58.00	
52-wk low	22.75	

출처: 구글

기업명	샤오미	사업성장성	★ ★ ★
티커	1810	투자위험도	★ ★
거래소	홍콩거래소	기업문화	★ ★ ★ ★
시가총액	7,064억 6,000만 HKD	섹터	IT제조
PER (TTM)	42.11	국가	중국
PSR (TTM)	2.54	주가	28.0 HKD

	투자 하이라이트
1	글로벌 스마트폰 시장은 2020년 7,150억 USD에서 2026년 1조 3,520억 USD로 연평균 11.2% 성장할 것으로 전망된다.[22] IoT 소비자 지출액은 2017년 1,000억 USD에서 2025년 1조 6,000억 USD로 연평균 41% 성장할 것으로 예상된다.[23]
2	동사는 스마트폰 및 IoT H/W 제조기업으로서 3Q20 매출액은 722억 위안으로 YoY 34.5%, 당기순이익은 49억 위안으로 YoY 93.1% 성장했다. 매출비중은 스마트폰 66%, IoT H/W 16.1%다. 동사는 스마트폰 시장 대비 빠르게 성장하는 IoT 분야에 맞춰 하드웨어 인프라에 기반한 플랫폼으로의 변화를 꾀하고 있다. 기존에 보유한 하드웨어 경쟁력을 바탕으로 핀테크, 이커머스 등의 서비스 또한 공급하고 있다. 해당 서비스들은 매출 기준 30% 수준의 고성장을 지속 중으로 향후 동사의 매출구조를 다변화하는 데 기여할 것으로 판단된다. 지속적인 연구개발로 가전 등의 영역에서 과거의 가성비 브랜드 이미지가 아닌, 프리미엄 브랜드로서의 발전을 이어갈 것으로 예상된다.
3	동사는 TTM PSR 2.54, PER 42.1을 기록했다. 전통적인 제조업으로 판단한다면 다소 높은 밸류에이션이나 IoT의 중심플랫폼이 될 기업으로 판단한다면 저평가되어 있다고 판단된다.
4	**리스크 요인** 동사의 스마트폰 매출 비중은 여전히 높은 편이고, 성장률 또한 IoT 부문에 비해 높다. IoT 부문에서의 가시적인 성장이 관측되지 않을 경우 시장이 실망할 가능성이 크다.

출처: 구글

기업명	니오	사업성장성	★ ★ ★ ★ ★
티커	NIO	투자위험도	★ ★ ★ ★ ★
거래소	나스닥	기업문화	★ ★ ★ ★
시가총액	933억 USD	섹터	스마트 전기차
PER (TTM)	n/a	국가	중국
PSR (TTM)	49.88	주가	59.85 USD

	투자 하이라이트
1	중국 전기차 판매 대수는 2020년 130만 대에서 2025년 600만 대로 연평균 36% 성장하여 전 세계 최대의 전기차 시장으로 부각될 예정이다.[24] 중국이 2035년까지 내연기관차를 퇴출하려고 계획함에 따라 전기차 시장의 성장은 뚜렷할 것으로 판단된다.
2	NIO의 차량 판매 대수는 3Q20 1만 2,206대로 YoY 154%, QoQ 18% 성장하였으며 시장점유율은 3%를 기록했다. 양산화를 통한 규모의 경제로 생산단가 및 대당 판관비는 점진적 하락세를 기록하고 있다. 동사는 차량 판매뿐만 아니라 향후 자율주행 프로그램(NIO PILOT)과 배터리 렌털 서비스(BaaS)를 통하여 반복적인 매출을 창출할 수 있다. 3Q20 기준 선택옵션인 NIO PILOT 이용률은 50%, BaaS는 35% 수준이다.
3	동사는 TTM PSR 49.9를 기록하고 있다. 테슬라(31.5)에 비하면 높지만, 중국 EV 경쟁자인 엑스펑(64.8)에 비하면 낮은 수준이다.
4	리스크 요인 1. 배터리 화재: 동사는 CATL로부터 배터리를 공급받고 있다. CATL의 배터리가 화재가 계속되고 있어 향후 리콜 관련 리스크가 있다. 2. 유상증자: 3Q20부터 EV 사업자들이 일제히 유상증자를 실행했다. 폭발적인 투자가 필요한 단계인 만큼 증자 자체는 정당화될 수 있고 시장도 민감하게 반응하지 않았다. 다만 니오의 지분희석(9.4%)이 가장 컸고, 공모된 자금(17억 USD)의 절반 수준이 자율주행 개발에 투입되었다는 점에서 어떤 가시적인 성과가 나올지 주시해야 한다. 3. 전기차 테마의 변동성: 2020년 주가가 가장 크게 폭등한 산업은 전기차 시장이다. 시장의 기대감은 상당부분 테슬라에 의해 촉발된 측면이 있기에 테슬라가 조정받을 경우 비즈니스에 관계없이 니오에 대한 투자심리도 타격받을 위험이 있다.

出处: 구글

Summary	Chart	Conversations	**Statistics**	Historical Data	Profile	Financials	Analysis	Options	Holders	Sustainabi

Currency in USD

Valuation Measures		Trading Information	
Market Cap (intraday) [5]	88.86B	**Stock Price History**	
Enterprise Value [3]	80.11B	Beta (5Y Monthly)	2.81
Trailing P/E	N/A	52-Week Change [3]	1,303.94%
Forward P/E [1]	-190.00	S&P500 52-Week Change [3]	14.32%
PEG Ratio (5 yr expected) [1]	4,145.47	52 Week High [3]	66.99
Price/Sales (ttm)	N/A	52 Week Low [3]	2.11
Price/Book (mrq)	9.38	50-Day Moving Average [3]	53.19
Enterprise Value/Revenue [3]	N/A	200-Day Moving Average [3]	32.27
Enterprise Value/EBITDA [6]	N/A	**Share Statistics**	
Financial Highlights Currency in CNY		Avg Vol (3 month) [3]	179.77M
		Avg Vol (10 day) [3]	87.83M

출처: 야후파이낸스

기업명	엑스펑	사업성장성	★ ★ ★ ★ ★
티커	XPEV	투자위험도	★ ★ ★ ★ ★
거래소	뉴욕거래소	기업문화	★ ★ ★ ★
시가총액	334억 4,000만 USD	섹터	스마트 전기차
PER (TTM)	n/a	국가	중국
PSR (TTM)	64.81	주가	46.89 USD

	투자 하이라이트
1	중국 전기차 판매 대수는 2020년 130만 대에서 2025년 600만 대로 연평균 36% 성장하여 전 세계 최대의 전기차 시장으로 부각될 예정이다.[25] 중국이 2035년까지 내연기관차를 퇴출하려고 계획함에 따라 전기차 시장의 성장은 뚜렷할 것으로 판단된다.
2	동사의 차량 판매 대수는 3Q20 8,578대로 YoY 266%, QoQ 166%의 강한 성장세를 기록했다. 전기차 시장의 폭발은 스마트폰이 그랬듯이 전기차가 새로운 플랫폼이 될 것이라는 기대에서 기인하는데, 동사는 차량의 플랫폼화에 가장 집중하고 있는 기업이다. 경쟁자 대비 높은 자율주행 기술로 2022년 도심 내 자율주행 서비스 공급을 목표로 한다. 알리바바와 샤오미 등과 협력하여 차량을 IoT의 중심플랫폼으로 도약시키려 시도하고 있다. 40% 이상의 인력이 R&D에 집중된 것도 이와 같은 맥락이다. 알리바바가 적극적으로 후원한다는 점은 현금소진의 리스크를 경감시키는 요소다.
3	동사는 TTM PSR 64.8을 기록하고 있다. 이는 테슬라(31.5)와 니오(49.9)에 비해서도 높은 수준이다. 2020년 성장세를 고려하면 합당한 수준이나 2021년 이후로도 동종업계보다 성장세가 유지될지 주목해야 한다.
4	**리스크 요인** 1. 테슬라와의 소송: 테슬라는 전 직원이 오토파일럿 코드 자료를 다운로드하여 동사로 유출하였다고 소송을 제기했다. 단기에 결정될 사안은 아니므로 지속적으로 확인해야 한다. 2. 자체생산능력 부족: 샤오펑의 위탁 생산계약은 2021년 12월 종료 예정이다. 계약 종료 전까지 자체 생산 역량을 키울 필요가 있다. 테슬라도 2019년 하반기부터 본격적인 생산역량을 갖추며 리밸류에이션 된다. 3. 배터리 이슈: 동사는 배터리는 설계는 직접하고 생산은 CATL에 외주화한다.

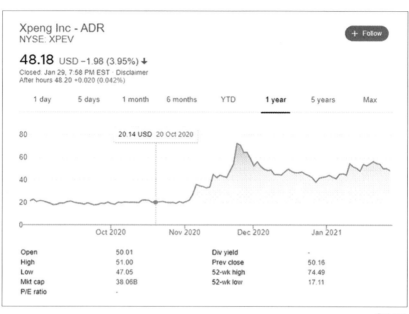

출처: 구글

Breakdown	TTM	12/31/2019	12/31/2018
> Total Revenue	2,092,577	2,321,219	9,706
Cost of Revenue	2,216,046	2,879,360	12,067
Gross Profit	-123,469	-558,141	-2,361
> Operating Expense	3,152,552	3,222,433	1,692,273
Operating Income	-3,276,021	-3,780,574	-1,694,634
> Net Non Operating Interest Inc...	15,471	56,826	59,554
> Other Income Expense	691,404	32,076	236,257
Pretax Income	-2,569,146	-3,691,672	-1,398,823
Tax Provision	1	1	0
> Net Income Common Stockhold...	-2,828,044	-3,719,352	-2,254,864

출처: 야후파이낸스

기업명	이항	사업성장성	★★★★★
티커	EH	투자위험도	★★★★★
거래소	나스닥	기업문화	★★★
시가총액	67억 9,000만 USD	섹터	유인드론
PER (TTM)	n/a	국가	중국
PSR (TTM)	251.48	주가	124.09 USD

투자 하이라이트	
1	글로벌 도심항공모빌리티Urban Air Mobility,UAM 시장은 2023년 1,040억 USD로 2019년 37억 USD 대비 연평균 95% 성장할 것으로 전망된다.[26] UAM은 도심과밀화로 인한 교통체증을 극복할 대안이므로 상용화 이후로는 빠른 성장이 가능할 것으로 예상된다. UAM은 제도적 장벽이 많은 산업이기에 정부가 규제를 풀어줄 확률이 높은 중국시장의 기업들이 높은 점유율을 가져갈 것이다.[27]
2	동사는 3Q20 7,100만 위안의 매출을 기록하며 YoY 104.3% 성장했다. 엽업손실은 180만 위안으로 전년 동기 대비 83% 감소했다. 조정순이익은 530만 위안으로 처음으로 흑자전환했다. 동사는 화재진압용 항공기를 출시하고 항공물류, 의료용 항공기 등 다양한 목적의 차량을 개발 준비 중이다. 사업순항에 따라 광동성 유후시에 공장신설을 발표하였으며 북미(캐나다)에서 첫번째로 여객용 항공기의 시범비행 허가를 받았다. UAM 산업에서 앞서 나가 있는 기업임은 분명하다 .
3	동사는 TTM PSR 251.5를 기록했다. 웬만한 바이오 주식보다 높은 수치이기 때문에 전통적 밸류에이션은 의미가 없다. 초고위험이므로 비중은 매우 낮게. 혹은 투자하지 않고 지켜보며 공부하는 목적으로 의미 있다.
4	리스크 요인 1. UAM은 안전문제상 규제가 많은 산업이기 때문에 회사의 청사진은 언제든지 어그러질 수 있다. 2. 2021년 2월 16일 공매도 리포트로 인해 하루 만에 -60% 주가하락을 보였을 만큼 극심한 변동성을 보인다. 반드시 비중을 통제하는 등 매매에 아주 높은 주의가 요구된다.

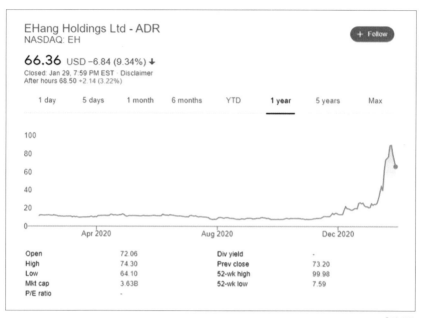

EHang Holdings Ltd - ADR
NASDAQ: EH
+ Follow

66.36 USD −6.84 (9.34%) ↓
Closed: Jan 29, 7:59 PM EST · Disclaimer
After hours 68.50 +2.14 (3.22%)

| 1 day | 5 days | 1 month | 6 months | YTD | **1 year** | 5 years | Max |

Open	72.06	
High	74.30	
Low	64.10	
Mkt cap	3.63B	
P/E ratio	-	

Div yield	-	
Prev close	73.20	
52-wk high	99.98	
52-wk low	7.59	

출처: 구글

Breakdown	TTM	12/31/2019	12/31/2018	12/31/2017
› Total Revenue	180,182	121,814	66,487	31,695
Cost of Revenue	73,257	50,596	32,740	27,511
Gross Profit	106,925	71,218	33,747	4,184
› Operating Expense	146,870	117,563	108,096	130,101
Operating Income	-39,945	-46,345	-74,349	-125,917
› Net Non Operating Interest Inc...	1,288	46	493	174
› Other Income Expense	-2,446	-867	-6,369	44,352
Pretax Income	-41,103	-47,166	-80,225	-81,391

출처: 야후파이낸스

기업명	알리건강	사업성장성	★ ★ ★ ★ ★
티커	0241	투자위험도	★ ★ ★ ★
거래소	홍콩거래소	기업문화	★ ★ ★
시가총액	3,686억 HKD	섹터	온라인 헬스케어
PER (TTM)	1104.92	국가	중국
PSR (TTM)	24.3	주가	27.4 HKD

	투자 하이라이트
1	2040년 중국의 65세 이상 인구는 3억 5,000만 명으로 2020년 대비 2배 가까이 성장할 것으로 전망됨에 따라 중국 온라인 헬스케어 시장은 2019년 680억 위안(전체시장 비중 3.3%)에서 2024년(10.6%)까지 연평균 39% 성장할 것으로 전망된다.[28][29] 2020년은 코로나바이러스로 헬스케어의 디지털 전환이 가속화된 해다. 중국정부는 국민의 의료부담을 낮추기 위해 디지털 헬스케어를 장려함으로써 의료산업의 효율화를 계획 중이다.
2	FY2020 온라인 의약품 GMVGross Merchandise Value(거래된 상품의 총금액)는 835억 위안으로 압도적 1등으로 성장했으며 고객 수도 안정적으로 성장했다. 동사의 가장 큰 경쟁 우위는 알리바바 생태계를 통한 end-to-end 밸류체인이다. '메신저(소통)-> 클라우드(진단 및 판독)-> 이커머스(약품 처방)-> 스마트 물류(당일배송)-> 알리페이(결제)'의 네트워크는 징동건강이나 텐센트헬스 동종업계가 따라올 수 없는 경제적 해자다.
3	현재의 매출구조는 의약품 유통 및 판매가 97%지만, 인터넷 헬스케어(의료상담 등)와 소비자 헬스케어(의료교육, 상담, 예약 등의 서비스) 등의 서비스에도 투자하며 종합 헬스케어 기업으로 변화를 꾀하는 중이다.
4	동사는 TTM PSR 24.3을 기록하여 웬만한 성장주와 경쟁자인 징동건강(28.9) 대비 합리적인 밸류에이션을 보인다. 지난 2년간의 57.4%의 매출액 성장율을 고려하면 추가적인 성장이 기대된다고 판단된다.
5	리스크 요인 1. 2020년 12월 알리바바에 대한 반독점조사가 발표됨에 따라 플랫폼 기업들에 대한 시장의 우려가 커졌으나, 적어도 헬스케어 영역에서는 플랫폼 사업자들이 정부의 정책목표를 달성할 파트너이기 때문에 공격적인 입장을 취하지는 않을 것으로 판단된다.[30] 2. 징동건강과 텐센트헬스 등의 경쟁사가 알리건강 대비 분명한 경쟁우위에 있다고 판단하기 어렵고, 고성장 시장이기 때문에 출혈경쟁이 이뤄지진 않을 것이라 판단된다.

출처: 구글

기업명	징동건강	사업성장성	★ ★ ★ ★ ★
티커	6618	투자위험도	★ ★ ★ ★
거래소	홍콩거래소	기업문화	★ ★ ★ ★
시가총액	5,066억 HKD	섹터	온라인 헬스케어
PER (TTM)	n/a	국가	중국
PSR (TTM)	28.86	주가	163.2 HKD

투자 하이라이트	
1	2040년 중국의 65세 이상 인구는 3억 5,000만 명으로 2020년 대비 2배 가까이 성장할 것으로 전망됨에 따라 중국 온라인 헬스케어 시장은 2019년 680억 위안(전체시장 비중 3.3%)에서 2024년(10.6%)까지 연평균 39% 성장할 것으로 전망된다.[31][32] 2020년은 코로나바이러스로 헬스케어의 디지털 전환이 가속화된 해다. 중국정부는 국민의 의료부담을 낮추기 위해 디지털 헬스케어를 장려함으로써 의료산업의 효율화를 계획 중이다.
2	동사의 1H20 GMV는 339억 위안으로 YoY 71% 성장하였으며, (주식보상비용 등을 배제한) Non-IFRS 순이익은 3억 7,000만 위안을 기록하며 YoY 46% 성장했다. 알리건강 대비 절반 이하의 GMV를 가지고도 순이익을 낼 수 있는 비결은 징동의 강한 물류시스템이다. 징동은 매출의 95%가 의약품 판매관련(직접판매 및 플랫폼제공)에서 나오기 때문에 전체비용의 65%가 물류에서 나온다. 이 비용을 효과적으로 컨트롤할 수 있었기 때문에 수익성을 확보할 수 있었다.
3	동사는 TTM PSR 28.9를 기록하여 경쟁자인 알리건강(24.3) 대비 다소 높은 밸류에이션을 보이나, 징동의 매출액이 GMV 대비 높게 나온다는 점을 감안하면 밸류에이션 격차는 더욱 크다. 알리건강 대비 약 40% 높은 시가총액을 정당화할 수 있는 요소는 수익성이나, 향후 시장의 성장에 있어서 알리건강이 더 큰 수혜를 받을 것이라 판단된다.
4	**리스크 요인** 징동건강은 매출구조 상 알리건강과 직접적인 경쟁관계에 있다. 성장하는 시장을 확보하기 위한 경쟁우위가 요구된다.

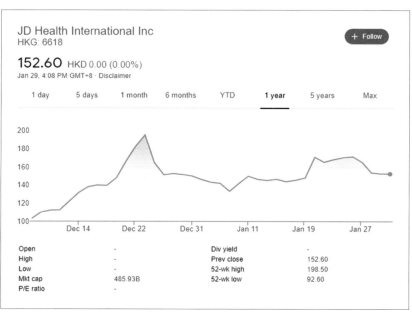

기업명	우시앱텍	사업성장성	★★★★
티커	2359	투자위험도	★★
거래소	홍콩거래소	기업문화	★★★★
시가총액	5,393억 2,000만 HKD	섹터	CRO
PER (TTM)	182.7	국가	중국
PSR (TTM)	29.17	주가	206.8 HKD

	투자 하이라이트
1	중국 CRO 시장은 2020년부터 연평균 27% 성장하여 2024년엔 270억 USD에 달할 것으로 전망된다.[33] 65세 이상 노령인구가 2020년부터 20년간 100% 이상 늘어날 것이기에 바이오와 헬스케어 시장에 대한 지출은 지속적으로 늘어날 수밖에 없다.
2	동사는 중국 바이오 CRO 시장의 점유율 1위(19년, 78.6%)의 기업이다. 3Q20 누적매출액은 118억 위안으로 YoY 27.3% 증가, 누적순이익은 23억 9,000만 위안으로 YoY 34.2% 증가했다. 1Q20 기준 3,900개의 고객사와 계약을 맺고 있으며, 국내 신약개발 서비스 역량이 지속적으로 강화돼 레퍼런스가 쌓임에 따라 3상 진행 중인 파이프라인을 2개, 시판허가 된 약품을 1개 추가했다(누적 42개, 21개). 이에 따라 글로벌 시장에서의 중국 CRO 비중은 2016년 23%에서 2020년 35%로 가파르게 상승할 것으로 전망된다. 동사의 M/S 고려 시 임상시험수탁기관Contract Research Organization,CrO 시장의 확대는 굉장한 호재다.
3	동사는 TTM PSR 29.2, PER 182.7을 기록 중이다. 중국 바이오 기업 중에서는 수익을 내고 있는 소수의 기업중 하나이지만, 과거의 주가가 12M 선행 PER 40~70의 수준에서 움직였던 것을 감안하면 밸류에이션 수준이 다소 높다고 판단된다. PER 100 이하 구간에서 매수하는 것이 바람직해 보인다(추정 순이익이 높아질 경우 가능함).
4	**리스크 요인** 중국 CRO 시장의 성장과 당사의 경쟁력은 확실하므로 사업상의 리스크는 없다.

기업명	우시바이오	사업성장성	★ ★ ★ ★
티커	2269	투자위험도	★ ★
거래소	홍콩거래소	기업문화	★ ★ ★ ★
시가총액	5,237억 4,000만 HKD	섹터	CDMO
PER (TTM)	335.73	국가	중국
PSR (TTM)	101.03	주가	124.0 HKD

	투자 하이라이트
1	글로벌 중국 의약품위탁생산Contract Manufacturing Organizations,CMO 시장은 2019년 1,100억 USD를 기록했으며 2025년까지 연평균 6.4% 성장할 것으로 전망된다.[34] 글로벌 시장 점유율 1위는 론자(7%)이며, Top 5의 점유율이 27%다.
2	동사는 중국 1위의 CMO 기업으로 2019년 기준 79%의 독점적 M/S를 보유한다. 글로벌 시장 점유율은 5%로 3위를 기록하고 있으며, 1H20 매출액 중 35%가 미국시장에서 발생했을 만큼 세계적인 수준의 기술을 보유한다. 1H20 매출액은 19억 4,000만 위안으로 YoY 21%, 순이익은 7억 3,000만 위안으로 YoY 62.6% 증가했다. 산업수요에 맞춰 2019년 5.2만L의 생산설비를 2023년 28만 K까지 연평균 52% 증설할 계획이다.
3	동사는 TTM PSR 101, PER 335.7을 기록하고 있다. 글로벌 5위인 삼성바이오로직스가 TTM PSR 50, PER 250에 거래된다는 점을 참조할 필요가 있다.
4	리스크 요인 CMO 시장의 성장과 당사의 경쟁력은 확실하므로 사업상의 리스크는 적다.

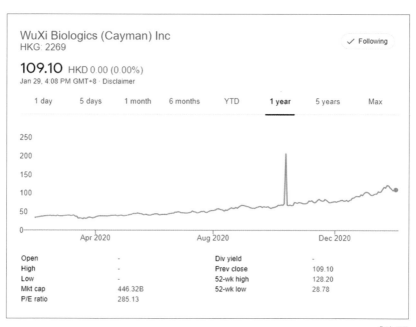

WuXi Biologics (Cayman) Inc
HKG: 2269

✓ Following

109.10 HKD 0.00 (0.00%)
Jan 29, 4:08 PM GMT+8 · Disclaimer

| 1 day | 5 days | 1 month | 6 months | YTD | **1 year** | 5 years | Max |

Open	-	Div yield	-	
High	-	Prev close	109.10	
Low	-	52-wk high	128.20	
Mkt cap	446.32B	52-wk low	28.78	
P/E ratio	285.13			

출처: 구글

기업명	베이진	사업성장성	★ ★ ★ ★ ★
티커	BGNE	투자위험도	★ ★ ★
거래소	나스닥	기업문화	★ ★ ★ ★ ★
시가총액	346억 3,000만 USD	섹터	바이오 신약
PER (TTM)	n/a	국가	중국
PSR (TTM)	867.92	주가	380.78 USD

투자 하이라이트	
1	글로벌 항암제 시장은 2017년부터 연평균 6~7% 성장하여 2025년 1,556억 USD가 될 것으로 전망된다.[35]
2	동사는 중국 대표 항암제 개발 바이오테크 기업으로서 BTK, PD-1이라는 두 개의 신약을 개발하는데 성공했으며, 3Q20 기준 총 30개의 임상 파이프라인(자체개발 25, 공동연구 5)을 보유하고 있다. 2019년 10월에는 암젠이 지분을 20.5% 취득했을 정도로 뛰어난 신약개발 기술력을 보유하고 있다.
3	신약개발 바이오 기업은 고유한 벨류에이션 방법론 적용이 필요하다.
4	리스크 요인 1. 임상 실패 리스크가 있으나 보유 파이프라인이 다수이므로 리스크는 제한적으로 판단된다. 2. 동사의 3Q20 운영목적 현금사용액은 3억 4,600만 USD이며, 현금성자산은 47억 2,400만 USD를 보유하고 있다. 보유현금만으로도 최소 3년 이상 운영할 수 있는 역량이 있어 현금소진 리스크도 제한적이다.

출처: 구글

Breakdown	TTM	12/31/2019	12/31/2018	12/31/2017
> Total Revenue	265,666	428,212	198,220	238,387
Cost of Revenue	1,290,162	998,528	707,710	273,992
Gross Profit	-1,024,496	-570,316	-509,490	-35,605
> Operating Expense	536,311	389,575	196,279	62,852
Operating Income	-1,560,807	-959,891	-705,769	-98,457
> Net Non Operating Interest Inc...	6,746	9,131	13,947	-4,108
> Other Income Expense	37,509	7,174	1,993	11,501
Pretax Income	-1,516,552	-943,586	-689,829	-91,064

출처: 야후파이낸스

기업명	자이랩ZAI LAB	사업성장성	★ ★ ★ ★ ★
티커	ZLAB	투자위험도	★ ★ ★ ★
거래소	나스닥	기업문화	★ ★ ★ ★
시가총액	158억 6,000만 USD	섹터	바이오 신약
PER (TTM)	n/a	국가	중국
PSR (TTM)	3672.57	주가	182.57 USD

	투자 하이라이트
1	글로벌 항암제 시장은 2017년부터 연평균 6~7% 성장하여 2025년 1억 5,560 만 USD가 될 것으로 전망된다.[36]
2	동사는 중국 신약개발 기업으로서 암, 감염병 및 자가면역질환에 대한 치료제를 목표로 한다. 1H20 기준 2개의 신약 상업화 완료, Optune의 NMPA승인 완료, 15건의 임상승인 완료, 8건의 임상 개시, 두건의 전략적 협업, 3 NDAs accepted with priority review 등 다양한 파이프라인을 보유하고 있다. 동사는 1H20 매출액은1,920만 USD로 YoY 461.4% 성장했다.
3	신약개발 바이오 기업은 고유한 밸류에이션 방법론 적용이 필요하다.
4	리스크 요인 1. 임상 실패 리스크가 있으나 보유 파이프라인이 다수이므로 리스크는 제한적으로 판단된다. 2. 동사의 1H20 순손실은 1억 2,860만 USD로 전년 동기 대비 54% 악화되었다. 현금성 자산 및 단기투자금은 4억 6,410만 USD로 별도의 자금조달 없이는 2년 이상 영업활동을 지속할 수 없어 리스크가 존재한다.

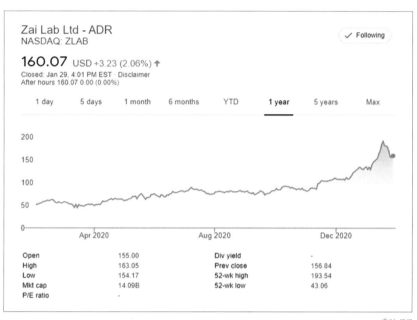

Zai Lab Ltd - ADR
NASDAQ: ZLAB

✓ Following

160.07 USD +3.23 (2.06%) ↑
Closed: Jan 29, 4:01 PM EST · Disclaimer
After hours 160.07 0.00 (0.00%)

| 1 day | 5 days | 1 month | 6 months | YTD | **1 year** | 5 years | Max |

Open	155.00	Div yield	-
High	163.05	Prev close	156.84
Low	154.17	52-wk high	193.54
Mkt cap	14.09B	52-wk low	43.06
P/E ratio	-		

출처: 구글

Breakdown	TTM	12/31/2019	12/31/2018	12/31/2017
⟩ Total Revenue	12,985	12,985	129.452	0
Cost of Revenue	3,749 .	3,749	43.59	-
Gross Profit	9,236	9,236	85.862	0
⟩ Operating Expense	212,432	212,432	141,854	51,391
Operating Income	-203,196	-203,196	-141,768	-51,391
⟩ Net Non Operating Interest Inc...	7,939	7,939	3,221	527.351
⟩ Other Income Expense	938	938	58.776	729.161
Pretax Income	-194,319	-194,319	-138,488	-50,135

출처: 야후파이낸스

기업명	아이맵IMAP	사업성장성	★ ★ ★ ★ ★
티커	IMBA	투자위험도	★ ★ ★ ★ ★
거래소	나스닥	기업문화	★ ★ ★ ★
시가총액	41억 8,000만 USD	섹터	바이오 신약
PER (TTM)	n/a	국가	중국
PSR (TTM)	23.22	주가	58.08 USD

	투자 하이라이트
1	글로벌 항체의약품 시장은 2020년 250억 USD에서 연평균 25% 성장하여 2023년 49억 USD에 달할 것으로 전망된다.[37]
2	동사는 중국 항체의약품 회사로서 2020년 9월 글로벌 제약사 애브비Abbvie로부터 임상 1상을 진행 중인 CD47 저해제에 대한 중국 외 글로벌 개발 및 상업화 권리를 기술 도입 계약을(라이선스인) 했다. 계약금 1억 8,000만 USD에 마일스톤 최대 174만 USD 규모다. 4Q20 기준 7개의 자체개발 항체의약품에 대해 임상을 진행하고 있다. 1H20은 별도의 매출이 발생하지 않았다.
3	동사의 TTM PSR(추정)은 23.2이다. 이는 애브비의 라이선스인 계약금을 일시에 인식한 결과로, 차후 임상 결과에 따라서 추가적인 매출이 발생하지 않을 가능성이 존재한다. 신약개발 바이오 기업은 고유한 밸류에이션 방법론 적용이 필수적이다.
4	리스크 요인 1. 임상 파이프라인이 7개로 임상 실패 위험이 충분히 분산돼 있지 않다. 2. 동사의 1H20 순손실은 5억 8,300만 위안이고, 보유현금은 156만 위안이다. 애브비 라이선스인 계약금을 수취할 경우 보유현금은 약 3년 가량의 순손실을 감당할 수 있는 수준이다.

기업명	이노벤트바이오로직스	사업성장성	★ ★ ★ ★ ★
티커	1801	투자위험도	★ ★ ★ ★
거래소	홍콩거래소	기업문화	★ ★ ★ ★ ★
시가총액	1,419억 2,000만 HKD	섹터	바이오 신약
PER (TTM)	n/a	국가	중국
PSR (TTM)	76.55	주가	97.85 HKD

투자 하이라이트	
1	글로벌 항체의약품 시장은 2020년 25억 USD에서 연평균 25% 성장하여 2023년 49억 USD에 달할 것으로 전망된다.[38]
2	동사는 중국 대표 항체의약품 회사로서 3Q20 PD-1 면역항암제 1개와 아바스틴과 휴미라 바이오시밀러 2개의 개발에 성공했다. PD-1 면역항암제는 4개 제품 중 유일하게 정부 급여에 등재되었다. 추가로 리툭산 시밀러가 중국CFDA 허가를 검토 중이다. 3상 6개 포함 총 20개의 임상 파이프라인을 보유했다. PD-1 면역항암제에 대해서는 일라이릴리가 중국 외 지역에 대한 독점 판권을 인수했으며, 일라이릴리와 로슈 등의 글로벌 빅파마Big Pharmaceutical company와 신약개발 파트너십 계약을 체결한 만큼 기술력을 인정받은 회사다. 1H20 매출액은 9억 8,420만 위안으로 YoY 185% 성장했다.
3	신약개발 바이오 기업은 고유한 벨류에이션 방법론 적용이 필요하다.
4	리스크 요인 1. 임상 실패 리스크가 있으나 보유 파이프라인이 다수이므로 리스크는 제한적으로 판단된다. 2. 동사의 1H20 조정순손실은 4억 6,000만 위안이다. 보유현금만으로 10개 분기 이상, 유동자산으로는 4년 이상 순손실을 감당할 수 있기에 현금소진 리스크도 제한적이라 판단된다.

출처: 구글

기업명	준시바이오Junshi Biosciences	사업성장성	★ ★ ★ ★ ★
티커	1877	투자위험도	★ ★ ★ ★ ★
거래소	홍콩거래소	기업문화	★ ★ ★ ★
시가총액	995억 7,000만 HKD	섹터	바이오 신약
PER (TTM)	n/a	국가	중국
PSR (TTM)	79.33	주가	76.5 HKD

	투자 하이라이트
1	글로벌 항체의약품 시장은 2020년 25억 USD에서 연평균 25% 성장하여 2023년 49억 USD에 달할 것으로 전망된다.[39]
2	동사는 중국 항체의약품 회사로서 PD-1 면역항암제 개발에 성공했다. 1H20 기준 21개의 신약 후보군drug candidates(바이오시밀러 2개 포함) 임상 파이프라인을 보유하고 있으며, 그중 하나인 휴미라 바이오시밀러는 CFDA 허가를 대기 중이다. 일라이릴리와 공동개발한 COVID-19 치료제는 FDA로부터 경증 및 중등도 환자 치료에 긴급사용을 승인을 받았다. 1H20 매출액은 5억 7,490만 위안으로 YoY 86% 성장했다.
3	신약개발 바이오 기업은 고유한 벨류에이션 방법론 적용이 필요하다.
4	**리스크 요인** 1. 임상실패 리스크가 있으나 보유 파이프라인이 다수이므로 리스크는 제한적으로 판단된다. 2. 동사의 1H20 순손실은 5억 9,800만 위안이고, 현금감소액은 5억 4,600만 위안이다. 보유현금은 6억 7,600만 위안, 유동자산은 18억 900만 위안으로 별도의 자금조달이 없을 경우 영업환경이 불가능해질 수 있어 리스크가 크다.

Shanghai Junshi Biosciences Co Ltd
HKG: 1877

76.50 HKD 0.00 (0.00%)
Jan 29, 4:08 PM GMT+8 · Disclaimer

| 1 day | 5 days | 1 month | 6 months | YTD | **1 year** | 5 years | Max |

Open	-	Div yield	-
High	-	Prev close	76.50
Low	-	52-wk high	91.80
Mkt cap	89.90B	52-wk low	22.80
P/E ratio	-		

기업명	아마존	사업성장성	★★★★
티커	AMZN	투자위험도	★★
거래소	나스닥	기업문화	★★★★★
시가총액	1조 6,100억 USD	섹터	전자상거래
PER (TTM)	93.89	국가	미국
PSR (TTM)	4.62	주가	3,206 USD

투자 하이라이트

1	글로벌 B2C 이커머스 시장은 2019년 3.53조 USD에서 2022년 6조 5,400억 USD까지 연평균 23%, 클라우드 서비스 시장은 2019년 2,427억 USD에서 2022년 3,640억 USD로 연평균 14% 성장할 것으로 전망된다.[40]
2	아마존은 세계에서 가장 기업가치 높은 기업이지만, 동시에 빠르고 유연한 기업문화를 갖추고 있어서 향후 생태계 외연확장을 통한 성장이 지속 기대된다. 특히 신선식품, 콘텐츠 분야로의 확장에 주목할 필요가 있다. 로봇과 드론을 활용한 물류 솔루션 또한 흥미롭다.
3	동사의 FY20 순매출은 3,861억 USD로 YoY 38%, 순이익은 213억 USD로 84% 증가했다. 동사의 매출구성은 북미이커머스(61%), 이외지역(27%), AWS(12%)로 구성된다. 아마존의 가장 강력한 경쟁력은 아마존 생태계다. 미국 가구의 60%가 아마존 프라임에 가입돼 있는데, 쇼핑과 콘텐츠가 결합된 생태계 안에 한번 Lock-in되면 빠져나올 수 없다. 콘텐츠 때문에 멤버십에 가입했다가 쇼핑도 아마존에서 하거나 그 반대의 경우도 가능하다. 더욱 강력한 생태계를 만들기 위해 아마존은 TV플랫폼을 점령하고, 온라인약국을 인수하였으며 콘텐츠 강화를 위해 스포츠중계권과 오리지널 콘텐츠에 막대한 투자를 하고 있다. 이는 글로벌 클라우드 1위인 AWS라는 막강한 캐시카우가 있기에 가능하다. 4Q19 기준 아마존의 현금성자산은 넷플릭스의 10배 이상이며, FCF 적자를 보이는 넷플릭스와 달리 연간 217억 USD의 잉여 현금흐름을 보유한다. 아마존의 생태계는 어떤 기업보다도 독보적이다.
4	동사는 FY20 PSR 4.28, PER 77.4에 거래 중이다. 이익을 모두 재투자에 사용하는 경영방침상 매출액 대비 수익성은 떨어진다. 2018년 이후의 역사적 12M 선행 PER의 하방이 45배 수준이었음을 감안한다면 적정 밸류에이션이라고 판단된다.
5	리스크 요인 1. B2C 시장생태계를 독점하고 있는 만큼 반독점 이슈에 가장 민감한 기업일 수 있다. 2. 기타 사업상의 리스크는 제한적이라 판단된다.

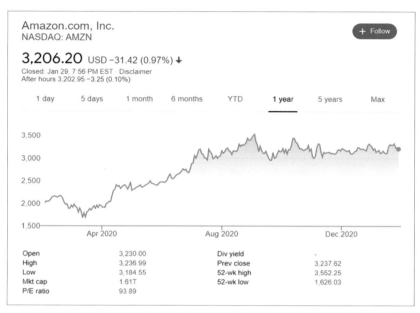

Amazon.com, Inc.
NASDAQ: AMZN

+ Follow

3,206.20 USD −31.42 (0.97%) ↓
Closed: Jan 29, 7:56 PM EST   Disclaimer
After hours 3,202.95 −3.25 (0.10%)

| 1 day | 5 days | 1 month | 6 months | YTD | **1 year** | 5 years | Max |

Open	3,230.00	Div yield	-
High	3,236.99	Prev close	3,237.62
Low	3,184.55	52-wk high	3,552.25
Mkt cap	1.61T	52-wk low	1,626.03
P/E ratio	93.89		

출처: 구글

| Summary | Chart | Conversations | **Statistics** | Historical Data | Profile | Financials | Analysis | Options | Holders | Sustainability |

Currency in USD

Valuation Measures

Market Cap (intraday) [5]	1.61T
Enterprise Value [3]	1.64T
Trailing P/E	93.74
Forward P/E [1]	70.33
PEG Ratio (5 yr expected) [1]	2.72
Price/Sales (ttm)	4.62
Price/Book (mrq)	19.44
Enterprise Value/Revenue [3]	4.70

Trading Information

Stock Price History

Beta (5Y Monthly)	1.20
52-Week Change [3]	59.97%
S&P500 52-Week Change [3]	14.32%
52 Week High [3]	3,552.25
52 Week Low [3]	1,626.03
50-Day Moving Average [3]	3,210.03
200-Day Moving Average [3]	3,183.90

출처: 야후파이낸스

기업명	알파벳Alphabet	사업성장성	★ ★ ★
티커	GOOGL	투자위험도	★
거래소	나스닥	기업문화	★ ★ ★
시가총액	1조 2,400억 USD	섹터	온라인 광고
PER (TTM)	35.31	국가	미국
PSR (TTM)	7.21	주가	1827.36 USD

	투자 하이라이트
1	온라인 광고시장은 2020~2025년 동안 연평균 21.6% 성장할 것으로 예상된다.[41] 광고매출이 80%이며 온라인 광고시장에서 33%의 점유율을 가진 구글의 실적도 동반 성장할 것으로 전망된다.
2	2020년 광고매출의 71%를 차지하는 검색광고는 YoY 6% 성장에 그쳤으나 유튜브광고가 31% 구글 클라우드가 46%, 기타서비스들이 성장하며 전체 매출액은 YoY 13% 성장했다. 검색광고 외의 서비스가 빠르게 성장할 것으로 전망된다.
3	유튜브는 광고성장 외에도 커머스 기능을 탑재해 이커머스 플랫폼으로 확장됨에 따라 구글의 미래성장동력이 될 것으로 기대된다.
4	주요 빅테크Big Tech 기업 중 가장 낮은 수준의 PER을 기록해 밸류에이션 매력이 높다.
5	**리스크 요인** 1. 검색광고 시장에서 아마존이 성장해 구글의 점유율이 축소될 경우 성장이 둔화될 수 있다. 2. 반독점 이슈로 제재를 받을 경우 광고부문의 성장이 둔화될 수 있다.

Alphabet Inc Class A
NASDAQ: GOOGL

+ Follow

1,827.36 USD −25.84 (1.39%) ↓
Closed: Jan 29, 7:32 PM EST · Disclaimer
After hours 1,823.21 −4.15 (0.23%)

| 1 day | 5 days | 1 month | 6 months | YTD | **1 year** | 5 years | Max |

1,740.05 USD 5 Jan 2021

Open	1,834.02	Div yield	-
High	1,847.54	Prev close	1,853.20
Low	1,801.56	52-wk high	1,932.08
Mkt cap	1.24T	52-wk low	1,008.87
P/E ratio	35.31		

출처: 구글

| Summary | Chart | Conversations | **Statistics** | Historical Data | Profile | Financials | Analysis | Options | Holders | Sustainabili |

Currency in USD

Valuation Measures

Market Cap (intraday) [5]	1.24T
Enterprise Value [3]	1.13T
Trailing P/E	35.31
Forward P/E [1]	29.65
PEG Ratio (5 yr expected) [1]	2.16
Price/Sales (ttm)	7.21
Price/Book (mrq)	5.82
Enterprise Value/Revenue [3]	6.59
Enterprise Value/EBITDA [6]	23.53

Financial Highlights

Fiscal Year

Fiscal Year Ends	Dec 31, 2019

Trading Information

Stock Price History

Beta (5Y Monthly)	0.99
52-Week Change [3]	23.25%
S&P500 52-Week Change [3]	14.32%
52 Week High [3]	1,932.08
52 Week Low [3]	1,008.87
50-Day Moving Average [3]	1,777.46
200-Day Moving Average [3]	1,637.04

Share Statistics

Avg Vol (3 month) [3]	1.67M
Avg Vol (10 day) [3]	2.54M
Shares Outstanding [5]	300.64M

출처: 야후파이낸스

기업명	넷플릭스	사업성장성	★ ★ ★ ★
티커	NFLX	투자위험도	★ ★
거래소	나스닥	기업문화	★ ★ ★ ★ ★
시가총액	2,357억 USD	섹터	영상 스트리밍
PER (TTM)	90.43	국가	미국
PSR (TTM)	9.43	주가	532.39 USD

	투자 하이라이트
1	영상 스트리밍 시장은 2019~2026년까지 연평균 18.3% 성장할 것으로 전망되며[42] 동사의 2019년 점유율은 19%로 추정된다.[43] 스트리밍 서비스의 모바일기기 침투율이 계속 증가함에 따라 시장은 지속적으로 성장할 예정이다.
2	코로나바이러스로 언택트 여가가 각광받으며 넷플릭스는 예상보다 빠르게 성장했다. 2018~2020년 동안 매출액은 연평균 25.8% 성장하였으며, 2020년부터는 영업활동 현금흐름과 잉여 현금흐름 모두 흑자전환했다. 2021년에는 자사주 매입을 검토한다고 밝힌 상태다.
3	넷플릭스의 가장 큰 경쟁 우위는 오리지널 콘텐츠다. 2020년 구글 검색량 순위 Top 10에서 넷플릭스 콘텐츠는 TV쇼 부문에서 9개, 영화 부문에서 2개를 기록할 정도로 확고한 경쟁력을 지녔다. 콘텐츠 투자에 더 집중하여 2021년에는 매주 적어도 1개 이상의 신작을 내놓을 예정이다.
4	**리스크 요인** 디즈니 플러스, 유튜브 프리미엄 등 글로벌 경쟁자뿐만 아니라 웨이브 등 로컬 경쟁자도 시장에 다수 진입함에 따라 경쟁이 심화될 것이며, 틱톡이나 트위치 같은 서비스와도 간접적인 경쟁구도에 있다. 경쟁을 위해 오리지널 콘텐츠 제작비가 많이 들어가 수익성이 악화될 수 있다.

Netflix Inc
NASDAQ: NFLX

532.39 USD −6.21 (1.15%) ↓
Closed: Jan 29, 7:59 PM EST · Disclaimer
After hours 530.03 −2.36 (0.44%)

| 1 day | 5 days | 1 month | 6 months | YTD | **1 year** | 5 years | Max |

Open	538.00	Div yield	-
High	541.00	Prev close	538.60
Low	530.18	52-wk high	593.29
Mkt cap	235.79B	52-wk low	290.25
P/E ratio	90.43		

출처: 구글

Summary　Chart　Conversations　**Statistics**　Historical Data　Profile　Financials　Analysis　Options　Holders　Sustainabilit

Currency in USD

Valuation Measures

Market Cap (intraday) [5]	235.79B
Enterprise Value [3]	246.1B
Trailing P/E	87.56
Forward P/E [1]	41.05
PEG Ratio (5 yr expected) [1]	1.33
Price/Sales (ttm)	9.43
Price/Book (mrq)	21.31
Enterprise Value/Revenue [3]	9.85
Enterprise Value/EBITDA [6]	52.35

Financial Highlights

Fiscal Year

Fiscal Year Ends	Dec 30, 2020

Trading Information

Stock Price History

Beta (5Y Monthly)	0.92
52-Week Change [3]	48.71%
S&P500 52-Week Change [3]	14.32%
52 Week High [3]	593.29
52 Week Low [3]	290.25
50-Day Moving Average [3]	526.37
200-Day Moving Average [3]	505.43

Share Statistics

Avg Vol (3 month) [3]	5.07M
Avg Vol (10 day) [3]	7.23M
Shares Outstanding [5]	441.8M

출처: 야후파이낸스

기업명	도큐사인	사업성장성	★★★★★
티커	DOCU	투자위험도	★★★★★
거래소	나스닥	기업문화	★★★★
시가총액	434억 USD	섹터	디지털계약서
PER (TTM)	207.94	국가	미국
PSR (TTM)	34.34	주가	232.89 USD

	투자 하이라이트
1	전자서명 시장은 2020년 28억 USD에서 2026년 141억 USD까지 연평균 31% 성장할 것으로 전망된다.[44] 동사는 기업향 전자서명의 잠재 시장 규모를 250억 USD로 추정하고 있으며 FY21 매출액의 시장컨센서스를 기준으로 침투율은 6%가 안 된다.[45]
2	동사는 전자계약서 시장 세계 1위 기업(M/S 70%)으로 〈Fortune 500〉 기업 중 300곳 이상을 고객으로 보유했다. 독점적 지위를 바탕으로 시장의 성장에 대한 수혜를 온전히 받을 것으로 판단된다. 미국을 중심으로 부동산·금융 분야에서 폭넓게 사용되고 있는 클라우드 기반 솔루션을 통해 바이러스 상황에서 사업적 수혜를 입었으며, 향후에도 지속적으로 사용 확산이 이어질 것으로 전망된다. 3Q20 매출은 3억 8,300만 USD로 YoY 53% 증가하였으며, 기업고객은 11.3만으로 YoY 64% 증가했다. 순고객유지율이 122%이며 매출액의 95%가 구독 서비스에서 나오는 만큼 앞으로도 반복적인 매출이 예상된다.
3	미 연방정부가 2018년 12월 정부업무처리를 디지털로 전환한다고 발표함에 따라 동사의 정부계약 수주가 예상된다. 이는 동사의 강력한 레퍼런스가 될 것이다. 최근 수년간 조정 영업이익률을 매년 200~300bps씩 개선해왔고 앞으로도 이런 추세가 유지될 것으로 판단되기에 흑자전환이 가시화될 것으로 전망된다.
4	동사는 TTM PSR 47.6를 기록했다. 지난 2년간 연평균 매출성장률이 22.8%였던 점과 2Q20까지 12M FWD PSR의 역사적 평균이 10, 최대치가 25였음을 고려한다면 현재 주가는 고평가 구간으로 판단된다.
5	리스크 요인 시장의 성장은 분명하므로 동사의 밸류에이션이 정당화되기 위해서는 동사가 제시한 수익성 개선이 계획대로 진행되어야 한다.

Docusign Inc
NASDAQ: DOCU

232.89 USD -1.25 (0.53%) ↓
Closed: Jan 29, 7:02 PM EST · Disclaimer
After hours 232.00 −0.89 (0.38%)

+ Follow

| 1 day | 5 days | 1 month | 6 months | YTD | **1 year** | 5 years | Max |

Open	233.15	Div yield	-	
High	235.64	Prev close	234.14	
Low	228.02	52-wk high	290.23	
Mkt cap	43.45B	52-wk low	64.88	
P/E ratio	-			

| Summary | Chart | Conversations | **Statistics** | Historical Data | Profile | Financials | Analysis | Options | Holders | Sustainal |

Currency in USD

Valuation Measures

Market Cap (intraday) [5]	44.54B
Enterprise Value [3]	43.53B
Trailing P/E	N/A
Forward P/E [1]	207.94
PEG Ratio (5 yr expected) [1]	6.90
Price/Sales (ttm)	34.34
Price/Book (mrq)	101.97
Enterprise Value/Revenue [3]	33.56
Enterprise Value/EBITDA [6]	-333.11

Financial Highlights

Fiscal Year

Fiscal Year Ends	Jan 31, 2020
Most Recent Quarter (mrq)	Oct 31, 2020

Trading Information

Stock Price History

Beta (5Y Monthly)	0.87
52-Week Change [3]	188.84%
S&P500 52-Week Change [3]	14.32%
52 Week High [3]	290.23
52 Week Low [3]	64.88
50-Day Moving Average [3]	240.35
200-Day Moving Average [3]	220.99

Share Statistics

Avg Vol (3 month) [3]	3.73M
Avg Vol (10 day) [3]	2.68M
Shares Outstanding [5]	191.26M
Float	183.1M
% Held by Insiders [1]	1.76%

기업명	테이크투	사업성장성	★ ★ ★ ★ ★
티커	TTWO	투자위험도	★ ★
거래소	나스닥	기업문화	★ ★ ★ ★
시가총액	230억 USD	섹터	게임 개발사
PER (TTM)	48.48	국가	미국
PSR (TTM)	6.86	주가	200.45 USD

	투자 하이라이트
1	글로벌 콘솔게임 시장은 2019~2023년 동안 연평균 13% 상승해 671억 USD에 달할 것으로 전망된다.[46] 2020년 말 Playstation5 등 9세대 콘솔이 출시되며 2021년은 콘솔 시장의 호황이 예상된다.
2	동사는 콘솔게임 개발사로서 GTA, Red Dead Redemption, NBA2K, WWE2K 등 강력한 IP를 구축하고 있는 만큼 탄탄한 팬층을 지녔다. 최근에는 게임의 인앱결제를 통하여 일회성 매출이라는 콘솔게임의 단점을 극복했다. 이러한 특징을 통해 2018~2020년 동안 연평균 31.4%의 매출성장을 기록했다.
3	2019년부터 MS, 구글, 엔비디아 등 글로벌 기업들이 연이어 클라우드 게이밍 서비스를 내놓을 만큼 전체 게임시장의 성장은 분명하다. 비디오 스트리밍의 선례에서 알 수 있듯이 플랫폼 간 경쟁이 치열해질수록 좋은 콘텐츠는 더 높은 평가를 받는다. 콘솔게임의 높은 심리적 장벽이 클라우드 게이밍으로 극복된다면, 동사는 클라우드 게이밍 시장의 성장의 수혜자가 될 수 있다.
4	**밸류에이션 및 리스크 요인** 1. PER(2020)은 57배로, 콘솔게임은 아니지만 같은 게임산업 대비 높은 수준이다(액티비전블리자드PER 36.4, EA 36.6). 2. 비디오는 1회성 콘텐츠이지만, 게임은 반복적으로 소비되는 경우가 많은 만큼 클라우드 게이밍이 얼마나 많은 구독자를 보유할 수 있을지는 차후 확인해야 한다.

TAKE-TWO INTERACTIVE SOFTWARE, INC Common Stock
NASDAQ: TTWO

200.45 USD +0.15 (0.075%) ↑
Closed. Jan 29, 5:23 PM EST · Disclaimer
After hours 200.70 +0.25 (0.12%)

| 1 day | 5 days | 1 month | 6 months | YTD | **1 year** | 5 years | Max |

200.45 USD 29 Jan 2021

Open	198.84	Div yield	-
High	204.24	Prev close	200.30
Low	198.61	52-wk high	211.44
Mkt cap	23.06B	52-wk low	100.00
P/E ratio	48.48		

출처: 구글

| Summary | Chart | Conversations | **Statistics** | Historical Data | Profile | Financials | Analysis | Options | Holders | Sustainability |

Currency in USD

Valuation Measures		**Trading Information**	
Market Cap (intraday) [5]	23.07B	**Stock Price History**	
Enterprise Value [3]	19.74B	Beta (5Y Monthly)	0.62
Trailing P/E	48.61	52-Week Change [3]	61.20%
Forward P/E [1]	34.74	S&P500 52-Week Change [3]	14.32%
PEG Ratio (5 yr expected) [1]	2.39	52 Week High [3]	211.44
Price/Sales (ttm)	6.86	52 Week Low [3]	100.00
Price/Book (mrq)	7.56	50-Day Moving Average [3]	201.59
Enterprise Value/Revenue [3]	5.87	200-Day Moving Average [3]	174.58
Enterprise Value/EBITDA [6]	33.42		
	Share Statistics	
Financial Highlights		Avg Vol (3 month) [3]	1.46M
	Avg Vol (10 day) [3]	983.68k
Fiscal Year		Shares Outstanding [5]	115.11M
Fiscal Year Ends	Mar 31, 2020	Float	108.97M
Most Recent Quarter (mrq)	Sep 30, 2020	% Held by Insiders [1]	1.76%
	% Held by Institutions [1]	95.33%
Profitability		Shares Short (Jan 15, 2021) [4]	2.89M
Profit Margin	14.10%	Short Ratio (Jan 15, 2021) [4]	2.01
Operating Margin (ttm)	15.40%	Short % of Float (Jan 15, 2021) [4]	2.85%
Management Effectiveness			

출처: 야후파이낸스

기업명	엔비디아	사업성장성	★★★★
티커	NVDA	투자위험도	★★
거래소	나스닥	기업문화	★★★★★
시가총액	3,216억 USD	섹터	반도체
PER (TTM)	84.9	국가	미국
PSR (TTM)	21.77	주가	519.59 USD

	투자 하이라이트
1	글로벌 GPU시장은 2019년 198억 USD에서 2027년 2,009억 USD로 8년간 연평균 33.6%의 성장이 전망된다.[47] 4차 산업혁명에 따라 처리해야 할 데이터의 양이 폭증하며 GPU의 뛰어난 연산능력이 부각돼 수요가 증가했다.
2	동사는 GPU 1위 기업으로서 High-End GPU에서 주요 경쟁자인 AMD 대비 탁월한 기술력을 보유하고 있다. 코로나바이러스로 동사의 핵심 수요처인 게이밍과 데이터센터의 GPU 수요가 폭발적으로 성장했다. 3Q21 게이밍 향 매출은 YoY 37%, 데이터센터 향 매출은 162% 성장했다.
3	AI, 고성능 컴퓨팅, 엣지컴퓨팅 등 신기술 분야의 성장과 함께 GPGPUGeneral Purpose GPU의 수요는 앞으로도 고속성장할 것으로 기대된다.
4	**밸류에이션 및 리스크 요인** GPU를 포함한 반도체 산업 전반의 전망이 좋아 사업상 리스크는 크지 않지만, TTM PER이 96.7에 달한 만큼 높은 밸류에이션을 기록한다. 시장의 변동에 크게 반응할 수 있으니 리스크 관리의 중요성이 더욱 부각된다.

NVIDIA Corporation
NASDAQ: NVDA

519.59 USD -2.45 (0.47%) ↓
Closed: Jan 29, 7:59 PM EST Disclaimer
After hours 517.75 -1.84 (0.35%)

Open	523.00	Div yield	0.12%
High	533.39	Prev close	522.04
Low	516.46	52-wk high	589.07
Mkt cap	321.63B	52-wk low	180.68
P/E ratio	84.90		

출처: 구글

Summary Chart Conversations **Statistics** Historical Data Profile Financials Analysis Options Holders Sustainabi

Currency in USD

Valuation Measures

		Trading Information	
Market Cap (intraday) [5]	321.63B	**Stock Price History**	
Enterprise Value [3]	319.17B	Beta (5Y Monthly)	1.45
Trailing P/E	84.94	52-Week Change [3]	116.20%
Forward P/E [1]	44.49	S&P500 52-Week Change [3]	14.32%
PEG Ratio (5 yr expected) [1]	2.50	52 Week High [3]	589.07
Price/Sales (ttm)	21.77	52 Week Low [3]	180.68
Price/Book (mrq)	20.97	50-Day Moving Average [3]	529.56
Enterprise Value/Revenue [3]	21.60	200-Day Moving Average [3]	511.16
Enterprise Value/EBITDA [6]	62.35		
		Share Statistics	
Financial Highlights		Avg Vol (3 month) [3]	7.73M
		Avg Vol (10 day) [3]	6.68M
Fiscal Year		Shares Outstanding [5]	619M
Fiscal Year Ends	Jan 26, 2020	Float	593.37M
Most Recent Quarter (mrq)	Oct 25, 2020	% Held by Insiders [1]	4.18%
		% Held by Institutions [1]	68.43%
Profitability			

출처: 야후파이낸스

기업명	인슐렛Insulet	사업성장성	★ ★ ★ ★ ★
티커	PODD	투자위험도	★ ★ ★ ★
거래소	나스닥	기업문화	★ ★ ★ ★
시가총액	176억 USD	섹터	인슐린패치
PER (TTM)	610.9	국가	미국
PSR (TTM)	20.3	주가	267.18 USD

	투자 하이라이트
1	글로벌 인슐린패치·펌프 시장은 2019년 76억 8,500만 USD에서 2027년 17억 USD로 연평균 10.9% 성장할 것으로 전망된다.[48] 대부분의 당뇨환자가 전통적 피하주사방식MDI을 사용하고 있다는 점에서 편리한 웨어러블 제품의 출시는 당뇨 솔루션 시장의 침투율을 확대하며 추가적인 성장의 가능성을 제시한다.
2	동사는 2005년 세계 최초로 인슐린패치를 개발한 업계선두 기업이다. 웨어러블 기기를 제공함으로써 2019년 기준 전체 인슐린펌프 시장의 25%를 점유하고 있다. 이는 2017년 17.6%에서 빠르게 성장한 결과다. 당뇨 솔루션은 장기 지속 사용이 요구되며, 전세계 당뇨환자는 2019년 4억 6,000만 명에서 2030년 5억 8,000만 명으로 24.8% 증가할 것으로 판단된다. 이에 따라 동사의 매출도 안정적으로 증가할 예정이다. 동사의 매출액은 2016년 3억 6,700만 USD에서 2019년 7억 3,820만 USD로 연평균 26% 성장했다.
3	동사의 TTM PSR은 22.03 수준으로 성장세를 고려하였을 때, 명백한 고평가 상황으로 판단할 수 없다. 향후 실적개선 추이를 지속적으로 점검할 필요성이 있다.
5	**리스크 요인** 동사는 인슐린패치 시장에서 거의 10년 넘게 경쟁자가 없었으나 2020년 한국의 이오플로우가 진입하며 경쟁구도가 형성되었다. 아직은 이오플로우가 초기 기업 이기에 동사가 당분간은 시장성장의 수혜를 받을 수 있겠으나, 이오플로우의 유럽 및 미국진출(2H21 예상) 시 경쟁압력이 발생할 수 있다.

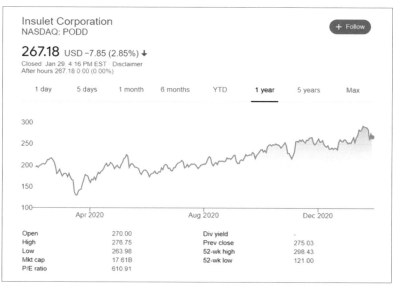

Insulet Corporation
NASDAQ: PODD

267.18 USD −7.85 (2.85%) ↓
Closed: Jan 29, 4:16 PM EST   Disclaimer
After hours 267.18 0.00 (0.00%)

| 1 day | 5 days | 1 month | 6 months | YTD | **1 year** | 5 years | Max |

Open	270.00	Div yield	-
High	276.75	Prev close	275.03
Low	263.98	52-wk high	298.43
Mkt cap	17.61B	52-wk low	121.00
P/E ratio	610.91		

출처: 구글

| Summary | Chart | Conversations | **Statistics** | Historical Data | Profile | Financials | Analysis | Options | Holders | Sustainabi |

Currency in USD

Valuation Measures		**Trading Information**	
Market Cap (intraday) [5]	17.61B	**Stock Price History**	
Enterprise Value [3]	18.16B	Beta (5Y Monthly)	0.75
Trailing P/E	607.23	52-Week Change [3]	37.13%
Forward P/E [1]	245.12	S&P500 52-Week Change [3]	14.32%
PEG Ratio (5 yr expected) [1]	4.87	52 Week High [3]	298.43
Price/Sales (ttm)	20.30	52 Week Low [3]	121.00
Price/Book (mrq)	29.58	50-Day Moving Average [3]	263.02
Enterprise Value/Revenue [3]	20.93	200-Day Moving Average [3]	237.00
Enterprise Value/EBITDA [6]	156.97	**Share Statistics**	
		Avg Vol (3 month) [3]	481.37k
Financial Highlights		Avg Vol (10 day) [3]	444.61k
Fiscal Year		Shares Outstanding [5]	65.93M
Fiscal Year Ends	Dec 31, 2019	Float	65.63M
Most Recent Quarter (mrq)	Sep 30, 2020	% Held by Insiders [1]	0.26%
Profitability		% Held by Institutions [1]	105.42%

출처: 야후파이낸스

기업명	이그잭트사이언스Exact Sciences	사업성장성	★ ★ ★ ★ ★
티커	EXAS	투자위험도	★ ★ ★ ★
거래소	나스닥	기업문화	★ ★ ★ ★
시가총액	230억 USD	섹터	DNA 진단
PER (TTM)	n/a	국가	미국
PSR (TTM)	17.53	주가	137.16 USD

투자 하이라이트	
1	글로벌 DNA 진단 시장은 2018년 150억 USD에서 2025년 295억 6,000만 USD까지 연평균 10.2% 상승할 것으로 전망된다.
2	동사는 2014년 대장암 조기 진단키트인 '콜로가드Cologuard'를 출시한다. 콜로가드는 전통적 조기진단 방식과 비교하여 병원을 방문할 필요도, 수면할 필요도 없어 높은 편리성을 지닌다. 다른 테스트들과 비교하여 높은 신뢰성을 갖고 있으며 의료보험 또한 적용되기 때문에 시장에 빠르게 침투했다. 이에 따라 동사의 매출액은 2016년 2억 7,000만 USD에서 2020년 14억 9,000만 USD로 연평균 54% 성장했다.
3	콜로가드에 기반한 고속성장에도 불구하고 동사의 주가는 2019년 8월부터 약 1년간 조정을 거쳤다. 이는 혈액 등 체액 속 DNA에 존재하는 암세포 조각을 찾아 유전자 검사로 분석하는 '액체생검'이라는 새로운 진단방식이 새로운 흐름으로 각광받았기 때문이다. 동사는 2020년 9월 자체 개발한 액체생검 테스트를 발표했고, 10월엔 다중암 액체생검 테스트의 선두주자인 트리브Thrive를 인수하며 액체생검 시장으로의 진입을 천명했다. 2019년 9월 이후 주가는 현재까지 100% 가량 성장했다. 콜로가드의 잠재시장이 180억 USD고 다중암 액체생검 테스트의 잠재시장은 250억 USD 이상으로 추정된다는 점에서 동사의 성장은 더욱 가속화될 것으로 판단된다.
4	동사의 2020 PSR은 17.6이다. 암 관련 분자 진단 기업인 인바이테Invitae와 함께 역사적으로 PSR 20 수준에서 거래돼왔다. 비록 동사의 액체생검 기술은 이제 시작단계지만, 액체생검의 대표 기업인 가단트 헬스Guardant Health가 63.9의 TTM PSR을 보인다는 점에서 동사의 현재 밸류에이션은 나름 합리적이라 판단된다.
5	**리스크 요인** 성장스토리와 밸류에이션은 모두 적절하지만, 액체생검 기술의 완성도가 떨어지는 상황이므로 개발상황에 따라 적정 멀티플은 얼마든지 변화할 수 있다.

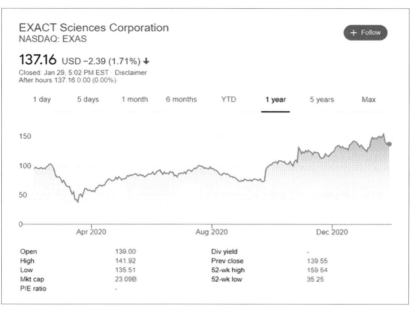

EXACT Sciences Corporation
NASDAQ: EXAS

+ Follow

137.16 USD –2.39 (1.71%) ↓
Closed: Jan 29, 5:02 PM EST · Disclaimer
After hours 137.16 0.00 (0.00%)

| 1 day | 5 days | 1 month | 6 months | YTD | **1 year** | 5 years | Max |

Open	139.00	Div yield	-
High	141.92	Prev close	139.55
Low	135.51	52-wk high	159.54
Mkt cap	23.09B	52-wk low	35.25
P/E ratio	-		

출처: 구글

| Summary | Chart | Conversations | **Statistics** | Historical Data | Profile | Financials | Analysis | Options | Holders | Sustainabili |

Currency in USD

Valuation Measures

		Trading Information	
Market Cap (intraday) [5]	23.15B	**Stock Price History**	
Enterprise Value [3]	41.71B	Beta (5Y Monthly)	1.65
Trailing P/E	N/A	52-Week Change [3]	45.05%
Forward P/E [1]	-107.16	S&P500 52-Week Change [3]	14.32%
PEG Ratio (5 yr expected) [1]	-0.53	52 Week High [3]	159.54
Price/Sales (ttm)	17.53	52 Week Low [3]	35.25
Price/Book (mrq)	8.83	50-Day Moving Average [3]	138.68
Enterprise Value/Revenue [3]	31.58	200-Day Moving Average [3]	109.68
Enterprise Value/EBITDA [6]	-827.93	**Share Statistics**	
		Avg Vol (3 month) [3]	1.68M
Financial Highlights		Avg Vol (10 day) [3]	1.87M

출처: 야후파이낸스

기업명	비바시스템즈Veeva Systems	사업성장성	★ ★ ★ ★
티커	VEEV	투자위험도	★ ★ ★
거래소	나스닥	기업문화	★ ★ ★ ★
시가총액	418억 USD	섹터	의료 클라우드
PER (TTM)	124.9	국가	미국
PSR (TTM)	30.35	주가	276.44 USD

	투자 하이라이트
1	글로벌 클라우드기반 비즈니스분석 SW 시장은 2016년 289억 USD에서 2023년 571억 USD로 연평균 10.2% 성장할 것으로 전망된다.[49]
2	동사는 고객사가 더 빠르고 효율적으로 컴플라이언스를 준수하고 신약을 출시 및 개발할 수 있도록 클라우드 방식으로 소프트웨어를 제공하는 회사로서 '인더스트리 클라우드' 업계의 선구자다. Frist-Mover's Advantage 효과로 아마존, 텐센트, TSMC 등과 함께 가장 경제적 해자가 강한 기업으로 평가받았다.[50] 이에 따라 매출액은 2017~2020년 동안 연평균 26% 성장했다.
3	동사의 매출액에 80%는 구독 서비스로 반복적인 매출이 발생한다. 이에 따라 영업이익율은 2017년 31.3%에서 2020년 37.3%로 점차 개선되고 있는 점은 긍정적인 시그널이다. 영업활동현금흐름도 매출액 규모 대비 40% 수준일 만큼 영업성과의 안정성과 성장성이 모두 담보된다.
4	밸류에이션 및 리스크 요인 1. 산업의 성장성과 기업의 해자가 또렷한 만큼 사업상의 리스크는 크지 않다. 2. 하지만 TTM PSR 43.8을 기록할 만큼 밸류에이션이 녹록치 않은 수준이다. 시장의 변동성에 크게 반응할 수 있으므로 리스크 관리가 필요하다.

Veeva Systems Inc
NYSE: VEEV

276.44 USD −3.56 (1.27%) ↓
Closed: Jan 29, 5:02 PM EST · Disclaimer
After hours 276.44 0.00 (0.00%)

| 1 day | 5 days | 1 month | 6 months | YTD | **1 year** | 5 years | Max |

280.00 USD 28 Jan 2021

Open	279.50	Div yield	-
High	282.00	Prev close	280.00
Low	273.62	52-wk high	313.99
Mkt cap	41.87B	52-wk low	118.11
P/E ratio	124.90		

| Summary | Chart | Conversations | **Statistics** | Historical Data | Profile | Financials | Analysis | Options | Holders | Sustain. |

Currency in USD

Valuation Measures

Market Cap (intraday) [5]	41.87B
Enterprise Value [3]	40.34B
Trailing P/E	129.06
Forward P/E [1]	89.17
PEG Ratio (5 yr expected) [1]	6.43
Price/Sales (ttm)	30.35
Price/Book (mrq)	19.85
Enterprise Value/Revenue [3]	29.24
Enterprise Value/EBITDA [6]	108.56

Financial Highlights

Fiscal Year

Fiscal Year Ends	Jan 31, 2020
Most Recent Quarter (mrq)	Oct 31, 2020

Profitability

Trading Information

Stock Price History

Beta (5Y Monthly)	0.83
52-Week Change [3]	86.04%
S&P500 52-Week Change [3]	14.32%
52 Week High [3]	313.99
52 Week Low [3]	118.11
50-Day Moving Average [3]	279.12
200-Day Moving Average [3]	274.77

Share Statistics

Avg Vol (3 month) [3]	1.02M
Avg Vol (10 day) [3]	789.38k
Shares Outstanding [5]	136.37M
Float	135.52M
% Held by Insiders [1]	0.55%
% Held by Institutions [1]	89.48%

기업명	슈뢰딩거Schrodinger	사업성장성	★ ★ ★ ★ ★
티커	SDGR	투자위험도	★ ★ ★ ★ ★
거래소	나스닥	기업문화	★ ★ ★ ★
시가총액	62억 USD	섹터	인공지능 신약개발
PER (TTM)	n/a	국가	미국
PSR (TTM)	62.21	주가	90.3 USD

	투자 하이라이트
1	글로벌 지능형 신약개발 시장은 2019년 2억 5,900만 USD에서 2027년 37억 1,200만 USD로 연평균 39.4% 성장할 것으로 전망된다.[51] AI의 ML을 통한 신약개발은 전통방식 대비 시간과 비용의 모든 측면에서 우월하기 때문에 시장은 빠르게 성장할 것이다.
2	동사의 SW를 통해 신약을 개발할 경우 유망분자를 발견하는 데까지 전통방식(4~6년)의 절반 수준(2~3년)의 시간이 소요된다. 이러한 성능으로 동사의 소프트웨어의 구독 유지비율은 90% 중반에 달할 만큼 고객만족도를 보인다. 2020년 3분기 누적 SW매출은 6,760만 USD로 YoY 37% 성장하였으며, 2020년 예상 매출액을 기준으로 글로벌 후보물질발굴 R&D 지출의 1%도 되지 않을 만큼 성장여력은 충분하다.
3	동사는 SW매출 이외에도 자체 개발 및 외부 제휴 개발을 통해 직접 신약을 개발하고 있다. 임상 2상 1개, 1상 3개 외의 다양한 전임상 파이프라인을 구축하고 있어 개발성공시 높은 수익을 기대할 수 있다.
4	리스크 요인 1. 동사는 2월 12일 기준 TTM PSR 75.9를 기록하고 있을 만큼 높은 밸류에이션을 갖고 있다. 성장둔화 등의 비즈니스 악재나 시장의 변동에 따라 큰 손실이 발생할 수 있다. 2. 바이오 회사들이 그렇듯 신약개발의 성공여부가 불확실하나, AI 기반의 발굴 방식이므로 기존 바이오 회사보다는 리스크가 낮을 것으로 판단된다.

Schrodinger Inc
NASDAQ: SDGR

✓ Following

90.33 USD +0.47 (0.52%) ↑
Closed: Jan 29, 7:55 PM EST · Disclaimer
After hours 90.00 −0.33 (0.37%)

| 1 day | 5 days | 1 month | 6 months | YTD | **1 year** | 5 years | Max |

Open	89.50	Div yield	-	
High	91.15	Prev close	89.86	
Low	86.24	52-wk high	100.75	
Mkt cap	6.28B	52-wk low	25.50	
P/E ratio	-			

| Summary | Chart | Conversations | **Statistics** | Historical Data | Profile | Financials | Analysis | Options | Holders | Sustainabil |

Currency in USD

Valuation Measures

		Trading Information	
Market Cap (intraday) [5]	14.22B	**Stock Price History**	
Enterprise Value [3]	8.14B	Beta (5Y Monthly)	N/A
Trailing P/E	N/A	52-Week Change [3]	-10.31%
Forward P/E [1]	25.52	S&P500 52-Week Change [3]	14.32%
PEG Ratio (5 yr expected) [1]	N/A	52 Week High [3]	71.91
Price/Sales (ttm)	499.88	52 Week Low [3]	36.27
Price/Book (mrq)	N/A	50-Day Moving Average [3]	44.86
Enterprise Value/Revenue [3]	286.04	200-Day Moving Average [3]	45.28
Enterprise Value/EBITDA [6]	-2,051.61	**Share Statistics**	
Financial Highlights		Avg Vol (3 month) [3]	1.43M
		Avg Vol (10 day) [3]	776.11k

기업명	크리스퍼테라퓨틱스	사업성장성	★★★★★
티커	CRSP	투자위험도	★★★★★
거래소	나스닥	기업문화	★★★★
시가총액	62억 USD	섹터	유전자가위
PER (TTM)	n/a	국가	미국
PSR (TTM)	160.9	주가	165.7 USD

	투자 하이라이트
1	유전자편집Gene Editing 시장은 2019년 38억 USD에서 2026년 100억 USD로 연평균 14.9% 성장할 것으로 예상된다.[52] 유전자 가위를 발견한 교수진이 2020년 노벨 화학상을 수상할 만큼 해당 기술은 희귀병 치료에 유효하게 사용될 것으로 전망된다. 노벨상 발표 이후 관련 기업들이 모두 급등한 만큼 시장의 관심은 뜨거워지고 있다.
2	동사는 2013년 스위스에서 설립되어 DNA를 인식해 자르고 붙이는 유전자 편집 기술을 기반으로 희귀병 및 난치병 치료를 위한 후보물질을 연구 중이다. 현재 동사가 임상 1,2상 단계를 거치고 있는 파이프라인은 총 5개(이상혈색소증 및 면역항암제 영역)이며, 2021년 내로 1개(1형 당뇨 치료제)가 추가될 예정이다. 이는 BEAM 테라퓨틱스, Editas Medicine(임상1상 1개) 등의 경쟁사들과 대비했을 때 분명히 앞서있는 상황이다.
3	동사는 TTM PSR 156.4를 기록하고 있으나, 신기술에 기반한 바이오기업인 만큼 추가적인 밸류에이션이 필요하다. 크리스퍼테라퓨틱스의 시가총액은 117억 USD, BEAM은 62억 USD, Editas는 36억 USD를 기록하고 있다.
4	리스크 요인 1. 임상실패: 바이오 기업이라면 모두 갖고 있는 리스크다. 2. 특허 이슈: 최근 미국 특허청은 크리스퍼 유전자 가위의 원천기술 관련 저촉심사에 돌입하였다. 특허 권리 관련 규제기관의 방향성을 주목할 필요가 있다. 3. 현금소진: 동사는 빠르면 2025년경에 흑자 전환이 전망된다. 동사가 보유한 현금 및 현금성자산, 단기투자자산은 13억 5,000억 USD 수준으로 매출 없이도 향후 4년간의 R&D 비용을 감당할 수 있다. 2022년부터 가시적인 매출이 발생할 것으로 전망되고, 추가 차입 및 증자 또한 가능함을 고려하면 현금소진 리스크는 크지 않을 것으로 판단된다.

Crispr Therapeutics AG
NASDAQ: CRSP

+ Follow

165.70 USD −1.72 (1.03%) ↓
Closed: Jan 29, 6:52 PM EST   Disclaimer
After hours 163.61 −2.09 (1.26%)

| 1 day | 5 days | 1 month | 6 months | YTD | **1 year** | 5 years | Max |

Open	167.45	Div yield	-	
High	170.67	Prev close	167.42	
Low	160.37	52-wk high	220.20	
Mkt cap	12.25B	52-wk low	32.30	
P/E ratio	-			

출처: 구글

| Summary | Chart | Conversations | **Statistics** | Historical Data | Profile | Financials | Analysis | Options | Holders | Sustainabil |

Currency in USD

Valuation Measures

		Trading Information	
Market Cap (intraday) [5]	12.45B	**Stock Price History**	
Enterprise Value [3]	10.39B	Beta (5Y Monthly)	2.36
Trailing P/E	N/A	52-Week Change [3]	214.36%
Forward P/E [1]	-31.21	S&P500 52-Week Change [3]	14.32%
PEG Ratio (5 yr expected) [1]	0.20	52 Week High [3]	220.20
Price/Sales (ttm)	160.92	52 Week Low [3]	32.30
Price/Book (mrq)	8.71	50-Day Moving Average [3]	172.74
Enterprise Value/Revenue [3]	134.30	200-Day Moving Average [3]	115.34
Enterprise Value/EBITDA [6]	-45.64	**Share Statistics**	
Financial Highlights		Avg Vol (3 month) [3]	1.86M
		Avg Vol (10 day) [3]	2.28M

출처: 야후파이낸스

기업명	앱셀레라바이오로직스Abcellera Biologics	사업성장성	★ ★ ★ ★ ★
티커	ABCL	투자위험도	★ ★ ★ ★ ★
거래소	나스닥	기업문화	★ ★ ★ ★
시가총액	140억 USD	섹터	바이오 신약
PER (TTM)	2933	국가	미국
PSR (TTM)	499	주가	52.83 USD

투자 하이라이트	
1	항체 기반 치료제 시장은 2019년 1,400억 USD로 전체 치료제 시장 중 5위를 기록하고 있으며, 2025년 2,600억 USD에 달할 때까지 약 11%의 연간성장률을 기록할 것으로 전망된다.[53] AI 신약개발은 전통방식 대비 시간과 비용의 모든 측면에서 우월하기 때문에 항체치료제시장의 성장 이상의 속도로 성장할 것이다.
2	동사는 AI 기반의 항체치료제 개발솔루션을 지원하는 회사로서 대형 제약회사와 생명공학 기업, 정부기관 등 다양한 고객들과 100개가 넘는 항체 발견 프로그램 계약을 체체결했다. 2018~2020년(TTM)의 매출액은 연간평균 79.5% 증가했다.
3	동사는 TTM PSR 407에 거래되고 있어 심각하게 높은 밸류에이션을 기록하고 있으나, 아직 본격적인 매출이 발생하기 시작하지 않은 종목이라 정상참작의 여지가 있다. 2020년 12월 상장 이후로 내부자들이 지속적으로 주식을 매수하고 있는 것은 긍정적인 시그널이다.
4	리스크 요인 동사의 최초 임상 파이프라인이었던 COVID-19 치료제(일라이릴리 공동개발)가 약효가 없다는 이유로 2020년 10월 임상 3상에서 중단되었다. 이에 따라 실적의 가시화는 더욱 미뤄졌다.

AbCellera Biologics Inc
NASDAQ: ABCL

52.83 USD +1.33 (2.58%) ↑
Closed: Jan 29, 7:03 PM EST · Disclaimer
After hours 53.06 +0.23 (0.44%)

| 1 day | 5 days | 1 month | 6 months | YTD | **1 year** | 5 years | Max |

44.41 USD 15 Jan 2021

Open	52.10	Div yield	-
High	55.22	Prev close	51.50
Low	50.33	52-wk high	71.91
Mkt cap	14.03B	52-wk low	36.27
P/E ratio	2,933.37		

출처: 구글

| Summary | Chart | Conversations | **Statistics** | Historical Data | Profile | Financials | Analysis | Options | Holders | Sustainabil |

Currency in USD

Valuation Measures

Market Cap (intraday) [5]	14.22B
Enterprise Value [3]	8.14B
Trailing P/E	N/A
Forward P/E [1]	25.52
PEG Ratio (5 yr expected) [1]	N/A
Price/Sales (ttm)	499.88
Price/Book (mrq)	N/A
Enterprise Value/Revenue [3]	286.04
Enterprise Value/EBITDA [6]	-2,051.61

Financial Highlights

Trading Information

Stock Price History

Beta (5Y Monthly)	N/A
52-Week Change [3]	-10.31%
S&P500 52-Week Change [3]	14.32%
52 Week High [3]	71.91
52 Week Low [3]	36.27
50-Day Moving Average [3]	44.86
200-Day Moving Average [3]	45.28

Share Statistics

Avg Vol (3 month) [3]	1.43M
Avg Vol (10 day) [3]	776.11k

출처: 야후파이낸스

글로벌 투자강국으로 나아가는 길

중국과 미국 기업을 집중해서 투자하고 연구하면 할수록 한국 기업, 한국 경제, 한국인의 역량과 잠재력에 놀라지 않을 수 없다. 엄청나게 비효율적인 정부 규제와 전통 대기업의 숨 막히는 견제구에도 불구하고, 한국의 혁신 산업은 세계적 수준이다. 최근 한국의 인공지능 바이오·헬스케어 산업에서의 혁신은 전 세계가 놀랄 수준이다. 바이러스에 대한 빠른 극복도 놀랍고 경제 성장률 측면에서도 중국 다음으로 빠른 속도의 탄성을 기록하고 있다.

과거 한국은 자동차, 조선으로 상징되는 제조업으로 '한강의 기적'을 이룩했고, 최빈국 수준에서 먹고 살 만한 수준으로 도약했다. 이후 반도체와 첨단 IT산업을 중심으로 GDP 세계 10위권에 진입했다. 이제 한국은 인당 GDP 세계 7위로 일본과 격차를 좁혀 나가고 있는 명실상부한 경제선진국의 반열에 올라서고 있다.

그럼에도 한국인만큼 한국경제를 과소평가하는 사람도 없을 것이다. 한국인에게 가장 부족한 것은 자존감이 아닐까 싶다. 물론 한국 경제에 많은 문제가 존재한다. 하지만 긍정적으로 바라보면 한국만큼 자원이 부족한 나라에서 아이디어와 근면한 노력으로 경제 규모를 이만큼 올려놓은 국가가 있을까 싶다.

2020년 하반기부터 동학개미운동이라 불리는 개인투자자들의 투자붐이 한국 투자업계를 강타하고 있다. 지금 벌어지고 있는 투자 습관의 변화는 잠시 투자 열풍이 불었다 꺼지는 패턴과는 차원이 다른 변화다. 과거 자산이 부동산에 과도하게 집중되었다면 지금은 미국과 중국을 아우르는 글로벌 주식의 비중을 늘리려는 변화가 일고 있다. 사실 투자 선진국에서는 부동산에만 자산을 몰빵하는 현상을 보기 어렵다. 오히려 현재 동학개미들이 서학개미로 투자자산의 영역을 글로벌로 확장하고, 그 과정 속에서 글로벌 투자가들의 투자 패턴을 학습하면서 한국 주식투자에서 느끼지 못했던 본질 가치에 기반한 장기 투자 습관을 학습할 수 있게 된다면 장기적으로 한국 경제의 투자역량 레벨이 올라갈 것이라고 믿는다.

4차 산업혁명의 혁신 속도가 가속화되면서 투자 산업은 더욱 중요해진다. 미국이 혁신적 창업가와 리스크를 감수하는 투자가가 조화롭게 어우러져서 미래적 가치를 창조하는 것과 마찬가지다. 미국의 패권은 실리콘밸리의 혁신과 월가의 자본이 융합되어야 빛을 발할 수 있다. 한국 기업 중 분야별로 글로벌 리딩 수준의 기업들이 상당히 많지만, 글로벌 리딩 수준의 인사이트를 지닌 한국의 투자기업은 등장하지 않았다. 하지만 향후 10년 사이에 한국이 투자 산업에 역량을 더욱 집중한다면 충분히 글로벌 투자 강국으로 도약할 가능성이 높다고 자신한다.

이유는 바로 사람 때문이다! 한국인의 명석한 두뇌는 세계가 인정한다. 아시아의 유대인이라고 불릴 만큼 교육에 몰두하고, 평균적인 지적 교육 수준이 세계 최고 수준이다. 그만큼 한국은 살기 힘든 환경이지만, 투자 측면에서는 좋은 환경이다. 좋은 투자가란 평생학습자라는 측면에서 한국인은 천성이 공부에 집중하는 민족으로 태생적인 강점이 있기 때문이다. 한국은 주변 사람과의 경쟁심이 우울감을 증폭시키는 사회 문제도 있지만, 경쟁력 있는 투자가로 성장할수 있는 환경인 것이다.

투자 산업은 지식 기반 산업이다. 인재 강국 한국이 미래에 가장 잘할 수 있는 분야가 투자일 가능성이 높은 이유다. 한국인만큼 새로운 것을 빨리 받아들이는 얼리어댑터도 없다. 이는 투자의 트렌드를 빨리 파악할 수 있는 좋은 여건이다. 외국인도 "빨리 빨리"를 알아들을 정도니 한국인의 스피디한 적응력은 세계적이라 할 수 있다. 미래산업에 대한 높은 이해도와 빠른 정보습득 능력은 좋은 투자가들을 배출할 좋은 여건임에 틀림없다.

한국만큼 미국과 중국 양대 패권국과 긴밀한 관계를 맺고 있는 국가도 없다. 미국과 중국에도 한국은 의미 있는 파트너다. 정보력이 뛰어나고, 자본수출을 통해 자본이득을 누릴 수 있는 최적의 포지션에 놓여 있는 것이다.

아무리 역량과 환경이 좋더라도 제대로 된 투자에 대한 개념 정립 없이는 투자 강국으로의 도약이 불가능하다. '단기적 투기'가 아닌 '장기적 투자'를 추구해야 한다. 공포감과 흥분감에 휘청이며 손실이 누적되면 건전한 투자 문화의 정착은 먼 이야기가 되기 때문이다. 장기적으로 본질 가치에 기반한 투자 문화를 정립해야 하고, 그 중심에는 창업가를 꿰뚫어보는 안목이 필요하다. 결과적으로 투자하는 사람들의 개개인의 역량, 즉 투자 근육이 길러져야 한다.

자본수출을 통해 미국, 중국에서 벌어들인 외화를 한국에서 많이 소비하고, 도움이 필요한 곳에 과감하게 기부하는 선한 투자가들이 많이 배출되었으면 하는 마음으로 책을 마무리하겠다.

마지막 다짐

- 높은 수익을 꾸준히 기록하는 좋은 투자가가 되리라.
- 사회에 긍정적인 영향을 끼치는 선한 투자가가 되리라.

▍책 1: 유발 하라리, 《사피엔스》

신석기 혁명부터 현대까지 인류에 대한 방대한 연구 결과인 유발 하라리의 《사피엔스》는 미래를 내다보는 투자가들에게 필독서라 할 수 있다. 1만 년 전이나, 2,000년 전이나 인간이 추구하는 것들이 특별히 다르지 않다는 것을 느낄 수 있고, 빠르게 변화하는 기술 속에서 인류가 진화하는 큰 그림을 조망할 수 있다.

책을 읽으면서 데이터플랫폼의 지배력을 중세시대 영주 이상으로 느꼈다. 오히려 웬만한 국가보다 강력한 행위 주체로 부상할 수 있다는 생각도 들었다. 구글, 아마존, 텐센트, 네이버 등 데이터플랫폼이 초국가적 영향력을 더 강화하지 않을까? 어느 시대나 그 시대가 낳은 산업의 주축이 있다. 근대 이후 우리 머릿속에는 항상 국가라는 뚜렷한 개념이 강하게 자리 잡고 있다. 하지만 역사 속에서 바라보면 민족국가도 허구고 신화다.

《사피엔스》는 국가라는 실체가 전 세계적으로 타당하게 받아들여진 것이 오래되지 않았다는 사실을 상기시킨다. 4차 산업혁명의 변화 속에서 20~50년 후, 인류가 살아갈 미래 사회 질서는 지금과 전혀 다를 수도 있다. 기술이 변화시킬 새로운 형태의 공감, 이데올로기, 방식의 신화가 만들어질 수 있다는 상상이 가능하다. 이러한 상상력을 투자 아이디어에 접목해야 미래 산업을 이끌 주체를 선별해서 찾아낼 수 있다.

시대 변화에 대한 자신만의 관점을 갖기 위해 필요한 것은 인문학적 상상력이다. 그래서 나는 투자 아이디어를 얻기 위해 서점에 가면 경제경영서보다는 인문·역사 분야의 서적을 뒤적인다. 좋아하는 역사가로는 《사피엔스》와 《호모데우스》의 유발 하라리, 《금융의 지배》와 《니얼 퍼거슨의 시빌라이제이션》의 니얼 퍼거슨, 《폰 글란의 중국경제사》의 리처드 폰 글란이 대표적이다.

투자하는 데 왜 역사가 필요한가 묻는 사람들이 있는데 투자가란 돈으로 역사를 쓰는 사람이고, 투자란 돈으로 쓴 역사다. 숫자 뒤에는 사람이 있고, 사람들이 모이면 이야기가 생긴다. 따라서 인문·역사 책을 읽는 것은 투자자들에게 필수적인 기본 소양이라고 믿는다.

책 2: 미셸 푸코, 《감시와 처벌》

인간은 기술로 피로도가 높아지고 있다. 자연을 바라보며 인간답게 시간을 소비할 여유도 없다. 그렇다고 기술 변화에만 집중하면 돈만 쫓게 된다. 이때 역사를 알면 시대의 흐름에 끌려가는 것이 아니라 반보 앞서서 역사 흐름의 길목을 차지할 수 있다.

미셸 푸코가 묘사한 현대 사회는 무한 감시의 '팬옵티콘'으로 형싱화된다. 죄수들은 중앙의 감시탑이란 존재만으로도 항상 감시받고 있다는 자각 속에 살아가게 된다. 팬옵티콘은 스마트폰의 편리함에 사생활 데이터를 실시간으로 공유하고 있는 현재 사회를 잘 반영한다. 현대 사회의 발달한 매체를 통한 무한 감시의 시스템을 구조적으로 분석하고 전망한 미셸 푸코의 《감시와 처벌》이란 책을 추천한다.

책 3: 제러미 리프킨, 《공감의 시대》

2010년 발간된 제러미 리프킨의 《공감의 시대》는 인류 역사 속에서 '공감'이 어떠한 역할을 했고, 앞으로 인터넷을 기폭제로 산업에서 공감이 얼마나 중요한 역할을 할지 알려주는 미래전망서다. 페이스북, 인스타그램, 유튜브의 압도적 영향력 아래 살아가는 현재의 우리에게 공감의 기술은 핵심 생존역량이지만, 불과 10년 전만 해도 월 수억 원을 벌어들이는 전업 유튜버의 존재는 상상하기 어려운 일이었다. 역사를 깊이 바라보는 것이 창조적 상상력에 얼마나 중요한 역할을 하는지 보여주는 대목이다.

▌책 4: 제니퍼 다우드나, 《크리스퍼가 온다》

갑자기 유전자편집에 관심을 갖게 된 것은 아니다. 이 시대의 가장 희소한 자원은 데이터란 기본 가설에 흔들림이 없고 이런 맥락에서 데이터플랫폼, 전자상거래, 클라우드 기반 콘텐츠 산업이 창조하는 '메타버스'까지 투자의 생태계는 확장되었다. 이제 데이터가 새롭게 탐할 영역은 어디일까? 상상해보았을 때, 가장 먼저 떠오른 영역은 바로 우리의 '신체'였다. 인간의 몸에 대한 데이터가 소중해지고 우리 몸의 데이터 분석을 통해 질병을 치료할 수 있는 시대가 도래할 것이란 방향성을 스스로 갖고 있었다.

이러한 맥락에서 《크리스퍼가 온다》라는 책을 추천한다. 이 책에서는 유전자만을 정밀하게 조준해서 편집할 수 있는 '유전자가위 기술'을 인류가 직면한 거대한 문제를 획기적으로 해결할 것으로 전망했고, 책의 저자인 제니퍼 다우드나 박사는 크리스퍼테라퓨틱스 창업자인 엠마뉴엘 샤펜티어 박사와 공동으로 노벨상을 수상했다.

책 5: 케빈 켈리, 《인에비터블 미래의 정체》

미래 산업 변화에 대한 관점 정립에 큰 영향을 끼친 역작이다. 데이터 산업과 인공지능 기술의 미래를 과거 전기와 가전제품의 등장에 비유한 부분이 인상 깊다.

프로그램 1: 넷플릭스, 〈부자연의 선택〉

호기심을 가질수록 새로운 변화의 냄새를 민감하게 맡을 수 있다. 넷플릭스와 유튜브에서도 아이디어를 얼마든지 뽑아내어 생산적인 콘텐츠 소비 시간으로 바꿀 수 있다. 생산적이고 지적인 활동이면서 심지어 재미도 있다.

넷플릭스의 〈부자연의 선택〉은 유전자편집기술이 가져올 혁신적 변화와 그로 인한 사회적 이슈에 대해서 적나라하게 보여주는 다큐멘터리 시리즈다. 우리가 일일이 산업 현장을 뛰어다니지 않아도 넷플릭스와 유튜브에서 산업 실사자료를 눈앞에 가져다주는 세상이다. 모든 게 활용하기 나름인 것이다. 결과적으로 한 권의 책과 넷플릭스 다큐멘터리 시리즈가 크리스퍼테라퓨틱스라는 종목을 발굴하고, 투자 의사결정을 내린 근간이 되었다.

▌프로그램 2: 스티븐 스필버그, 〈레디플레이어원〉

가상공간 속에서 게임을 업으로 삼으며 살아가는 미래 인류의 모습을 현실감 있게 보여준다. 투자에도 상상력이 필요하기 때문에 때로는 투자에 경제뉴스보다 SF영화나 소설이 유익하다.

주

1장 당신이 쉬는 사이에도 일하는 주식

1 〈한겨레신문〉, 2019.09.14., '마이너스 금리' 시대, 돈 빌려가면 이자 드려요
2 《MUSIC BUSINESS WORLDWIDE》, 2020.12.08., TENCENT-LED CONSORTIUM TO BUY ANOTHER 10% OF UNIVERSAL MUSIC GROUP, TALKING TOTAL STAKE TO 20%
3 위키백과
4 한경경제용어사전

2장 돈이 되는 중국주식 투자하기

1 http://k.sina.com.cn
2 〈파이낸셜타임즈〉, 동남이시이 온리인 쇼핑객을 위한 전투

3장 돈이 되는 미국주식 투자하기

1 https://www.bestcolleges.com
2 한경경제용어
3 https://www.businessinsider.com
4 위키피디아
5 https://www.macrotrends.net
6 INSIDER INTELLIGENCE, 2020. 10. 12, 아마존 프라임데이 2020, 이른 홀리데이 시즌 시작
7 아마존, 2020. 10. 8, 아마존 최초의 맞춤형 전기 배달 차량 소개
8 위키피디아

4장 글로벌 투자 실전

1 분자, 세포생물학백과

5장 2021년 투자 포트폴리오 37

중국

1 Statista.com, 2021
2 Research And Markets, 2020
3 Marketwatch, 2020
4 Business Wire, 2020
5 eMarketer, 2019
6 Statista.com, 2020
7 GlobeNewswire, EMR, 2020
8 Business Wire, 2020
9 eMarketer, 2019
10 BusinessWire, 2020
11 eMarketer, 2019
12 Statista.com, 2021
13 Phillip Securities Group, 2020

14 GlobeNewswire, EMR, 2020

15 Statista.com, 2021

16 Statista.com, 2021

17 Statista.com, 2020

18 The Motley Fool, 2020

19 중국투자공사, 2020

20 grand view research, 2021

21 한국공제신문, 2020

22 Mordor Intelligence, 2021

23 Statista.com, 2021

24 S&P Global Platts

25 S&P Global Platts

26 Frost&Sullivan, Ehang quoted, 2021

27 Ehang, 2021

28 Frost&Sullivan, 2020

29 삼성증권, 2020

30 SP Global Market Intelligence, 2021

31 Frost&Sullivan, 2020

32 삼성증권, 2020

33 Research And Markets.com, 2020

34 Report Linker, 2020

35 Biospace, 2020

36 Biospace, 2020

37 The Business Research Company, 2020

38 The Business Research Company, 2020

39 The Business Research Company, 2020

미국

40 Statista.com, 2020

41 Mordor Intelligence, 2019

42 PR Newswire, 2020

43 Business Insider, 2020

44 Markets And Markets, 2020

45 삼성증권, 2020

46 Reserch And Markets.com, 2020

47 Allied Market Research, 2020

48 Grand View Research, 2020

49 Allied Market Research, 2017

50 Morningstar, 2020

51 Emergen Research, 2020

52 Global Market Insights, 2020

53 ABCL Prospectus, 2020

부의 레벨을 바꾸는

미국주식 중국주식

초판 1쇄 2021년 3월 19일
초판 2쇄 2021년 4월 2일

지은이 정주용
펴낸이 서정희
펴낸곳 매경출판㈜
책임편집 현유민
마케팅 강윤현 이진희 김예인
디자인 김보현 이은설

매경출판㈜
등록 2003년 4월 24일(No. 2-3759)
주소 (04557) 서울시 중구 충무로 2 (필동1가) 매일경제 별관 2층 매경출판㈜
홈페이지 www.mkbook.co.kr
전화 02)2000-2610(기획편집) 02)2000-2636(마케팅) 02)2000-2606(구입 문의)
팩스 02)2000-2609 **이메일** publish@mk.co.kr
인쇄·제본 ㈜M-print 031)8071-0961
ISBN 979-11-6484-236-0(03320)